第一卷
导　论

法律、资源与时空建构

1644—1945年的中国

Law, Resources and Time-space Constructing: China in 1644—1945

增订本

张世明　著

SPM
南方传媒

广东人民出版社
·广州·

图书在版编目（CIP）数据

　　法律、资源与时空建构：1644—1945 年的中国/张世明著．—增订本．—广州：
广东人民出版社，2022.3
　　ISBN 978-7-218-15402-2

　　Ⅰ．法… Ⅱ．张… Ⅲ．①中国历史—研究—1644-1945 Ⅳ．①K249.207
②K250.7

　　中国版本图书馆 CIP 数据核字（2021）第 235737 号

FALÜ ZIYUAN YU SHIKONG JIANGOU：1644—1945 NIAN DE ZHONGGUO
法律、资源与时空建构：1644—1945 年的中国
张世明　著

出 版 人：肖风华

责任编辑：陈其伟　赵　璐
原版责任编辑：卢家明　柏　峰　林　冕　张贤明　陈其伟　喻春兰
装帧设计：书窗设计
责任技编：周星奎

出版发行：广东人民出版社
地　　址：广东省广州市海珠区新港西路 204 号 2 号楼（邮政编码：510300）
电　　话：(020) 85716809（总编室）
传　　真：(020) 85716872
网　　址：http://www.gdpph.com
印　　刷：广州市豪威彩色印务有限公司
开　　本：787 毫米×1092 毫米　1/16
印　　张：207.5　字　数：3100 千
版　　次：2022 年 3 月第 1 版
印　　次：2022 年 3 月第 1 次印刷
定　　价：598.00 元（全五卷）

如发现印装质量问题，影响阅读，请与出版社（020-85716849）联系调换。

本书 2013 年获得中国出版政府图书奖提名奖。

本书 2013 年获得北京市法学会首届"首都法学优秀成果奖"特等奖。

本书 2013 年入选中宣部、新闻出版总署"三个一百"原创图书工程。

本书 2014 年获得北京市第十三届哲学社会科学优秀成果奖特等奖。

本书 2014 年获得中国法学会第三届"中国法学优秀成果奖"一等奖。

本书 2019 年获得第五届郭沫若中国历史学奖提名奖。

本书出版得到中国人民大学 985 工程支持。

本课题研究获得新世纪优秀人才支持计划资助（Program for New Century Excellent Talents in University，NCET）。

本书部分系教育部人文社会科学百所重点研究基地重大项目（05JJD770104）成果。

张世明，1966 年出生，1996 年至 2000 年在中国人民大学法学院攻读法学博士学位。中国人民大学首位历史学博士后，中国人民大学教授、博士生导师。曾获得全国高等学校科学研究优秀成果奖（人文社会科学）二等奖等奖项，入选教育部"新世纪优秀人才支持计划"，被蒙古国研究生大学授予荣誉博士学位，先后在德国马克斯－普朗克知识产权、竞争法和税法研究所和弗莱堡大学法律系经济法研究所从事学术研究，在不莱梅大学法律系担任客座教授，在法国巴黎大学第十一大担任法学博士论文答辩委员。在 *Frontiers of History in China*、《中国社会科学文摘》等刊物发表学术论文若干篇，有关于法律研究方面的英语、德语、法语、日语译著，主要著作包括《清代西藏开发研究》（1996）、《18 世纪的中国与世界·军事卷》（与戴逸合著，1999）、《经济法学理论演变研究》（2002，于 2009 年出版第二次全面修订版）、《中国经济法历史渊源原论》（2002）、《中国西部开发与近代化》（与戴逸共同主编，2006）、《过失杀人、市场与道德经济》（译著，2008）、《世界学者论中国传统法律文化》（主编，2009）、《经济法基础文献会要》（主编，2012）、《企业并购法贯通论》（2018）、《知识产权与竞争法贯通论》（2020）等，师从世界著名法学大师、原联合国法律顾问和欧盟法律顾问 Wolfgang Fikentscher（费肯杰）教授并翻译出版其两卷本《经济法》（2009）。

目　录

Einleitende Gedanken zu Zhang Shiming „ Das Recht und seine Quellen in Raum und Zeit"

Wolfgang Fikentscher

Es gibt eine-nicht zahlreiche-Literatur auf der Grenze zwischen Recht und Kulturwissenschaften, die sich den Fragen widmet, woher das Recht überhaupt kommt und wozu es dient, und die sich bei der Beantwortung dieser Fragen auf rechtsbildende Elemente wie Geschichte, Zwecke, Werte, System, Logik und Fortschritt bezieht. Der französische Rechtsdenker Francois Gény zählt z. B. vier Elemente auf, nämlich natürliche, ideale, rationelle und historische rechtsbildende Kriterien. Der Amerikaner Benjamin Cardozo nennt ebenfalls vier rechtsbildende Faktoren, soziologische, traditionelle, logische fortschreitende und historische (oder evolutive). Julius Stone, Brite, lehrend in Neuseeland, Australien, USA und Israel unterscheidet Logik/System, Wert und Zweck und lässt die Evolution beiseite. Der Deutsche Karl Larenz erörtert in den frühen Auflagen seiner „ Methodenlehre der Rechtswissenschaft " (1960, 1969) die drei rechtsbildende Quellen System, Geschichte und philosophische Wertung, um sich beginnend mit der 3. Auflage (1975) zusätzlich dem Zeitfaktor, also der Evolution des Rechts zu öffnen. Zu den Autoren, die sich auf die Suche nach den hervorbringenden und formenden Quellen des Rechts begeben, wird man künftig auch den Chinesen Zhang Shiming zu zählen haben, der mit seinem fünfbändigen Werk diesen Quellen nachgeht. Für ihn ist neben traditonellen chinesischen Rechtswerten und der fraglosen Aufgabe des Rechts, aktuellen praktischen Zwecken zu dienen, vor allem die evolutiv gedachte Bindung juristischer Tätigkeit an die Tatsachen und Umstände von Raum und Zeit von Bedeutung, also vor allem an drei der vorgenannten rechtsbildenden Elemente. Dabei werden ordnendes System und begründende Logik nicht geleugnet, treten aber bei Zhang Shiming, vielleicht als selbstverständlich unterstellt, in der Betonung zurück.

Warum entstehen für alle Rechtsgelehrten, die sich mit diesen Problemen beschäftigen, drei oder vier rechtsbildende Elemente, warum nicht zwei, fünf oder sechs? Die Prämisse lautet, dass Recht aus System und Zeit, Philosophie und Methode entsteht und sich fortentwickelt. Legt man nun die jeweiligen Gegenstücke System und Zeit, sowie (werthaltige) Philosophie und Methode in einer graphischen Skizze überkreuz, findet man vier Rechtsquellen, nämlich (1) begrifflich-systematisch aktuell erfassbare philosophische Wertinhalte, genannt Zwecke, (2) geschichtlich, als mit der Zeit gewachsene und nun tradierte Wertvorstellungen, (3) logisch fortschreitendes Folgern, und (4) vorgestellte Evolution als Blick in die Zukunft. Stellt man diese vier rechtsbildenden Elemente unter die Anforderung an eine möglichst zu erzielende Gerechtigkeit, hat man das Wesen des Rechts und seine Entwicklung vor Augen. [1]

Das Thema des Wesen des Rechts und seiner Quellen hat nicht nur in China seinen lange zurückreichenden historischen Hintergrund. Zhang Shiming) zitiert vor allem die Qing Dynastie. In klassisch-römischer Zeit wurde das Thema besonders in der Form gestellt, was für Individuum und Gemeinwesen

---

[1]　Näher Wolfgang Fikentscher, *Methoden des Recht in vergleichende Darstellung*, Band 4, Tübingen 1977: Mohr Siebeck, 278 ff. (Gény, Cardozo), 283 (Larenz), 644 FN 13 (Stone); ders., *Modes of Thought*, 2. Aufl. Tübingen 2004: Mohr Siebeck, 28 f.; ders., *Law and Anthropology*, München 2009: C. H. Beck, 61-67 (Gerechtigkeit).

wertvoller sei: die Sicherung des Lebens durch Studium der philosophischen Lehren (vita contemplativa) oder durch politisches Engagement (vita activa).

Der römische Philosoph Marcus Tullius Cicero forderte beides, so dass ihm manche Widersprüchlichkeit vorwerfen. Arnd Morkel hat dazu jüngst einen Aufsatz geschrieben. [1] Jedenfalls konnte sich Cicero die von ihm für gut gehaltene nützliche Rechtschaffenheit nicht ohne auf Praxis zielendes Tun vorstellen. Auch für Zhang Shiming spielt Tun als Quelle des Rechts eine zentrale Rolle. Berühmt ist die Unterschiedlichkeit der Standpunkte in der demgegenüber noch etwas erweiterten Frage, ob sich Erkenntnis, nicht zuletzt auch des richtigen Rechts, vorwiegend aus der Beschäftigung mit philosophischer Begrifflichkeit ergibt (also aus der vita contemplativa) oder aus Erfahrung und Anschauung der Wirklichkeit (also aus der vita activa). Es war Immanuel Kant, der die Brücke zwischen der augenscheinlich unüberbrückbaren Trennung von Begrifflichkeit im Sinne von Gottfried Wilhelm Leibniz und der auf Anschauung gründenden Empirie David Hume's schlagen wollte. Kant's Lösung lautet: Ein Begriff ohne Anschauung ist leer, Anschauung ohne Begriffe ist blind. Also gilt-und dies prägte die kontinentale-europäische Aufklärung und die auf dem europäischen Kontinent herrschende Erkenntnistheorie bis heute: Eine brauchbare Erkenntnistheorie braucht beides.

Das hat weitreichende Folgen. Nach Parmenides, dem Vorsokratiker, stehen dem Menschen drei Beurteilungen zur Verfügung, die Beurteilung, ob etwas wahr, gut (gerecht, moralisch, angemessen) oder schön ist. Nach Parmenides beruht menschliche Erkenntnis auf drei Dingen, dem erkennenden Subjekt, dem zu erkennenden und zu beurteilenden Objekt, und dem Denken (Beurteilen) des Subjekts über das Objekt, wobei das erken-

---

[1]   Arnd Morkel, Entweder-oder? Politik und Wissenschaft aus der Sicht Ciceros, 18 *Forschung und Lehre* 268 f. (Nr. 4/2011) (Kritik an der Widersprüchlichkeitsthese).

nende Subjekt irren kann, Objekt und sein Erkennen also auseinanderfallen können. Plato übernahm dies und vertiefte die parmenideische Erkenntnistheorie erstens durch die Annahme, es gebe wirklich Objekte, auch geistige wie die Wahrheit, die Gerechtigkeit und die Schönheit, und zweitens fördere der Dialog zwischen um Erkenntnis bemühten Subjekten eine wenigstens teilweise Annäherung an Wahrheit, Gerechtigkeit und Schönheit.

Kant unterschied als erkenntnisvermittelnde Schlüsse analytische (rein folgernde, keine neue Erkenntnis bringende) Beurteilungen und synthetische (neue Erkenntnis vermittelnde) Beurteilungen. Auch unterschied er inhaltlich *a priori* feststehende Beurteilungen und inhaltlich noch nicht feststehende, erst *a posteriori* zu erschließende Beurteilungen. Damit entstehen für Kant vier theoretische Arten von Beurteilungen: analytische *a priori*, synthetische a priori, analytische *a posteriori* und synthetische *a posteriori*. Theoretisch sind alle vier auf die drei parmenideischen Beurteilungen anwendbar. Geht es um Wahrheit, spricht Kant von dert „reinen Vernunft", geht es um Gerechtigkeit, von „praktischer Vernunft", geht es um Schönheit und das Verhältnis des ästhetischen Urteils zu den beiden anderen, von „Kritik der Urteilskraft". Nun aber folgt die entscheidende Frage, die Wolfgang Stegmüller die Schicksalsfrage der Philosophie nennt: Gibt es die synthetische Beurteilung *a priori* der praktischen Vernunft? Kant sagt ja und eröffnet damit die Möglichkeit einer Wertungswissenschaft. David Hume, für den Anschauung blind sein muss, sagt nein.

Hierin besteht der Unterschied zwischen der angloamerikanischen Rechtswissenschaft und der kontinentalen. Die angloamerikanische rechtswissenschaft verfügtie über keine wertungswissenschaftlichen Möglichkeiten. Für sie sind deshalb rechtliche Wertungen *guesswork*, so dass sich zur Wertgewinnung im Recht ein „Realismus" an den anderen reiht: historischer „Realismus" (Holmes), soziologischer „Realismus" (Pound), psychologischer „Realismus" (Frank), ethnologischer „Realismus" (Llewellyn), „Naturrechtsrealismus" (Lucey,

McGrath) , politischer „Realismus " (Critical Legal Studies) , biologischer „Realismus " (social biology) , economic analysis of law , law and economics (Bork , Easterbrook , Chicago School) , behavioral „realism " , usw. Wertungen werden von überall her genomen , nur nicht vom Recht selbst. Im Unterschied dazu arbeitet die kontinental-eurpäische Jurisprudenz wertungswissenschaftlich , kann also z. B. bei den Problemen von Learned Hand'negligence rule oder von effective breach eine *rechtliche* Wertungsskala von Vertragstreue und Effizienz herstellen , die *nicht* ökonomisch oder soziologisch begründet ist. Darum bezieht sich der englische Begriff „science " auch nur auf die Naturwissenschaften und nicht , wie auf dem Kontinent , auch auf die Human-und Sozialwissenschaften.

Zhang Shiming ist Wirtschaftsrechtler. Heinrich Kronstein sagte einmal , jeder Wirtschaftsrechtler ist notwendig auch ein Rechtstheoretiker. Das trifft auch auf Zhang Shiming zu. Aber wo steht in seinem großen fünfbändigen Werk er selbst , Zhang Shiming , sein Wirtschaftsrecht und seine Rechtstheorie? Eher bei Hume oder bei Kant? Oder ist diese Frage unzulässig , weil von einer kulturellen Denkart kein Weg zu einer anderen führt , wie die Leyden School und der anthropologische Relativismus meinen , Denkarten also nicht universal , sondern kulturspezifisch sind?

Zu allererst steht Zhang Shiming und sein Wirtschaftsrecht in der chinesischen Rechts-und philosophischen Tradition. Zu Recht warnt Zhang Shiming vor unbedachten Rechtsübernahmen von außen und vor vorschnellen „Transplants ". Zu dieser Tradition gehört Geduld und Bedacht. Die wirtschaftliche Entwicklung darf nicht überschnell verlaufen. Sie muss stetig und nachhaltig , im besten Sinne „ökonomisch " sein. Doch auch Buddhismus und Islam sind in ihren Berührungen mit China anzuerkennen. Das kulturelle China ist „diverse ".

Zhang Shiming zitiert den britischen Soziologen Anthony Giddens und dessen Strukturations-Theorie. An ihr gefällt Zhang Shiming die Rolle , die menschliche Aktivität in ihr spielt. Zurückhaltender sieht Zhang Shiming Giddens' politischen Positivismus, was sich gerade in diesen Tagen als zutreffend erweist. Die große Belesenheit des Autors macht den Leser mit einer Fülle von rechtstheoretischem Schrifttum aus allen denkbaren Rechts-und Denkkulturen bekannt. Auf alle seine teils zustimmenden, teils kritischen Auseinandersetzungen mit diesen Autoren einzugehen, stellt zwar eine Verführung des Lesers dar, doch muss dem an dieser Stelle widerstanden werden, um Weitschweifigkeit zu vermeiden.

Von zentraler Bedeutung ist für Zhang Shiming der Begriff der Ressource, der Quelle im weitesten Sinn. An mehreren Stellen wird dieser Begriff veranschaulicht und mit Beispielen versehen. Fasst man diese Begriffserläuterungen zusammen, zeigt sich, dass dabei die Anbindung, mit einem physikalischen Bild ausgedrückt die Erdung, des Rechts in der gelebten menschlichen Wirklichkeit gemeint ist. Bei Kant heißt das Anschauung, erfahrbare und zu beurteilende Anschauung.

Daraus wird man den Schluss ziehen dürfen, dass die Nähe der Rechtstheorie Zhang Shiming's zu Immanuel Kant's versuchtem Brückenschlag zwischen den Begriffswelten Leibniz' und David Hume's Leugnung der normativen Kraft faktischer Wiederholung größer ist als zu David Hume's regelfeindlicher moralischer Empirie. Der Weg von Zhang Shiming's Position normativ beurteilter Wirklichkeit zum kategorischen Imperativ, also-in modernem Deutsch-zur Möglichkeit einer Wertungswissenschaft, kantisch ausgedrückt zum synthetischen Apriori der praktischen Vernunft, erscheint gangbarer als der zu den angloamerikanischen Realismen in Ermangelung rechtsinhärenter Werte.

Das will nicht sagen, dass Zhang Shiming sich dem synthetischen Apriori der praktischen Vernunft verschreibt. Dazu ist die Weise der chinesischen Verankerung seiner Theorie in kritisch beobachteter kultureller Wirklichkeit zu prägend. Aber eben dieser Bezug zur „Ressource", zur Quelle einer zu leistenden Rechtserkenntnis, ist unübersehbar.

Mit Zhang Shiming' Rechtstheorie stünde daher die chinesische Jurisprudenz an der Seite des juristischen Kontinentaleuropa, nicht an der der angloameri-

kanischen Welt und ihres common law und seiner angeblichen „Realismen".
Es gäbe eine pragmatische chinesische Wertungswissenschaft. So sehr sich
China und Kontinentaleuropa dadurch wissenschaftlich nähern würden, um so
schwieriger würde für die chinesische Wissenschaft eine Verständigung mit-oder
gar ein „Transplant" von-nordamerikanischer, britischer oder angloamerika-
nisch beeinflusster Wissenschaft. Arnd Morkel's „Entweder-oder" taucht
wieder auf, diesmal ohne Fragezeichen. [1]

Dies ist eine wichtige Arbeit, und eine bemerkenswerte Leistung, die
Aufmerksamkeit verdient.

München, im April 2011

---

[1] Siehe oben Anm. 2.

关于张世明《法律、资源与时空建构》一书的初步思考

费肯杰

在法律与文化学之间的边缘地带有一些文献（为数不多），它们致力于探究这样的一个问题，即：法律是怎么来的，又是为什么服务的？在回答这些问题时，便涉及历史、目的、价值、体系、逻辑以及进步等法律形成诸要素。法国法律思想家弗兰西斯·热尼（Francois Gény）列举了诸如自然、理想、理性及历史四大法律形成标准。美国学者本杰明·卡多佐（Benjamin Cardozo）则再次强调了法律形成的四要素：社会学的要素、传统的要素、逻辑进步的要素以及历史（或者进化）的要素。在新西兰、澳大利亚、美国和以色列执教的英国学者朱利叶斯·斯通（Julius Stone）区分为逻辑/系统、价值/目的，而将进化弃置一边。德国学者卡尔·拉伦茨（Karl Larenz）在他《法学方法论》的早期版本（1960年、1969年）中阐述了体系、历史和哲学评价的三种法律形成来源，而从第三版（1975年）开始则又辅助性地提到了时间因素，亦即法律的演进。在这些追索法律的产生和来源问题的作者中，人们将会算上中国的张世明。他在其五卷本著作中对这些来源进行了不懈探索。对他来说，除了中国传统法律的价值以及法律毋庸置疑的使命——服务于当前的实践目的——之外，法律行为与时空的事实和环境（亦即前述法律形成的三种要素）的进化关联起来加以思考显得尤为重要。在此，有秩序的体系和赖以奠定基础的逻辑虽然没有被否定，但在张世明那里，或许作为理所当然被接受，其所强调的被大打折扣了。

为何对于致力于研究这些问题的法律学者而言，会表现为三个或四

个法律形成性要素，而不是两个、五个或者六个？前提在于，法律是在体系、时间、哲学以及方法上建立并进一步发展起来的。如果现在将体系、时间、（有价值的）哲学和方法以一种相交叉的草图将相对应之物表示出来的话，就可以发现四种法律来源，即：（1）在概念—体系上当下可以把握的哲学价值内涵，被称为目标；（2）在历史上的、随着时间而演进并在当下转变为传统的价值前见；（3）在逻辑上推理的结果；（4）作为对未来展望而展现出的演进。如果人们将此四种法律形成要素服从于最大限度实现正义的要求之下的话，就能够洞见法律的本质及其发展。①

法律的本质及其来源的主题不仅仅在中国具有漫长的可追溯的历史背景，张世明尤以清代为例。在古典罗马时期，这一论题也特别以这种形式被提出过：对于个人和社会而言，通过哲学家思辨（沉思的生活）或者政治参与（积极的生活）来捍卫生活，什么是更有价值的？

罗马哲学家西塞罗（Marcus Tullius Cicero）主张两者的对立，以致有人批评其矛盾性。阿恩特·莫克尔（Arnd Morkel）对此刚写过一篇文章。② 无论如何，在不能付诸实践的情况下，西塞罗认为这不算是可以利用来加以法律创制的好内容。对于张世明而言，实施在法律的源泉中也扮演着一个核心角色。在与此相对的其他更为广泛的问题上，立场上的差异则更为突出，即：知识，特别是正确的法律，主要是从哲学家概念的操作产生（来自沉思的生活）还是主要从现实的经验与看法产生（来自积极的生活）。恰恰是康德力图在莱布尼茨意义上的概念与大

---

① 参见费肯杰：《法学方法比较论》（Wolfgang Fikentscher, *Methoden des Recht in vergleichende Darstellung*）第 4 卷，图宾根：莫尔·西贝克出版社 1977 年版，第 278 页及以后（舍尼，卡多佐），第 283 页（拉伦茨），第 644 页注释 13（斯通）；氏著：《思维模式》（*Modes of Thought*），第 2 版，图宾根：莫尔·西贝克出版社 2004 年版，第 28 页及以后；氏著：《法律与人类学》（*Law and Anthropology*），慕尼黑：贝克出版社 2009 年版，第 61—67 页（正义）。

② 阿恩特·莫克尔：《非此即彼？在西塞罗的视野中的政治与知识》（Arnd Morkel, Entweder-oder? Politik und Wissenschaft aus der Sicht Ciceros），《研究与学习》（*Forschung und Lehre*）第 268 页及其后（Nr. 4/2011）（对这些矛盾的批评）。

卫·休谟的见解所赖以建立的经验之间看上去不可逾越的天堑之间架起一座桥梁。康德的解决方案是，没有直觉的概念是空洞的，而没有概念的直觉则是盲目的。这就型构了欧洲大陆的启蒙运动，对于迄今欧洲大陆占统治地位的认识论都是适用的，即一种合用的认识论需要这两者。

这产生了深远的后果。根据前苏格拉底时代的哲学家巴门尼德（Parmenides）的看法，人类可以利用的评判有三方面的评判标准，即真、善（公正、道德、合理）或美。在巴门尼德看来，人类知识是以三种事物为基础的，其分别是认识的主体、识别以及评价的客体、主体对客体的思维（评价）。在此，认识主体可能出错，客体及其认识也可能变得四分五裂。柏拉图接受了这种看法，并进一步深化了巴门尼德关于知识的理论。他首先承认存在真实的客体，就像思想观念上的真理、正义以及美一样，其次，他推动了在为认知而努力的主体之间在真理、正义及美上进行至少部分接近的对话。

康德将之区分为作为认识中介结论的分析性（纯粹的延伸的、没有新的认识产生的）评价及综合性（促进新知识的）评价。他还区分了在内容上先验地固定的评价与内容尚不清楚的、只能在事后进行的评价。这就形成了康德关于评价的四种理论类型：先验分析、先验综合、后验分析以及后验综合。从理论上来看，所有的四种类型都可适用于巴门尼德的三种评价。对于真理，康德在"纯粹理性"中加以论述；对于正义，康德则在"实践理性"下进行论述；而对于美和与另外两者的美学评判关系，康德则以"判断力批判"加以分析。但是现在接着就有一个关键性问题，这被沃尔夫冈·施特格米勒（Wolfgang Stegmüller）称之为哲学的命运问题：是否存在一种实践理性的综合的先验评价？康德认为存在这种先验评价，并由此开辟了评价科学的可能性。大卫·休谟则认为这种先验评价对于见解势必是盲目的，因此否认其存在。

英美法学与大陆法学之间对此存在着不同看法。英美法学不具有任何评价科学的可能性。因此，对其来说，对法律的评价是一种猜测，以致法律中的评价获得则形成了另一系列的"现实主义"：历史的"现实主义"（霍姆斯），社会学的"现实主义"（庞德），心理学的"现实主义"（弗兰克），民族学的"现实主义"（卢埃林），"自然法的现实主义"（卢塞、麦格拉斯），政治学的"现实主义"（批判法学研究），生物学的"现实主义"（社会生物学），法律的经济学分析、法律与经济（博克、伊斯特布鲁克、芝加哥学派），行为"现实主义"等。评价存在于各个学科当中，而唯独在法律当中没有。而与之相反，欧陆法学进行评价科学上的研究，在诸如勒恩德·汉德（Learned Hand）过失规则或者有效违约问题上，可能产生契约信任与效率的法律评判阶梯，而这并不建立在经济学或社会学基础之上。因此，英文中"科学"（science）的概念仅仅涉及自然科学，而不像大陆法系国家那样，也涉及人文与社会科学。

张世明是经济法学家。海因里希·克龙施泰因（Heinrich Kronstein）曾说过，每一个经济法学家同时也有必要是一个法理学家。这也适用于张世明。但是，在张世明自己的五大巨册作品当中，所确立的是他的经济法还是法学理论呢？是追随休谟还是康德呢？或者这些问题是多余的，因为从一种文化思维方式到另一种文化思维方式无路可通，就像莱顿学派和人类学相对主义所认为的那样，思维模式并不是普遍的而是文化特定的。

张世明及其经济法首先是在中国法律与哲学的传统中形成的。对于法律，张世明警告来自外部的不加考虑的法律照搬与草率的"移植"。对于其传统，需要有耐心并加以关注。经济发展不必过快，它必须是稳步而可持续的，在真正意义上是"经济的"。佛教和伊斯兰教与中国的接触也应该加以承认。中国的文化是"多元"的。

张世明引用了英国社会学家安东尼·吉登斯（Anthony Giddens）的结构化理论。张世明看重人类活动在此当中所扮演的角色。张世明审慎地看待吉登斯的政治实证主义，这在目前看来是恰切至当的。作者的博学也使读者获悉了各有渊源的法律与思想文化中丰富的法律理论文献。

关注于他对这些作者部分同意、部分批评的所有争辩，尽管对笔者来说是一种诱惑，但在此，笔者也需要能够克服这种诱惑，从而避免烦冗。

从渊源上来说最为广义的"资源"概念对于张世明而言至关重要。他在多处对这一术语做了相关阐述，并加以例示。如果人们对这些术语解释加以综括，就不难看出，他在此旨在将人类现实生活中的法律与大地上呈现出的物理图形联系在一起。康德将其称之为直觉，可以体验和评判的直觉。

由此可以推断，张世明的法律理论接近于康德在莱布尼茨的概念世界与休谟对于事实反复再现的规范力量的否定之间试图架起沟通的桥梁，而不是休谟对于规范敌视的道德经验。从规范评价的现实到范畴强制，亦即在现代德语中的评价学的可能性，用康德的表述就是实践理性的综合先验，这条路径就是张世明的立场，这比英美法系当中的法律内在价值的缺位更为行得通。

这并不是说张世明本身使用实践理性的综合先验的表述。他的理论是以中国固有的方式在批判被观察的文化现实中加以体现的。而这种与"资源"、法律认识实现的来源的关系，恰恰是不可忽视的。

因此，从张世明的法律理论来看，中国法理学是立足于欧洲大陆法系，而非英美普通法及所谓"现实主义"之上的。因此，中国和欧洲大陆在知识上很接近，而对中国知识界来说，他们对受英美国家影响甚至"移植"过来的知识很难理解。莫克尔的"非此即彼"再次出现了，但这次是没有疑问的。①

这是一部重要的著作，也是一项巨大的成就，值得引起大家的关注。

慕尼黑　2011 年 4 月

---

① 参见本文第 9 页注释②。

原版序言

戴　逸

　　要了解今天的中国，就必须了解过去的中国，了解清朝统治下中国的社会状况。清代为我国最后一个王朝，统治中国二百六十八年之久，距今未远。清代众多之历史和社会问题与今日息息相关。中国为什么形成今天这个样子？为什么有九百六十多万平方公里的广阔版图？为什么有近十三亿之多的人口？为什么近代中国经历被侵略的苦难遭遇？为什么现在要继续努力拼搏，追赶世界上的发达国家？等等。要回答这些问题，就要追溯清代历史，这是了解过去，认识今天，开拓未来的关键。历史科学是基础科学，不像其他应用学科可以直接创造社会财富，但历史科学对于增进人类的聪明才智是必不可少的。人们学习历史，最重要的是增进智慧，吸取历史的经验教训。要做到这一点，就需要有像哲学家那样深邃敏锐的思辨能力，从重重的迷雾中认清历史的真谛。马克思主义引导我们不要就表面现象去解释历史，而要从历史的深层去探究历史的真实根源。

　　中国 18 世纪的生产力远远超过汉唐。到道光年间能养活四亿多人口，一直到新中国成立之初，我们还经常说四万万同胞团结起来，那是道光年间的数字，是清朝达到人口最高时期的数字。根据麦迪森、贝洛克的统计，18 世纪末中国的 GDP 占世界 GDP 的 32%，位居世界第一。第二是位印度，印度是 24%。中国 32% 的 GDP，远远超过英国、法国。从农业的产量、城市的数量、手工业的规模、市场、贸易这些来看，当年中国毋庸置疑是世界第一大经济体。中国近现代史就是这样走过来的。产业革命以后，中国的经济也依然很高。中国在康雍乾盛世的顶峰是何等辉煌，而在近代却国势衰微，备受蹂躏。其中原因何在？难道这一切都是偶然发生的？难道这仅仅是少数人的一时冲动和随意选择？

　　一个社会的近代化是一个系统工程，大系统里面有很多子系统、小的系统。如政治系统、经济系统、法律系统、文化思想系统、科技系统等。大系统中的许多子系统要相互联系、相互制约，必须协调发展，才能跨过近代化的门槛。经济是最为重要的，没有经济的增长，就没有其他领域的真正进步；而没有其他领域的进步，相互支持，合力推动，经济也不可能一枝独秀，制造出近代化的奇迹。经济的发展可以促进政治、文化、科技等的发展，而反过来政治、文化、科技可以促进经济的发展，也可以阻碍经济的发展。如果政治的发展滞后，科技不发达，没有法制，近代化就没有希望了。因为这不仅仅是一个经济的问题，它要很多方面的配合。近代化不是一个一元的、单线的运动，而是一个多元的、复合的运动，有经济、政治、文化、科技好多条线，各种因素的协同发展，相互推动才能前进，才能产生克服社会惰性的伟大的惯性。如果没有各个系统的协调动作，只是经济这个单箭头是前进不了的，就会产生瓶颈效应，挡住了，上不去了。其他方面上不去，经济也要缓慢、停滞下来，整个社会发展不可持续。正如本书所论述的那样，与经济发展相比起来，制度建设和完善可能更为艰巨。近代西方的兴起是一种整体性社会变革，西方学术界长期以来之所以将清朝念念有词地称为"中华帝国"，以作为与西方"民族国家"相反衬和映照的"他者"的镜像，强调民族国家和帝国之间的分殊，实际上是一个多义互文的类型对比，其潜台词是：其一，西方的民族国家有民族主义，而清朝作为帝国四分五裂没有形成民族共同体；其二，西方的民族国家是民主的、自由的，而清朝作为帝国是封建的、专制的；其三，西方的民族国家是以工商业为本位的市场经济为基础，而清朝作为帝国是以传统小农为本位的自然经济为基础。直言之,"民族国家"的概念兼摄着民族主义、民主主义和重商主义等多种西方特定风土人情的理论话语。萧一山在《清代通史》一书中也将清代历史的发展从文化—政治—经济、民族—民权—民生三方面进行剖析,将清前期和后期历史一以贯之。我觉得18世纪后半期到19世纪前半期,中国就是处在一个瓶颈的状态,处在一个不可持续的状态。中国在康雍乾时代虽然已有相当的近代因素的积聚,但要看到政治、文化、思想、科技、法制多个领域中存在许多陈规陋习,榛莽密布,严重阻碍着近代化的步伐。早在18世纪,中国社会已经暴露了制度上的弱点,法制不健全,动不动抄家,产权根本没有保障,虽无罪也要抄家,而且是贫富不均,贫富分化,土地兼并很严重。贫富不均就会发生社会动乱。白莲教、太平天国起义就是这个原因。由是观之,我们今天各级政府在考核时过分注重GDP的增长是存在一定偏颇的,经济建设与制度建设需要两手抓。

当然,人类的创造活动是在一定的社会时空之中、在一定的社会制度之下进行,受到制度和时空环境的制约。结构主义对于推进人类认知无疑具有重要意义,不过,其过分强调制度的约束作用,忽略了人的主体性。我们应该看到,历史是人类自觉活动的产物。一切经济的、政治的、军事的、文化的活动,都是人所策划,人所参与,人所进行的。离开了人,就无所谓历史。马克思和恩格斯在《神圣家族》一书中写道:"'历史'并不是把人当做达到自己目的的工具来利用的某种特殊的人格,历史不过是追求着自己目的的人的活动而已。"历史上的任何辉煌业绩都是由人类完成和创造的。历史人物参加了各种各样的社会活动,因而必定会在历史上留下痕迹,对历史产生或大或小的影响。人既是结构和制度的创造者,又是这种结构和制度的被制约者。人与社会结构、社会制度之间存在互动关系。正是在这种互动关系中,结构和制度从而具有了生命的活力。长期以来,中国关于"法治"与"人治"的争论,其实就是围绕这种关系而展开的。"人治"固然存在许多缺陷，但并不能因此加以全盘否定。制度并不是冰冷的木乃伊。制度建设应该秉持人本主义的理念。与此相适应，对于一个研究者而言，不仅要关注纸面上的规章制度，而且要关注人们在现实生活中的日常行为框架。

历史本是业已逝去的事情，史学研究的任务不仅要以科学方法揭示出历史的本来面貌及其发展规律，并要在总结前人历史经验的基础上，为人们的现实活动提供借鉴。古人所说的"鉴古而知今"就是这个意思。我们研究历史不可能没有自己特定的立足点，必然是从现实的时空境况出发去回溯历史，但是，我们也应该看到这种历史视角是存在盲区的。今人既定的立场可能恰恰会导致对于历史的误读。生活在现代社会的人们往往不太容易看清楚已经逝去的历史背影；另一方面，现代人也可能存在后见之明，而正如俗话所说的那样，千金难买早知道，历史的当事人可能由于信息不对称而缺乏这种优势，只是在一团迷雾之中上下求索。所以，今人从后往前看与古人从前往后看是大相径庭的；今人具有事后诸葛亮色彩的从后往前看视野支配下建构起来的历史图景，难免失却在古人从前往后看的视野支配形成的历史图景之本真。我们应该将历史主义的眼光和现实主义的立场两者有机结合起来，不仅站在当代回溯历史，而且强调虚心涵泳，从历史往后看，力图形成一种总体历史的完整图像。司马迁在以如椽巨笔撰写《史记》时就提出"通古今之变，成一家之言"。即便从今天看来，这种学术思想仍然是非常前卫的。

积土成山，风雨兴焉；积水成渊，蛟龙生焉。中国经过三十年的改革开放，经济建设取得了举世瞩目的成就，国家综合实力得到明显提升。应该说，经历史无前例的"文化大革命"之后，中国学术界经过几十年的积累，随着国家综合实力的提升，目前正处于一个转型时期，需要一些能够在国际上具有影响力的巨著，也完全有条件可以在这样一个伟大的时代产生一些能够经得起时间考验的作品。本书作者长期以来治学勤奋，博览群书，铢积寸累，几十年如一日，矻矻追求，锲而不舍，殚心竭力，用十七年的人生最宝贵的年华，凭借顽强的毅力独立完成了目前这部标志性著作。全书分为五卷，即导论卷、边疆民族卷、军事战争卷、司法场域卷、经济开发卷，共计三百余万字，构成了一部具有浓郁个人特色的"新清史"，可谓呕心沥血，十年磨一剑，在半个多世纪以来都是比较罕见的。全书围绕法律规则、经济资源和时空建构三者之间的关系展开论述，独辟蹊径地描绘中国从 1644 年到 1945 年三个世纪的社会变迁画卷，问题意识突出，中心思想明确，因物求则，事理互尽。该书不仅视野开阔，气象宏大，如大河巨川，浑浩流转，难窥涯涘，而且严格遵循学术规范，反复精雕细琢，用力非常绵密，造诣甚为精深，所探讨的问题每每居于国际学术前沿，观点新颖，发前人所未发。可以说，作者精心果为，致广大而尽精微，用"体大思精"来概括本书特点实不为过。

史料之于历史研究，犹如水之于鱼，空气之于鸟，水涸则鱼逝，气盈则鸟飞。历史研究必须充分占有资料，只有依靠大量的、审慎考证的资料，才能够科学地说明历史问题。历史科学之辉煌殿堂必须岿然耸立于丰富、确凿、可靠之史料基础上，不能构建于虚无缥缈之中。历来著史之难在逐字逐句之坐实，许多人都是以删削为终南捷径，于紧切处不敢上史，故而所述似明实晦，率多苟简。本书取材丰富，历史翔实，涉及档案、官书、笔记、家谱、地方志以及图像等方面，囊括英语、德语、法语、日语和藏语等语种文献。作者虽然对于西方理论情有独钟，汲汲于理论思辨和体系建构，但始终把考据学作为历史研究的看家本领，认为如果不会考据，就算不上真正步入历史学的大门，并且知行合一，躬行践履，将长期开设历史考据学方法研究课程所获致的心得体会运用于日常研究，甚至竭力将传统的训诂、考据方法与西方的历史语言学方法以及新近的话语分析、语用学、知识考古学等相融合，发展传统考据学的方法，有意识地以一种新考据学风格的形成为取向。作者在本书写作过程中涉笔谨严，勤于钩稽，善于考索，披沙拣金，去粗取精，去伪存真，由表及里，铢分毫析，剖微穷深，利用考据方法对许多史料进行了辨讹纠谬，可谓一事之疑，求索徘徊，一典之原，反复查核。在研究方法上，传统与现代的有机结合可以说是本书的一大特色。

马克思曾经把"科学的入口处"比喻为"像地狱的入口处"一样。马克思的这个比喻是非常形象的。学术研究工作是苦差事，也是穷差事。没有高官厚禄，没有权力财富。要甘于寂寞，淡泊名利，有一个较高的精神境界，才能安心做学问。如果"一心以为有鸿鹄将至"，就会心浮气躁，用工粗率，浅尝辄止，是做不好学问的。在这个意义上，做学问是一种修炼，读书与治心密不可分。学术人首先要打理好自己的心，放下纷繁的杂念，全神贯注，不事旁骛，这样才可能取得光辉的成绩。我在《成才之路》这篇文章中就讲过，有成就的学者对自己的专业具有深厚的感情，心爱得入了迷，就像迷恋自己的情人，达到废寝忘食、朝思暮想的程度，所谓"求之不得，寤寐思服，优哉游哉，辗转反侧"。我们许多人都是一生如萍逐浪，缺乏定力，没有做学问的宗旨，所以很难有纪念碑一样的大制作得以自立于世。本书作者志向远大，长期以来以学术为立身之本，将学术视为生命，有自己做学问的纲领主张，面壁图破，伏案书写，无间寒暑。这部鸿篇巨制可谓其平生心力所萃，是带有作者生命体验的结晶。

我与本书作者长期在学术上有着密切的合作。1996 年，我在主持国家社科基金"八五"重点项目"18 世纪的中国与世界"的研究时，军事卷原本系我与其他同志合作撰写，但由于各种原因，未能完成稿件，此时距向出版社交稿的截止期限仅剩一年，我非常着急，经过商议，决定请张世明同志接手与我合著该卷。张世明同志当时正在准备法律系的博士生入学考试，时间非常紧，却慨然临危受命。

张世明同志对于承领的任务举重若轻，极其刻苦，所提交的这一卷书稿质量令我非常满意。《18世纪的中国与世界》后来获得了中国人民大学科研成果优秀奖、北京市社科研究成果二等奖、第四届吴玉章基金科研成果一等奖。目前这部即将付梓的巨著第三卷五十一万字书稿就是在《18世纪的中国与世界·军事卷》中作者所写的十六万字稿件基础上修改、增补、提高而形成的。在2000—2006年，我又与张世明同志共同主持完成《中国西部开发与近代化》，系国家社科基金重点项目，被中宣部列为重点出版计划项目。张世明同志学识精深，博闻强记，勤奋敬业，不负所托，领导督促全组人员，黾勉从事，竭力以赴，在工作实践中显示了一位青年教师丰富的知识和充沛的才能。后来，该书获北京市第十届哲学社会科学优秀成果二等奖、全国高等学校科学研究优秀成果奖（人文社会科学）二等奖。目前这部即将付梓的巨著第五卷约六十七万字书稿就是在《中国西部开发与近代化》中作者所写的十七万字导论的基础上修改、增补、提高而形成的。

张世明同志具有良好的知识结构，除了长期致力于历史学研究外，他是中国人民大学法学院毕业的博士，主攻经济法学，后来又在德国马克斯－普朗克知识产权、竞争法和税法研究所和弗莱堡大学法学院经济法、劳动法和社会法研究所学习，师从世界著名法学家、担任过联合国法律顾问和欧盟法律顾问的费肯杰教授。虽然我不懂法学，但多年来张世明同志在自己出版的一系列法学著作都曾经陆续送给我请求指正。据我所知，张世明同志的《经济法学理论演变研究》在经济法学界声誉非常不错，被引用率极高。张世明同志在语言工具的掌握上也很有优势，已经有英语、德语、法语等语种的诸多译著；其中，从德语翻译的费肯杰教授两卷本《经济法》达到二百余万字，是目前这一领域最权威的经典著作，在学术界产生了不小的反响。这种语言工具和知识结构上的优势使作者在学术发展道路上仍然存在强劲的潜力，加之其天性好学敏思，毅力超人，任重诣极，我相信其会在历史的戬盘中显示出足够的分量。"日出江花红胜火，春来江水绿如蓝。"

是为序。

增订本序言：
严谨学风必须培育，独立思维权不可放弃

刘文华

世明同志这个出版计划，我知之甚早，但后来看到这么一个大部头书出版，五卷本三百万字，感到非常震惊。十七年时间啊，我不敢说别人，我是很难完成的。这是作者呕心沥血，力拼自己的生命健康所写成的。世明同志的治学精神确实令我感到非常的敬佩，他近乎是玩命的，所以我在对我们博士生讲课时经常拿世明同志做例子，称之为在学术研究上的拼命三郎。我对他说，你有时候不能不计较自己的健康。有时候他瘦了我真是害怕，胖了我还是比较高兴的。不管怎么说，这部书的问世确实是我们史学界、法学界都应该感到兴奋的一件大事。广东人民出版社做了一件大好事，这样大部头的著作，说实在的，一般出版社往往缺乏承担责任的勇气，我觉得这真是给我们史学界和法学界做了一件大好事。

世明同志在史学方面已经到达这样一个造诣，后来转攻经济法的博士学位，我觉得这不是一种转向，更不是转业。我们在这部书中可以看到，他的研究领域里已经涉及政治、经济、法律、军事、民族各个方面，所以我觉得他最后在经济法方面进行学习，实际上是对研究领域的进一步延伸和发展。他在这个方面确实给经济法学做了不少贡献。20世纪90年代，他在写博士论文的时候，曾经征询过我的意见，我说："你就利用你历史学的优势写经济法学史。"最后，他写成了两本书，这两本书在整个经济法学界是引起了很大的反响的，目前也多次再版，获得北京市经济法学会二十年优秀学术

成果奖、第六届钱端升法学研究成果奖提名奖。其中最重要的一点，他给我们经济法领域带来了一种信奉规范与严谨之风。我们这些参与中国经济法创建的老一辈的同志，由于当时中国经济法突然而至，有好多匆忙上阵，对一些资料的考究很不严谨。世明同志在这两部书里，做了一些细致的考证和研究，确实使我们感到非常汗颜的是当初这么的马虎。这点我觉得给我们法学方法的发展，也是很有贡献的。

《法律、资源与时空建构：1644—1945 年的中国》出版后，近四十位来自哲学、历史学、法学、经济学、社会学、文学等人文社会科学主要领域的国内知名学者曾经专门举行了一次学术研讨会议。当时的中国人民大学常务副校长冯惠玲在会上对世明同志的著作予以高度评价。我当时也躬与盛会。与会学者认为，在当下学术快餐盛行、学风浮躁的氛围下，张世明教授以坚韧的学术定力、深厚的学术积淀，对 1644 年到 1945 年三百年的总体史，根据大量的史料事实进行长时段研究，融通古今，比较中西，在跨学科交叉的视域下，提出自己独立的见解，以"法律""资源""时空建构"为核心概念，努力构筑自己的解释体系，作品体现出了广博性、深刻性与严谨性。十七年的磨砺，三百万字的深思，五卷本的探索，为我们认识中国历史打开了一扇新的大门，由他所创立的认识论和方法论对学术界贡献良多；该书通过精微的考证，中西互视，努力构建自己的话语体系，从法律的角度对中国的叙事提供了一个新的角度，体现出了崭新的中国气派和中国风格。

这部书出版后，在学术界还是引起了很大反响的。北京市首届"首都法学优秀成果奖"评奖时，本来仅设一等奖，但评奖委员会认为一等奖不足以彰显该书的分量，因此临时建议特设特等奖，报请北京市法学会党委批准，彰显了学术良知与正义。这也算一个小插曲吧！后来这部书还入选第四届三个一百原创图书工程，获得第三届中国出版政府图书奖提名奖、北京市第十三届哲学社会科学优秀成果奖特等奖、中国法学会第三届"中国法学优秀成果奖"一等奖等殊荣。众所周知，中国出版政府图书奖原来正式名称为"国家出版奖"。新闻出版总署领导在颁奖仪式上曾言，中国每年出版物包括杂志等在内，每年总量近四十万种，四年下来就是一百五十多万种，即便中国学术的成果良莠不齐，但总量如此庞大，在一百五十多万种出版物中选出的政府图书奖社科类四十八种、自然科学类七十二种，如同大海捞针，总能捞出真金的。此外，北京市社科优秀成果奖的特等奖往往是空缺的，一般只有德高望重的学术界老前辈才能有幸获此殊荣，哲学、法学、史学、经济学各个学科的顶尖人才济济，成千上万，中国人民大学作为全国人文社会科学的重镇，也距离上次方立天先生获此殊荣整整过去了十年，而世明同志又年资甚浅，能够取得如此成绩，的确难能可贵。当然，世明同志一向淡泊明志，宁静致远，对于这些学术之外的荣辱得失还是看得比较淡薄的。金杯银杯，不如老百姓的口碑。这部书在豆瓣读书网一直保持8.5的高分值，说明我们的网络虽然存在信口开河的不负责任言论，但是非自有公断，公道自在人心，历史将会对许多问题给出答案。这样一部巨著能够出版已非易事，而竟然在如此短的时间内第一版即告售罄。我估计世明同志和我一样也没有意料到会出版第二版，更不用说会这么快就迎来了第二版的出版。可以说，这部书经受住了市场的考验，也必将如中国社会科学院法学研究所前所长刘海年研究员所讲，这是"一部在书架上可以放很长时间的书"。

我历来主张我们应该建立我们新中华法系，我们不能是言必称大陆法系，行必走英美法那一套。我们要学习他们，这对我们法律法学的建设是功不可没的，但不能一切都唯他们是从。我觉得，在我们法学的研究中，往往把自己思维上的独立思维权都放弃了，话语权也放弃了。我们一说就是西方的这一套东西。现在要讲中国特色的社会主义，我们中国特色社会主义的法律体系到底有什么特色，值得深长思之。现在还说我们的法律体系已经建成了，我不大同意。

我们年纪大了，想写的问题很多，但力不从心，而世明同志未来的学术道路还很长，希望能够百尺竿头更进一步，利用自己的优势，从我们中华法学发展的历史中总结一些非常优秀的东西。

2018 年 1 月 29 日于中国人民大学

导　论

第一节　研究的缘起与动机

汉娜·阿伦特（Hannah Arendt，1906—1975）将自己毕生奉献的学术事业概括为对于"政治理论"（Politische Theorie）的研究，其1951年出版的《极权主义的根源》（*The Origins of Totalitarianism*，1951；*Elemente und Ursprünge totaler Herrschaft*，1955）使其声名鹊起，被当之无愧地列为当代杰出思想家。汉娜·阿伦特关于政治哲学的第二部主要著作《人的条件》（*The Human Condition*，Chicago：University of Chicago Press，1958；*Vita activa oder Vom tätigen Leben*，Kohlhammer，Stuttgart，1960）也仍然贯穿了其一向秉持的反对极权政治的理念。与海德格尔不同，阿伦特的思想建立在单个人的出生而不是死亡之上。在其自己动手翻译的德文版《人的条件》中就明确揭示了这一点。阿伦特引入术语vita activa（积极的生活），以区别vita contemplativa（沉思的生活）。[①]哲学传统上将沉思生活和体验永恒视为目标。阿伦特则通过引入术语vita activa提供了一种替代方案，翻转了西方哲学长期推崇"沉思"的传统。阿伦特通过三个范畴分析积极的生活，这三个范畴对应我们所处世界中的三个基本活动：劳动（labor，arbeiten）、工作（work，herstellen）和行动（action，handeln）。劳动是关系人的生命条件（the human condition of life）的活动，工作是关系世界性的条件（the condition of worldliness）的活动，行动是关系多元化的条件（the condition of plu-

---

① Shiraz Dossa，*The Public Realm and the Public Self: The Political Theory of Hannah Arendt*，Waterloo：Wilfrid Laurier University Press，1989，p. 26.

rality）的活动。① 在阿伦特看来，每一项活动是自主的，有自己独特的原则和意义，被不同的标准加以衡量。劳动是以维持人的生命、满足消费和再生产的生理需求的能力加以衡量。易言之，生命或维持生命是劳动的最高价值。工作是以建立和维持一个对人有用的世界的能力加以判断的。行动是主体身份的展现、世界现实性的肯定和对我们自由空间的实现能力加以判断。②

　　按照我们目前占主导地位的观点，大学教授自然是脑力劳动者，需要为了生计而笔耕砚田，或者像卖大力丸的江湖艺人一样，在讲台前照本宣科。在做什么事都从吃饱肚子出发的思路下，我们必须规规矩矩地按照考核指标发文章、挣课时，恰如古人所谓"著书只为稻粱谋"。汉娜·阿伦特的《人的条件》使我们清楚地看到职业与事业之间存在着相当大的距离。悠悠尘世，每多奔竞之士，营营朝夕，攘利争名，骄谄百出。这可以从下面的诸多现象明显看出：一些学者"跑马占地"、划

---

　　① 阿伦特指出，所有欧洲语言都用不同的词来表示"劳动"（labor）和"工作"（work）。希腊语中区分"ponein"和"ergazesthai"，拉丁语中区分"laborare"和"facere"（或与"facere"有相同词根的"fabrucari"），法语中区分"travailler"和"ouvrer"，德语中区分"arbeiten"和"werken"。在所有这些事例中，只有与"劳动"的对应词含有明确的"辛劳、麻烦"的意思。德语"Arbeit"原来只用来指由农奴干的农活，而 Werk 则是工匠的工作。法语单词"travailler"源于"tripalium"，即一种苦役，它取代了旧用词"labourer"。参见 Étienne Delaruell, Le travail dans les règles monastiques occidentals du 4e au 9e siècle, *Journal de psychologie normale et pathologique*, Vol. XLI, No. 1（1948）。亦可参见 Herbert A. Applebaum, *The Concept of Work: Ancient, Medieval, and Modern*, Albany：State University of New York Press, 1992, p. 492。Labor 与 Labare 具有相同的词源，后者的含义为在重压下踉踉跄跄；希腊语 Ponos 与德语 Arbeit 的词根分别是 Penia 和 Armut，均为"贫穷"的意思。德语 Arbeit 和 arm 均源自于德语 arbma-，意为孤独的、被忽视、被抛弃的。与现代英语中"labor"的用法不同，法语"travailler"和德语"arbeiten"已经不再具有"辛苦、麻烦"的原意。在英语、法语和德语中，"工作"的名词形式，即英语"work"、法语"ouvrer"和德语"Werk"，被越来越多地用来指艺术作品。参见 Hannah Arendt, *The Portable Hannah Arendt*, edited with an introduction by Peter Baehr, New York：Penguin Classics, 2003, p. 224。

　　② Maurizio Passerin d'Entrèves, *The Political Philosophy of Hannah Arendt*, New York：Routledge, 1994, p. 65.

定"势力范围",研究问题常常并非基于对于理论的热情和现实的关怀,而是服务于理论之外的某种动机。客观地说,我们目前的学科建设有点像钻天杨,长得很快,但木质的结实程度很值得怀疑。浸淫于此种"乱花渐欲迷人眼"的环境之下,定力欠佳者很可能为之目眩而不知所处,处于内心激烈争斗的困境之中。我们的高校一方面嚷嚷出不了大作品、大师,另一方面又时刻出台各种束缚人的条条框框,让人很难从容不迫地潜心做些大事情,并且学校各种指标无一不悬为考成,此虽龙马精神,亦有所不济。科学技术是生产力,且科学技术的生产力尤为重要。一般所谓的生产力均指物质生产力,但还有另一种生产力,即精神生产力。笔者始终认为,中国学术界目前处于一种革命的前夜,自改革开放以后已经积累了这么多年,应该把握时机产生自己在国际学术舞台上可以立得住的经典巨著。在法学等领域,我们认为目前还必须通过大量的翻译引进工作,虚心向国外学者学习,但在关于中国本身的问题的研究上,如果也不能以绝对优势领先于外国汉学家,那实在是一种耻辱。这要求我们超越汉娜·阿伦特所说的"劳动"的层面,要眼界开阔一些,为中国学术的崛起做出自己的"行动"。

虽然目前学术界不免浮躁嚣动,坐煽庸人顺致时誉,但自古以来未有力量软而能做事业者,亦未有嗜欲多而气力刚健者。正如魏禧《论治四则》所言:"治事人最要有略,方处置得宜。然有大略,有远略,有雄略。目前紧要著数、得一二可当千百者曰大略。事机出耳目之表、利害在数十百年之后曰远略。出奇履险、为人所不敢为、不斤斤于成败利钝之算而目无全牛、气足吞敌曰雄略。识不远者,不能见大略。器不大者,不能知远略。识远器大而无雄才壮气者,不能具雄略。雄略天授,不可学而至,故人当以拓充器识为先也。"[①] 人的精力是有限的,每个人的"眼球"和"注意力"也是有限的,而且时间的价值越来越昂贵。所谓专注就是有限资源的集中使用,就是优先资源的相对集中使用。无

---

① 魏禧:《论治四则》,贺长龄辑:《皇朝经世文编》卷十一,治体五·治法上,沈云龙主编:《近代中国史料丛刊》第七十四辑,731,台北文海出版社1972年版,第446页。亦见法式善:《陶庐杂录》,涂雨公点校,中华书局1959年版,第158页。

论干哪一行当，所有的成就都建立在时间的投入上。由于大部分人的工作效果与其时间的付出成正比，对于一部学术作品，我们做学问的人拿过来一看，你在上面投入了多少时间和精力，大概估算一下，基本是可以判断的。在许多情况下，我们为了得到一些东西，就必须收摄精神，勿惑他歧，甘于放弃一些东西。这种机会成本是必须付出的。

　　钱穆说："唐代无史学，而宋代的新史学实是了不得。"[①] 这是因为被列为正史的二十四史中有八本是唐代完成的，占三分之一，但写正史尚贵出于一手，而官修史书则借功于众，精品难期其成。中国目前学者当主编编纂上百本书的人为数不少，但成于一己的多卷本大部头独著，却难得其见。笔者在这十几年来写作本书的过程中，就深深体会到司马光在编修《资治通鉴》过程中的一些心态和方法。大概这种长程的努力不是一般人所能够忍耐的，《资治通鉴》那样的成功不是能侥幸弋取来的。"漫漫长夜的守更人"（watchman in what otherwise would be a pitch-black night）是卡尔·曼海姆（Karl Mannheim，1893—1947）对知识分子特征最为经典的概括。[②] 美国第一位诺贝尔文学奖获得者辛克莱·刘易斯（Sinclair Lewis，1885—1951）就将成功的秘诀归结为应该"make the seat of your pants adhere to the seat of your chair for long enough"[③]，这和我们中国人强调耐得寂寞坐冷板凳是一个意思。这种慢工细活需要运以精心，持以毅力，凝神致志，艰苦恒久而后成之。清人王明德的《读律佩觿》是一部研究清朝法律的名著，盛鲁得就其书作《读律辨讹》，赵俞在《读律辨讹序》中指出，王氏《读律佩觿》的失误在于"其意骏快，而其辞博辩。骏快，则或逞一时之见；而博辩，则务申一己之说。其失也，漏其所本有，而凿其本无者，容有之矣！解乱

---

　　① 钱穆：《中国史学名著》，生活·读书·新知三联书店 2003 年版，第 186 页。

　　② Karl Mannheim, *Ideology and Utopia: An Introduction to the Sociology of Knowledge*, translated by Louis Wirth and Edward Shils, New York: Harcourt, Brace & World, 1940, p. 143.

　　③ 资料来源：http://www. miltonhighschool. com/pdf/AP_ Semester_ Project _ US. pdf，访问时间：2010 年 9 月 12 日。

丝者，绅绎之，其绪乃见，不然者，毋亦求通而反窒也"①。由是观之，学术成果或许遵循比"慢"规则更加务实。因为学术研究的魅力不仅在于思想的活跃，更在于思想论证的过程，若笋之剥箨，层层深入，层层逼拶，务臻其奥，而非灵光倏忽一现，转瞬即逝。笔者经常劝自己的学生在学术上要"压马"，只有这样才能负重致远。

山西柳林县《杨氏家谱》中所收录的《君子务本论》一文这样写道："天地生人，有一人莫不有一人之业；人生在世，生一日当尽一日之勤。业不可废，道唯一勤。功不妄练，贵专本业。本业者，其身所托之业也。假如厕身士林，则学为本业；寄迹田畴，则农为本业；置身曲艺，则工为本业；他如市尘贸易，鱼盐负贩，与挑担生理些小买卖，皆为商贾，则商贾即其本业。"② 清人张履祥亦曾言："农桑之务，用天之道，资人之力，兴地之利，最是至诚无伪。百谷草木，用一分心力，辄有一分成效。失一时栽培，即见一时荒落。我不能欺彼，彼亦不欺我。却不似末世人情，作伪难处也。"③ 这本是不刊之论，但在当代中国，这些传统的箴言似乎已经完全失效了。农民在生产中作假也很常见，我们每天在市场买的蔬菜等食品被施以超标的农药，一到天凉，市场上的西红柿都带有打过药的针眼，以致国内的食品安全在国际上招致诟詈，我们的一日三餐已经跟"吸毒"相去不远，以"百无聊赖"形容中国消费者的目前处境并不为言过。④ 姑且不论商人的职业道德，目前中国工业产品制造往往也是秉承偷工减料的原则，所以在国外只要是廉价的

---

① 赵俞：《读律辩讹序》，贺长龄辑：《皇朝经世文编》卷九十一，刑政二·律例上，沈云龙主编：《近代中国史料丛刊》第七十四辑，731，台北文海出版社1972年版，第3250—3251页。

② 路成文主编：《山西风俗民情》，《山西地方史志资料丛书》之十，山西省地方志编纂委员会办公室1987年刊印，第105页。

③ 张履祥：《农书》，贺长龄辑：《皇朝经世文编》卷三十六，户政十一，农政上，沈云龙主编：《近代中国史料丛刊》第七十四辑，731，台北文海出版社1972年版，第1311页。

④ 张世明：《推参阐述在经济法中的应用：兼论后金融危机背景下的研究策略》，《第五届中国经济法治论坛：金融法治新发展学术研讨会论文集》，2010年6月12—13日，第11页。

低档产品，大多是 Made in China。这是非常可悲的事情。而中国目前的学术腐败现象更是有目共睹的。例如，一些"学混"将智识贞操、学问良知置之度外，不畏后世之名节，不学无术，在新闻媒体上肆意愚乐大众。但是，我们认为，历史会用自己的耐心检验那些声光颇盛的名流之成色与铢两。不论托业何途，如果让自己献身于某个理想，那是一件非常美好的事。有人曾经指出，德国人可能是最富道德意识的民族，他们尊敬德国文化，并且承受天命般地努力工作。笔者在德国学习期间得到的印象也大体如此。孟子言：古之人修其天爵。这种天职观念对于我们当代学术人而言是至关重要的。中国的学术要跻身世界强国之林，必须依靠一些民族的脊梁来支撑。

孟子书里有所谓"名世者"一词，这里讲的"名世"不是指在这个时代有名，乃是言其可以代表这一时代。我们要谨记，时代要求的不一定是时代真正需要的（What the age demands is not necessarily what the age needs）。魏文帝曹丕说得很有道理："盖文章，经国之大业，不朽之盛事。年寿有时而尽，荣乐止乎其身，二者必至之常期，未若文章之无穷。是以古之作者，寄身于翰墨，见意于篇籍，不假良史之辞，不托飞驰之势，而声名自传于后。故西伯幽而演《易》，周旦显而制《礼》，不以隐约而弗务，不以康乐而加思。"① 古往今来，学问家求真悦学，重在自信而不在世俗之知，重在自得而不在生前之报酬，故其毕生辛勤，守而有待，甘走荒寒之路，甘处困寂之境，必审虑至当，而后发一言，必研索至精，而后成一书。盲左、屈骚、漆庄、腐迁四大奇书之所以金声玉振，郁为不朽，就在于殷忧启圣；古人能够将自己的生命熔铸其间，存诚主敬，殚精竭虑，故臻于绝诣而足式永代。孟子曰：虽千万人，吾往矣！但丁说："走自己的路，让别人去说吧！"笔者主张：我行我路，罔恤人言。太时髦亦即是太俗气。从众行为使自己与时尚一起宛转浮沉，使自性在随波逐流的时尚行列中迷失，连姓甚名谁都忘乎所

① 曹丕：《典论·论文》，赵则诚、陈复兴、赵福海：《中国古代文论译讲》，吉林人民出版社 1984 年版，第 11 页。

以。然而，公论不泯，时尚一旦繁华散尽，一切均如过眼云烟，骊歌匆匆，最终往事不堪回首中。德国谚语言之极谛：Trends sind Gleichmacher（赶时髦实际上是赶走时髦）。

钱穆在《中国史学名著》中建议一个立志做学问的人在拿到学位和职称以后，选择一两个问题认真研究。他说："一学者花十年廿年一辈子工夫来解决一问题，本是寻常本分之事。"钱穆所言确系不刊之论。在学术界，某些学者往往被称为"明史专家""清史专家"等，这些学者也以此自居。这固然无可厚非，但其中也存在一个不容忽视的问题：这样是以研究的"领域"进行界定，而不是以研究的"问题"进行界定。"领域"和"问题"毕竟是两个不同的问题。我们可以说某人是"明史专家""清史专家"等，但我们更应该追问：您研究的是什么问题？也许在这一问题上，许多人会无言以对。我们通常在介绍自己的研究成果时只说"做了"或"研究了"什么，而不说"做出了""研究出了"什么，我们也许研究了许多东西，但如果作为一研究者在暮年对自己的成果进行总结时，发现并没有真正将一两个问题解决好，那么其研究生涯应该说是非常失败的。学术人的目的不在于写出多少本书，而在于使自己的一两本书成为经得起时间考验的传世之作，确切地说，就是要解决一两个问题。只要我们以毕生精力比较好地解决一两个问题，在学术发展的脉络中建立起一个不容绕过的形胜据点，那么这毕生的精力就是具有绝对价值的。在各个图书馆中，成千上万的书籍浩如烟海，不可胜数。图书馆就是用书籍为砖块筑成的书城。我们在众多的书籍中，也许不记得诺贝尔经济学获奖者科斯（Ronald Harry Coase）有过什么著作，但我们知道经济学中有个"科斯定理"（the Coase theorem）。即使我们的数学知识浅薄得可怜，我们也可能不知道数学家杨乐写过什么专著，但我们知道数学中有个"杨乐—张广厚定理"。从知识产权法的角度看，著作权要求的创新程度最低，只要是"个人的智力创作"，而不取决于艺术或科学上"高度"的创作，所以著作权创作或多或少也有平庸的裁减，特别在所谓"小硬币"（kleiner Münze）的领域，远远低于专利权和实用新型。正是这样，我们目前的时代是一个信息爆炸的时代，是新书令人应接不暇的年代。但是，我们应该不仅仅满足于出版一两本书，更应该追求高水平的时代创作。平常的苹果树都可以结出果实，甚至可以用果实累累赞词誉之，这并不稀奇；但是一棵苹果树上即使硕果仅存，只要该硕果举世罕见，那么也是要比满树苹果压枝头更为难能可贵。学者的使命是创造，即通常所谓创新，但我们却主张创新的奇迹乃其目标。当人们渐趋纤弱尖巧，致力于些微琐碎问题的精雕细刻，一门心思就那壁角里去，识小遗大，学风是不免会婉约化的。坐井观天的研究算不上专而深的工夫。钱穆在新亚学院的讲稿《中国史学名著》中的论述对我们的研究可谓具有指点迷津的重要意义。他告诫我们做学问千万不该做一味一色的学问，须要前面开阔，如游览一个城市，其著名的名胜风景总该看一下，却不要私家小巷到处去钻。他又说："不先求其大者，而先把自己限在小的上，仅能一段段一项项找材料，支离破碎，不成学问。大著作家则必有大间架，而大间架则须大学问。"① 做大学问的另一种等价字符即是坐冷板凳、嚼白菜根、啃硬骨头。做大学问的生存状态就是对若干问题朝思暮想矻矻以求，始终念兹在兹，对其如情人般堕入爱情之河夙夜梦寐热恋，不要做学问的薄情郎，不要做学问上朝三暮四的花头。古人云："十年磨一剑，霜刀未曾试。"笔者认为，即使毕力经营，十年磨出一剑，对某些问题可能开窍，但终究能否削铁如泥则未必确保，所以，"衣带渐宽终不悔，为伊消得人憔悴"，与若干问题的研究白头偕老，或许蓦然回首而大彻大悟。书生本色是为社会提供理论产品。我们不看重著作，更关注思想。农民种庄稼祈求五谷丰登，学者搞研究旨在学理圆具。学者的本位意识不可淡漠，否则就会歧路亡羊，或流于对社会现实生活的原始性的简单素描摹写，或沦为对某种理论的溯源性的注释疏证。前者如同贴附于地面的苔藓类植物，后者像攀缘于大树的蔓藤类植物，均不能成为参天而立的青松。

---

① 钱穆：《中国史学名著》，生活·读书·新知三联书店 2003 年版，第 72 页。

第二节　总体史框架：本书的结构与内容概述

钱穆在《中国史学名著》中认为："中国人一句话脱口而出就是一句话，可是这句话也可颠扑不破，此所谓立言。故我们中国人的思想是生命性的，这句话就是一个思想之菁华，像一棵树从根慢慢长出枝，开花结果，有生命。西方人的一句话，往往成为思想的一块化石。如马克思说：'存在决定意识。'你要问这句话怎么来，他便原原本本有一套哲学慢慢儿地同你讲，可是这句话实际上是死的！"① 钱穆这段话道出了中西方治学的一种类型化的差异。中国人的实用理性思维偏好于禅宗式智慧，所以不乏充满灵性的思想火花的熠熠生辉，但西方人治学如同阵地后具有纵深壕堑的防御工事体系。例如，马克思《资本论》千门万户有一个大的结构，任何人欲急切驳倒之，便殊非易事。胡适亦言："吾国旧伦理，但有据而无证。"② 只有经过论证的知识才会获得科学知识的资格，科学知识的确定性来自论证。从洞见（vision）到理论体系的形成存在漫长的如蚂蚁负食般跋涉征程，绝非一蹴而就。纵观西方大学者的治学经验，他们往往极其重视自己体系的建构。马克思的《资本论》如此，黑格尔、康德等又何尝不是？在我们国内目前看到的汤因比的《历史研究》三卷本是其简缩本，而其足本十二卷英文原版摞起来高达一米，功力之绵密，灼然可见于开卷之顷。另一位英国历史学家艾瑞克·霍布斯鲍姆（Eric Hobsbawm）的《革命的年代：1789—1848》（*The Age of Revolution: Europe 1789 – 1848*）、《资本的年代：1848—1875》（*The Age of Capital: 1848 – 1875*）、《帝国的年代：1875—1914》（*The Age of Empire: 1875 – 1914*）、《极端的年代：1914—1991》（*The Age of Extremes: The Short Twentieth Century, 1914 – 1991*）等都是脍炙

---

① 钱穆：《中国史学名著》，生活·读书·新知三联书店 2003 年版，第 43 页。

② 胡适：《胡适留学日记》下，安徽教育出版社 2006 年版，第 130 页。

人口的巨著。世界法学大师费肯杰（Wolfgang Fikentscher）教授曾担任联合国和欧洲共同体的法律顾问，其五巨册《法律方法比较论》（*Methoden des Rechts in vergleichender Darstellung*，Tübingen：Paul Siebeck，1975－1977）屹若巨山，理绪深微，被拉伦茨（Karl Larenz，1903—1993）誉为"里程碑式不朽之作"（monumentalen Werk），让中国学者曾喟叹：我们不要说写，就是翻译都没法翻译！卡里马科斯（Καλλίμαχος，Callimachus，前310/305—前240）的确说过一句名言，"大书令人生厌"（Big book，big bore），但是，这些国外学者都是如钱穆所说用十年、二十年乃至于毕生精力去研究一个问题，而这种将学术视为一种信仰，将研究作为一种道行的终身修炼，是对于某些问题解决的必要条件，非此奚宜？讵有不知，驽马欲与骐骥并驰，燕雀欲与黄鹤齐飞，寸土欲与山岳争高，此乃不度德不量力，只会被人视为轻若鸿毛而已。真理不是应手辄获的廉价地摊货。一锄便思掘井，一篑便想为山，一步便欲登天，一苇便期浮海。此乃行险侥幸，躐级陟登，跨者不行。因之，荀子的《劝学》谆谆不已告诫人们，不积跬步，无以至千里。在中国学者中，近年来也有人开始朝着自己学术体系建构的蕲向努力，葛兆光教授的三卷本《中国思想史》等就是其中的代表。

人们追逐潮流、创新，却难得回眸历史。英国作家奥威尔（George Orwell①，1903—1950）说："谁掌握现在谁就掌握过去，谁掌握过去谁就掌握未来（He who controls the past，controls the future. He who controls the present，controls the past）。"历史的多数意义都在于过去，但是历史存在的目的却是为了今天。《大学》曰：物有本末，事有始终，知所先后，则近道矣。有时，退回也许是最积极的进取。历史研究采取的策略就是以退为进，推既往以占将来，把我们的精神从一种定型的生活中解放出来，以产生一种超越而豁达的胸襟，去看问题的表面与里面、来路与去路。"孔子晚年返鲁编定六经，便可以说明'退'的含义。汤因比（Arnold Joseph Toynbee）《论文明的发展》曾提出的'退却与重

① 此为其笔名，其本名为 Eric Arthur Blair。

回'（withdrawal and return），则尤足与'退而结网''退而更化'之意相互发明。"① 但笔者要强调的是，司马迁的史学在当时就是一种地地道道的"新史学"，不仅在体裁上使纪传体得以建立不拔之基，而且其提出的"通古今之变，成一家之言"的治史思想恰恰和当今法国年鉴学派的思想非常契合。布罗代尔等人的"总体史学"（global history）尽管有打破学科壁垒的跨学科含义，但它并不像国内学者所理解的那样是对政治、经济、军事诸方面无所不包的历史，而是与长时段理论紧密相关的另一层面，也是着眼于时间角度而言的，是一种古今互视的历史观。年鉴学派创始人布洛克提出的著名公式"通过过去来理解现在，通过现在来理解过去"（Comprendre le présent par le passé, comprendre le passé par le presént），就在其论述"总体史学"那一小段文字之后，此正是其对"总体史学"精义的准确诠释，只是一般人不特别留心而未审其义。

目前既存的中国研究每每受到西方中心主义自觉或不自觉的影响，多存在失却中国历史本真气味之虞；并且大家往往都尊奉克罗齐（Benedetto Croce，1866—1952）"一切历史都是当代史"（All history is contemporary history）这一信条，对于历史大都站在当代人立场往回看，这是一种"倒放电影"的回推立论，而不是"正放电影"，容易导致对于历史发展规律的简单看法，抹杀历史当时存在的众多发展方向可能性，以今情臆测古意，在有意无意中以用后起的观念和价值尺度得出超越于时代的判断和脱离当时当地的结论，有人甚至流于凭借当今的优越性对着历史卖俏。唐君毅等港台新儒家代表人物在《为中国文化敬告世界人士宣言——我们对中国学术研究及中国文化与世界文化前途之共同认识》中指出："由现实政治之观点去研究中国历史者，乃由今溯古，由流溯源，由果推因之观点。当前之现实政治在变化之中，如研究者对现实政治之态度，亦各不一致，而时在变化之中。如研究者之动机，仅由接触何种之现实政治而引起，则其所拟定之问题，所注目之事实，所用

---

① 余英时：《中国思想传统的现代诠释》，江苏人民出版社 1995 年版，第 62 页。

以解释事实之假设，所导向之结论，皆不免为其个人接触某种现实政治时之个人之感情，及其对某种现实政治之主观的态度所决定。此皆易使其陷于个人及一时一地之偏见。欲去此弊，则必须顺中国文化历史之次序，由古至今，由源至流，由因至果之逐渐发展之方向，更须把握中国文化之本质，及其在历史中所经之曲折，乃能了解中国近代史之意义，及中国文化历史之未来与前途。"① 此处所说的这样一种总体史不仅要研究我们"现今视域"中的历史，更要考虑历史当事人的"初始视域"，同情地理解其不得不如是之苦心孤诣，旨在从中国内部发现历史的同时具有全球视野，在从今察古的同时由古思今、秉古衡今，"相看两不厌"，实现在空间和时间上的双向交叉互视的总体历史考察，以求无隔阂肤廓之论。柏林（Isaiah Berlin，1909—1997）有一很精警的讲法，就是：to see the past in the future and the future in the past。

　　传统与现代是无法割裂开来的。正如恩格斯教导施米特（Conrad Schmidt，1863—1932）时所说："必须重新研究全部历史，必须详细研究各种社会形态存在的条件，然后设法从这些条件中找出相应的政治、私法、美学、哲学、宗教等等的观点。……在这方面，我们需要很大的帮助，这个领域无限广阔，谁肯认真地工作，谁就能做出许多成绩，就能超群出众。"② 在抗日战争期间，中华民族处于生死存亡的危急关头，毛泽东在《改造我们的学习》一文中就高瞻远瞩地号召全党同志，"不但要懂得中国的今天，还要懂得中国的昨天和前天"，并具体提出应聚集人才对近百年来的历史先做经济史、政治史、军事史、文化史等的专门研究，再进行综合的研究。③ 历史的最大优势就是能够鉴古知今，用一种长时段的眼光深邃地洞察社会现象和规律。1949 年中华人民共和国成立以前三个世纪的中国历史对于我们了解国情而言，是一个比较充分的时间单位。当代学者深入研究这段历史，不仅可以使我们更

---

　　① 《唐君毅集》，黄克剑、钟小霖编，群言出版社 1993 年版，第 479—480 页。

　　② 《马克思恩格斯选集》第 3 卷，中共中央马克思恩格斯列宁斯大林著作编译局编译，人民出版社 1972 年版，第 465 页。

　　③ 《毛泽东选集》，人民出版社 1991 年版，第 801 页。

加清楚现代中国是如何演变而来的，而且一代有一代之史，对前现代中国历史的重新诠释本身，也是当代学者在中华民族全面复兴的转折时期，在科学文化领域建树无愧于时代的成就的使命之践履。

20世纪20年代初，萧一山出版《清代通史》上卷，轰动学界。萧一山晚年到台湾后，对此书又加以修订和补充，全书三卷最终于1963年联袂问世，蔚成巨帙。这是迄今为止个人独立完成的唯一的一部清代通史。目前中国大陆举全国之力纂修"大清史"，这固然有众多优势，分功易事，但出于众手，其间势必难免过去被万斯同所批评的"犹招市人而与谋室之事"① 这种史馆修史分择割裂等不尽如人意之处。在国外，中国史研究领域中出现了所谓的"新清史"（New Qing History）的讨论。这是由罗友枝（Evelyn Rawski）1996年在全美亚洲年会的讲演《再观清代：清朝在中国历史上的意义》（Reenvisioning the Qing：The Significance of the Qing Period in Chinese History，*Journal of Asian Studies*，1996，Vol. 55，No. 4，pp. 829 – 850）而引发的。目前"新清史"沸沸扬扬，似乎成为众人趋之若鹜的新时尚，但是迄今为止没有人真正言出行随加以践履自己的学术主张。学术研究不是依靠口号的声震云霄而取胜的，需要踏踏实实的苦干才能以实力服人。这种庞大体系的自我建构不是一朝一夕之功所能济事的，更不是依靠作秀可以哗众取宠的。古人云：桃李不言，下自成蹊。本书可以构成笔者对"新清史"的一些系统化阐释。

笔者在20世纪90年代末就开始收集资料、动笔撰写《法律、资源与时空建构：1644—1945年的中国》五卷本，用了整整十七年，希望能够以十年磨一剑的劲头打造自己一生的学术代表作。本书的写作贯穿中国前贤"分则为文，合则成书"的治学方法，力图在撰写论文的基础上逐步形成一个完整的理论体系。经过十几年的不懈努力，初稿总计三百多万字，分为导论卷（二十五万字）、边疆民族卷（七十九万字）、军事战争卷（五十一万字）、司法场域卷（八十三万字）、经济开发卷

---

① 钱大昕：《潜研堂文集》卷三十八，"万先生斯同传"，《续修四库全书》编纂委员会编：《续修四库全书》1439，集部·别集类，上海古籍出版社2002年版，第116页。

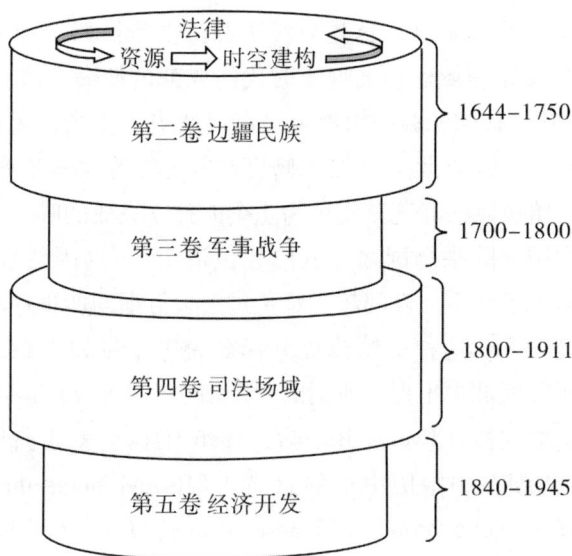

（七十一万字）。刘勰《文心雕龙·章句》云："章总一义，须意穷而成体。"① 本书与一般历史著作不同，力求务其博而衷其理，强调问题史学，紧紧围绕法律制度、资源与时空建构三者关系这一核心问题。本书各卷的论域虽然是不同的，但主要的论题是相同和相通的。全书涉及民族、经济、法律、军事等领域，时间范围主要集中于清朝，基于"一切历史都是当代史"的指导思想在某些部分适当下探延伸至 1945 年，在某种程度上可以说构成一部独立完成的"新清史"。事实上，由于本书写作时间漫长，个人的写作风格和心态存在一些可能不为外人所洞悉的嬗变，但论证的中心问题却是自始至终一脉相承的。借用司马迁《史记》中人们耳熟能详的话来说，项庄舞剑，其意常在沛公。这种中心思想将几幅历史图画紧紧捆绑在一起，一贯而可通。视角和视域的创新通常是研究者阐明自己学术贡献所要强调的闪光点，然而，这对于笔者而

① 刘勰：《文心雕龙》，戚良德注说，河南大学出版社 2008 年版，第 259—260 页。

言并不是关注的重点，本书力图在思想体系的建构方面进行积极的探索，其聚焦点在于探讨法律规则、资源与时空建构的三角关联。全书这种一体三维的关联就是各卷之间深刻嵌入的关联所在。

第二卷主要以 17 世纪中叶到 18 世纪政治空间格局如何形成为主要问题，力图遵循严肃的学术研究规范对"清朝奠定中华人民共和国版图"这一命题，不仅从历史学角度进行分析，而且从国际法学角度进行论证，此外尤其希冀从时空关系的理论高度揭示这一理论话语在中国近代以来国民国家形成过程中的建构与分布，对清代疆域观念的复杂性与特殊性进行深入细腻的考察分析，融思想史和制度史于一体。该卷可以说是以后各卷的论述基础。清代是中国历史上最后一个传统王朝，中国当代所谓"地大物博，人口众多"的基本国情即奠定于清朝。这是清代距离今天最近而对当今中国影响最大的两方面。其表现为：（1）乾隆二十七年（1762），中国人口首次突破两亿，道光年间更达到四亿，"四万万同胞"之语即出于此，中国国情中的"人口众多"与清代紧密相关乃世所公认；（2）清朝在康雍乾时期翦除割据势力，建立统一多民族国家。中国国情中的"地大物博"与清代形成中国历史疆域的定型有莫大关系。之所以不说中华人民共和国版图由民国继承而来，这是有学理根据的。但我国边疆历史地理学界许多学者认为，清代疆域是合法的，但我们学术界现在还没有说出一个所以然来。如果能建立符合历史事实的理论，意义将是很重大的。此外，长期以来，学者和普通民众提及中国传统文化时动辄云儒家文化，但当代中国版图 60% 以上都属于边疆少数民族地区。在空间上，除儒家文化圈之外，还应该充分认识藏传佛教文化圈、伊斯兰教文化圈的并存现象。"文化中国"是多元的。尤其在清帝国"修其教不易其俗，齐其政不易其宜"政策支配下，文化的多元与政治的多元乃不争的事实。与倡导"中国中心观"（China centered history）的柯文（Paul A. Cohen）等所反对的"欧洲中心观"相仿，中国的法律史学术界过去多受"中原汉族中心论"的影响，所谓"中华法系"往往没有考虑伊斯兰法系在中国的存在，亦不曾将岛田正郎所论述的"蒙古法系"纳入视野。置身现代工业文明社会的学者回顾中国传统农耕社会亦觉不易，对边疆地区的游牧社会的理解更隔膜一重。在许多情况下，边疆社会具有超乎我们想象的特殊性，亦即拉铁摩尔（Owen Lattimore，1900—1989）所谓的"边疆风格"，这往往是我们不曾窥其堂奥的"黑暗世界"。目前，西方的后殖民理论进入中国后不应被等同于一种民族主义的话语，用以加强"中国/西方"的二元对立话语模式，按照其理论逻辑，从一种边缘的立场解构中国的汉族中心主义，恰应是题中应有之义。笔者较早在中国边疆史学术界提出从边疆社会发现历史，本卷仍然坚持这一出发点，这和目前国外的"新清史"研究存在某些契合之处，希望从更深的层次重新审视与理解中国的过去。①

　　第三卷主要以18世纪到19世纪中叶为时间范围的中西方军事力量的对比研究为核心，阐明一个道理：鸦片战争后所谓中国之所以被动挨打，是否真的是如人们所说的是由于西方"船坚炮利"所致？如果是这个原因，那么当时西方船坚而坚之何种程度？炮利而利之何种程度？笔者通过比较研究得出的结论与众口相传的"船坚炮利"说法有较大出入。例如，笔者认为，学术界往往不注意这样一个问题：18世纪中国和西方的舰船制造面临木材供求的深刻矛盾。清代中国海上武装力量的衰微固然原因很多，但造船材料的匮乏显然是其中一个重要的因素。又如，一些学者借助于后视之明（the wisdom of hindsight），多谓18世纪康雍乾诸帝不能明了西方现代化浪潮澎湃的国际风云变幻格局，以至鸦片战争期间道光帝连英国的具体方位等都惘然不谙，进而指责清朝统治者颟顸瞀聩，不能洞察现代化之先机，濡滞失时。其实，这里面存在一个空间中互视的问题，譬如在社会场域中默无声望的芸芸众生知晓社会上大名鼎鼎的知名人士，而名人大腕往往不会屈尊对草民百姓主动搭讪结交一样，中国当时在国际上是个疆域广袤的大国，在伏尔泰等在西方掀起"中国热"的同时，中国对山海相隔的西方小国自然认知模糊不清。这一卷过去有一定基础，在与戴逸教授合著的《18世纪的中国

---

　　①　需要指出的是，所谓"边缘史"矫枉过正，从一个极端到另一个极端，仍然是一种偏颇而非中正之道，以边缘为中心而最终仍不得反转成为中心。笔者尽管在2000年就较早提出从边疆发现历史，但从一开始就强调一种边缘与中心之间的互视。

与世界·军事卷》中曾有十六万字的底稿，且该书曾经获得北京市社科研究成果二等奖和吴玉章基金科研成果一等奖，目前经过多年积累和修改，已经扩充至 51 万字。这一卷的问题是，如何与其他各卷相贯通。尽管福柯的著作已经读过不少，但在很长一段时间里，军事卷的问题和司法卷的问题在笔者的思想中仍是风马牛不相及的，属于"两张皮"。然而，在重读福柯《规训与惩罚》（Michel Foucault, *Discipline and Punish: The Birth of the Prison*, trans. Alan Sheridan, Harmondsworth: Penguin, 1979）过程中，这两个问题之间变得豁然贯通起来。福柯在《规训与惩罚》中揭示西方行刑方式的变化，使我们对于中西方司法变革具有一个时间坐标上的参照系，可以了解西方近代所谓引以为豪的刑法文明究竟何时领先于中国。从本质上而言，福柯在《规训与惩罚》中涉及了本书的法律规则与社会资源关系的研究，只不过福柯在《规训与惩罚》中经常使用的是"权利经济学"一词而已。福柯提出这样一个基本的预设：即在我们今天的社会里，惩罚制度应该置于某种有关肉体的"政治经济"中来考察。福柯在《规训与惩罚》中对于以边沁式圆形监狱为原型的"全景敞视主义"机制的分析，在本书第四卷狱政部分已有论述。但对于笔者在此特别感到饶有趣味的，是福柯所论述的法律问题与本卷的军事史研究具有非常密切的关系。福柯在《规训与惩罚》中比较细致地叙述了 18 世纪西方的军事发展史。福柯之所以在《规训与惩罚》中将医院、监狱军营和工厂放在一起考察，将司法和军事问题联系起来，是因为其试图从某种有关肉体的权力技术学中读解出权力关系和对象关系的一部共同历史。福柯从细枝末节中发掘出现代社会组织的机制的同时，也为我们昭示了清代中国在 18 世纪难以解决的瓶颈问题，即黄仁宇所谓的"数目字管理"问题。在笔者看来，虽然福柯和黄仁宇有着不完全相同的理论动机和趣味，其所关注的问题更是相去甚远，但福柯在《规训与惩罚》中所揭示的西方在 18 世纪特殊权力的技艺发展和黄仁宇所谓的"数目字管理"问题联系起来，就会明了其间转折的关键所在。法律和军事的确存在密切关系。中国古人有"刑起于兵"和"兵刑不分"之说。随着时间推移，刑逐渐由"兵刑合一"的状态分离出来，但兵与刑

"其为暴力则一"的特征不曾有任何改变。所谓"大刑用甲兵，其次用斧钺；中刑用刀锯，其次用钻凿；薄刑用鞭扑"，就将这层道理讲得非常明晰了。本卷在这一问题努力与第四卷相交织，又利用吉登斯（Anthony Giddens）关于军事力量与民族国家的分析，将该卷与第二卷和第五卷相勾连。

　　第四卷的时间为 18 世纪中叶到 20 世纪初，主体则是研究司法场域的博弈。将清代前期历史以 1840 年鸦片战争为分界线与近代史划若鸿沟、隔如胡越地截然断裂开来，往往会滋生诸多流弊。从时间观念角度而论，中国大陆地区甚至包括台湾学术界所谓"清史"和"中国近代史"两个被建构起来的学科概念的时间蕴意殊堪玩味。不论是专著还是论文，所谓清代司法制度的摹本均是康雍乾以前的所谓成型的制度，然后再加以清末修律期间接近尾声的变革，以致对于清代司法一条龙的演变过程难窥全豹。这其实是对清代法律演变研究不深入的表现。笔者一直坚持对清代司法制度演变首尾贯通考察的观点，主张考察清代司法的内在演变逻辑，尤其要关注乾隆以后清代司法的不断变革，认为清代司法制度乾隆时期所谓成熟之后直到清末修律之前，依然代有嬗变，举其荦荦大端者言有以下六大变革：（1）乾隆末期班房开始凸现；（2）嘉庆初年京控开放；（3）道光年间领事裁判权的确立；（4）道咸时期就地正法产生；（5）同治时期发审局的引入；（6）光绪末年流刑废除与监狱改革。清代司法在乾隆以后不断变革，过去覆核审转，但嘉庆年间京控解禁，此乃中央往下伸，道光年间出现就地正法，此乃中央权力往下放，这说明其司法本身已出现脉象散乱的迹象，已经开始逸出于乾隆时期的框架体系。发审局又称"总局""谳局"，专门办理全省案件之复核以及秋审和其他司法事务，非常类似于近代之"省高等审判厅"，是清代司法自身现代化、专业化的表现。在清末司法改制过程中，各省审判厅骤然建立，发审局便自然而然成为各地堪资利用的司法资源。过去人们都对这些大变大革没有深刻全面的认识。本卷有意在探讨清代司法演变内在逻辑方面能够对学术发展尽个人的绵薄之力。该卷在研究法律空间时将资源问题作为一个重要的变量因素，与第二卷疆域版图问题和第五卷的资源开发问题相呼应。

笔者认为，18 世纪中叶以后，由于人口膨胀和资源稀缺，立嗣的形式虽存，但其实际意义已发生变化，在很大程度仅为养老的必要手段，而维系祖宗祭祀的观念逐渐退居次要位置，以致兼祧在乾隆年间被纳入《大清律》。清代中叶以后，按照人口膨胀—资源紧张—讼案增加、积案久滞的司法场域生态链条的自然延伸逻辑，监狱人满为患洵为势所必然。清朝各级地方监狱率多狭逼，乾嘉时期为秋审审实人犯留禁省监与发回各县籍分禁之事右翻左覆，摇摆不定，当时受权威性资源与配置性资源限制捉襟见肘的事实彰明较著，自不待智者而知。监狱设施不足势不得不利用衙署科房为羁押场所而启班馆之渐。国内外法学家往往从法文化的角度批评中国传统法律重刑轻民、民刑不分，殊不知近代以前的西方同样没有真正达致严格的民刑分离，这种情形从传统社会配置性资源和权威性资源不充分得到一定的诠释。按照吉登斯的观点，传统社会处于生存性矛盾（existential contradiction）之中。在刚性财政制度下汲取能力的有限性及其权威性资源的稀缺，使清王朝司法资源配置只能以命盗刑案为要务而将户婚田债视为细故，并不自觉地偏好于以低成本的刑事手段处理民事案件，导致民事案件刑事化或泛刑化，正如寺田浩明教授所说，为了在有限的资源下实现和平共存，有时候除了社会的全体成员各自忍耐之外并无其他更好办法。在清代，知县掌握的资源毕竟有限，不可能动辄使用国家力量对付数以十万计的编户齐民。[①] 大凡官有更替，不如绅之居处常亲；官有隔阂，不如绅士之见闻切近。士绅阶层在本地自有其权威，加上熟悉地方情况，掌握了宗族、里甲、书

---

① 迈克尔·曼（Michael Mann）在《社会权力的来源》（*The Sources of Social Power: Volume 1, A History of Power from the Beginning to AD 1760*）中引述艾森斯塔特（Shmuel Noah Eisenstadt，1923—2010）等人的观点，认为单一的、高度中央集权的帝国社会，是神话式的。他是借用军事后勤学的研究成果对权力网络的外部极限加以标线，指出：在古代，如果例行的军事控制沿着一条超过九十公里左右的行军路线在后勤上不具备可能性，那么对比较大地区的控制在作为有组织的权力网络的社会实践上就不可能是集权的，不可能深入于居民的日常生活之中。参详迈克尔·曼：《社会权力的来源》第 1 卷，刘北成、李少军译，上海人民出版社 2007 年版，第 13 页。

院、公局等组织，形成了虽非法定而实际存在的以声望为基础的社会权力（soziale Macht）。知县必须倚重士绅的权力网络才能实现对全县的治理；地方很多兴作事项离不开士绅的参与和配合，有时甚至由士绅代行其事。长期以来，除了前述因为司法资源有限只能以命盗刑案为要务而将户婚田债视为细故之外，州县官还往往因为没有足够的人员与资源对各种案件都进行调查取证，将大量户婚田债案件交由地方士绅处理，两造不服时再加以覆讯，以期节省行政司法资源。特别是清代中叶以后，源源不断地涌向县衙的诉讼案件数量扶摇直上，由于县衙的审案能力有限，狱讼淹滞情形尽管被奏请勒限清厘，但治标不治本，固有的诉讼制度面临失效的结构性危险。案件审结遥遥无期，不但不能为诉讼当事人提供预期的救济，反而使诉讼成本增加，使诉讼成为畏途。在这种情形下，将大量户婚田债案件交由地方士绅处理无疑可以起到分流疏滞的作用。

　　中国传统法律重要特征之一就在于集体责任制（或称连带责任制）的发达。其一表现为连坐制度，其二表现为保甲制度。中国堪称连带责任实施的范围最广、时间最长、最严厉、对这一工具的依赖性最强的国家。管仲和商鞅的变法目的都在于解决大一统国家所面临的控制能力低下以及信息严重不对称的制约瓶颈。在传统农业社会中，亲属和邻里之间朝夕相见，信息的分布呈现出明显的内部和外部的不对称，内部相互之间的沟通多，人们之间的空间距离包括时间距离微乎其微，而作为外部者控制者政府获得信息的能力相对不足。而连坐和保甲制度则成为小政府在有限的信息约束下控制大国家的有效手段，其让信息成本较低的人群行使监督的权力就可以大大地节约监督成本，进而将涣散而无系统的民众，以一定的数字与方式精密组织之，居家相察，出入相司，建构一种全民监督的有系统的政治体系，以期实现有效的社会控制，克服由于疆域、政府规模、官员数量所带来的信息成本问题。清政府也沿用这种行之有效的社会控制网络，极力提倡一族之长管一族之子弟，以节省有限的行政资源。清代州县官积极推行各种形式的调处，将"调处息讼"原则贯彻始终，不仅仅是由于儒家政简刑轻等等思想的道德教化，而且也是司法行政资源短缺情非得已所致。在地方上出现所谓户婚、田土、钱债等纠纷时，民不告而官不纠，允许和鼓励民间自我调节，即便争控到官，也往往批令亲族人等加以调处息讼。因此，在实践中，大量纠纷在启动司法程序以前，即已在家族、乡里之内得到消化处理，真正呈送官衙的是极少的一部分，从而极大地节约了官方的司法行政资源，降低了纠纷解决成本。

特别需要强调的是，笔者并没有将清代法律说得一塌糊涂，相反，只是从中揭示其自身的演化规律，所以对于班房、发审局、就地正法等这些内部变化加以深度描写。笔者所想要表述的意思是，中国法律等制度存在其自身的演变逻辑，并不是像人们过去想象的清前期与清后期，一个是盛世辉煌，一个是漆黑似铁的僵化停滞，只有外国的冲击和压力才是救星，从而将中国历史割断来看。笔者认为这样的叙述不是一部完整的清代历史，所以在这一卷大谈乾隆后期以降清代司法演变的六大变革，旨在接续史脉而已。本卷关注班房等问题并加以细密研究，的确在国内外法学界是具有领先性和罕见性的。在与外国这方面同行交流中，笔者谈及这些问题时，发现他们对此竟然闻所未闻。如果说本卷具有过分强调清代法律阴暗层面的嫌疑，这也许与该卷框定的时段是 19 世纪不无关系。其次，笔者从二十一岁就开始在中国人民大学清史研究所学习和工作，对于清史并没有不予以同情之理解的认知取向。可以肯定地说，"愤青"与笔者这种暮气沉沉之人完全无缘，否则笔者也不会呕心沥血为此大部头著述，但是，我也绝不会推扬过情，爱屋及乌，似乎不容有对其说"不"字的权利。这不是正确的态度。而且，御宇绵长原本是清朝统治者经常自我炫耀的资本，清朝存在将近三百年与清朝法律优越性两者之间并无必然的逻辑联系。在扬明贬清者视之，这或许会是得出相反结论的证据，犹如胡子长并不一定代表学问大是一个道理。当然，我并不支持清朝停滞论的观点。

事实上，在书中已经多处强调过去的材料中对于衙役为非作歹的话语建构问题，读者自可覆按，在此力图呶呶不休为自己文饰并无其必要。① 第五卷的阐述就时间而言主要限制在 19 世纪中叶至 20 世纪中叶，研究经济资源的开发与民族国家的建构、时空观念的变迁等问题。时空问题往往不为人们所关注。台湾学者苏永钦在研究经济法时反复强调国家幅员大小与法律制度设计相匹配的问题。笔者对此深以为然。② 按照列伏斐尔（Henri Lefebvr）等人的观点，社会现实不是偶然成为空间的，不是存在"于"空间的，它在先决条件上和本体论上就是空间的，不存在没有空间化的社会现实，也不存在非空间的社会过程。笔者有一个很深刻的感触，在研究中国的法律、经济等问题时，中国作为"大国"的空间性往往被视若无睹，仅仅被作为无须赘言的背景衬托，

---

①　本书在论及衙役舞弊时所阐述的核心问题在于资源与法律规则变迁的关系问题，这五卷均以此为全力攻克的关键问题。笔者其实已经对于班馆予以同情之理解，但如果要笔者将此描述为美轮美奂的人间天堂，恐怕不敢从命。如果谁认为那是一个好玩意，那么就请君入瓮可矣，反正笔者在这一点没有佛祖"我不入地狱，谁入地狱"的豪情。或者试思事关乃兄乃父，汝可狂喜抃舞乎？苟怀行及我辈之心，对此是非的评判是非常清楚的。现在许多学者都好为凌空蹈虚的高论，连中国近代的不平等条约都不承认，认为使用这个概念就是不客观、不理性，似乎英法联军将圆明园付之一炬才是理性的行为。笔者的老师、中国第一位经济法学博导刘文华教授前些年就专门写过一篇很有意思的文章，题目叫做《立场不见了》。中国古人往往强调一些"人伦之大防"是不可蔑弃的。笔者在这一卷中就论述了拉德布鲁赫在第二次世界大战后发表的《五分钟法哲学》（Fünf Minuten Rechtsphilosophie）对于自然法理念的弘扬。继拉德布鲁赫之后，笔者的老师费肯杰教授提出的"推参阐述"法学方法也旨在解决不同思维模式下的人类共通的基本法律理念。这也是笔者之所以采取非常笨拙的方法对于法学方法论进行"学术远征"以求一点一点力图吃透费肯杰教授思想的原因。是非淆于唇吻、褒贬决于爱憎，这是做学问的大忌。

②　中国的西部应该说是目前的欠发达地区。在国际上，全球一体化的浪潮滚滚，吉登斯所谓的脱域现象在各处随时可见，王府井的繁荣丝毫不亚于其他国际大都市，但是中国的城市像欧洲，农村像非洲，城乡二元差异的悬殊是如此令人震惊，而这在西部地区尤为明显。在德国学习期间，笔者发现德国各地的发展是如此均质化，知道中国要想达到那种境界尚不知有多少路程需要追赶。中国面积差不多与整个欧洲相仿，要求整个中国的空间均质化达到德国那样的水平是一项艰巨的任务，甚至是一种苛求。但是，中国西部广阔的市场空间本身是中国经济发展的宝贵资源，缩小三大差别其实并没有过时。相反，这是高难度的挑战。只有这样的社会才是和谐社会。

而对其在社会各层面的深刻影响概未之见。正是由于中国在历史上很早就出现"大一统"的政治格局，在古代世界历史上是超大型国家，与西欧小国林立的格局迥异，而治理大国与治理小国存在显著区别。中国古训云："治大国若烹小鲜。"由于大国的空间范围大，其政治法律举措的覆盖面和辐射力与小国相比自不相侔，"放大效应"甚强，轻举妄动地更改政令则容易将烹煮于锅的小鱼弄烂，所以中国历朝历代统治者勤求至治，多主以定静为宜，其最重要的社会目标即是"天下太平，长治久安"。稳定和谐的社会是中国历朝历代统治者营营孳孳的鹄的，历代君主的贤愚功过均以社会的治乱为准绳加以评判。大国政治空间的生产和维持固然会产生明显的收益，并可能在一定程度和范围降低社会成本，但所需要的成本也是可观的，由于可利用的经济资源不充分，所以中国古代法律往往表现出塞尔兹尼克（Philip Selznick）等所谓的"压制型"特征，泛刑主义普遍，民事内容刑事处罚，两者难以泾渭分明，这就构成了人们通常诟诋的专制或集权的面相；另一方面也同时由于社会经济资源对大国体制的维持捉襟见肘，政治因陋就简，不可能深入于广大的民间社会，因此这又往往形成其所谓自由放任的面相。

正如林岗所说，"超大规模国家的社会转型有它自己的独特历程，史学界讨论近代史时对这一点并未给予足够的注意。国家的超大规模会带来一连串问题，例如我们今天可以绝对肯定的一点是这个过程特别漫长。如果日本近代化的时间表是用年（year）的单位的话，中国近代化的时间表则是用年代（decade）做单位的"①。在现代化转型过程中，船小自然好掉头，近代中国现代化过程由于家大业大的包袱造成了转型的步履蹒跚和旷时费日。美国普林斯顿大学社会学教授罗兹曼（Gibert Rozman）网罗伯恩斯坦（Thomas P. Bernstein）、布莱克（Cyril Edwin Black）等顶尖学者勠力合作编纂的《中国的现代化》（*The Modernization of China*, New York：The Free Press, 1962）一书认为，中国人民对本民族文化的自豪感、中国文明之具有站在世界发展前沿的能力、辽阔

① 林岗：《超大规模国家的近代化》，《读书》2000 年第 6 期。

的疆域和众多的人口、统一的和相对集中化的行政的传统等，都将有利于中国的现代化。然而，我们也应该看到空间超大化使中国现代化转型所需时间甚多的另一层面。殷海光在《中国文化的展望》中探究康有为等推动变法维新运动之所以失败的原因时云："康有为图功太急，缺乏历史感，把事情看得太容易。他对光绪皇帝说：'变法的章程条理，皆已备具。若皇上决意变法，可备采择，但待推行耳。泰西讲求三百年而治，日本施行三十年而强，吾中国国土之大，人民之众，变法三年，可以自立；此后则蒸蒸日上，富强可驾万国。'我不知道康有为行的什么推理（reasoning）。较小的日本变法，'施行三十年而强'，较大的中国变法，反而只要三年。慢说光绪皇帝只是一个有名无实的君主，即令他是康熙，他是威廉大帝，他是彼得大帝，以这样一个'老大帝国'，在短短三年的时间以内要变法也变不了的。火车越长越难开动。"[①] 长于逻辑经验分析哲学的殷海光对康有为的变法时间观念表示匪夷所思。而且正是由于中国领域空间庞大，19 世纪 40 年代以后，中国成为欧美各国远东政策众目睽睽、虎视鹰瞵的主要对象，各现代化先行国家视中国为见者有份的肥肉，这样，领域空间狭小的日本所承受的侵略压力便相对减弱。这给了日本以西方学术界所说的"喘息空间"（breathing space）。所以，许多外交史学者研究结论认为，日本是在印度和中国作出了牺牲的前提下实现了独立和近代化的。日本学者依田憙家（よだよしいえ）认为，日本的领土远远小于中国，而且四周被大海包围，因此，在处于江户时代中期的交通工具的阶段就比较容易地形成了统一市场。而中国由于是一个拥有广大国土的国家，在当时的交通工具阶段就难以形成统一市场，因而也就缺乏实现近代化的重要前提。清王朝中央权力的软弱和割据倾向日趋强化，导致辛亥革命后出现了军阀割据混战的情况。经过第一次世界大战，中国沿岸和内河的轮船航运以及铁路达到了相当发达的程度，方才正式形成了以中国本土为范围的统一市场，

---

① 殷海光：《中国文化的展望》，上海三联书店 2002 年版，第 422 页。

完成了近代化的重要前提。① 由此不难看出，领域空间辽阔的大国实现现代化转型的时间与蕞尔小国相比不可同日而语。第五卷的底本是笔者在《西部开发与中国近代化》中所写的十七余万字的导论，目前扩充改写至71万字。原先的底稿也考虑了资源开发中的法律问题，例如讲到移民社会空间的特殊性其实就是从法社会学角度加以诠释，为了与其他各卷协调，这种努力的倾向更为明显，例如对于水案的研究等，大量采取了案例研究法。

---

① 依田憙家：《近代日本与中国：日本的近代化——与中国的比较》，卞立强等译，上海远东出版社 2003 年版，第 342—343、412 页。尽管以费正清为代表的冲击—反应模式已经被学术界公认具有诸多缺失，但这种理论模式之下产生的所谓"大象与跳蚤学说"（the elephant-flea theory）并非毫无道理。正像谚语所说的大象耳中的跳蚤一样，外国经济入侵可能起某种刺激作用，是局部性破坏根源，而且在一定程度上甚至还发生了积极的推动作用，但中国的整个经济规模庞大，外国的经济入侵不可能产生很大影响。例如，墨菲（Rhoads Murphey）作为大象与跳蚤理论的积极支持者曾屡次提示道，中国"太大，为印度的二三倍……和一小撮外国人在沿海边缘的接触，不管后者精力多么充沛，效率多么高，都无法使它挪动一步，更谈不上使它转变了"（柯文：《在中国发现历史——中国中心观在美国的兴起》，林同奇译，中华书局 1989 年版，第 114 页）。在墨菲看来，躯体庞大不仅容易产生惰性，而且令人难以深入它的内部。由于中国幅员辽阔，外国列强在近代要把其全面殖民化是一个艰巨的任务，所以，长蛇封豕般的外国列强尽管可以有以蛇吞象之心，但都无法单枪匹马完全征服这样庞大的帝国，不得不采取划定租界和势力范围。半殖民地半封建的近代中国被西方学术界称为"多国的殖民主义"（multiple colonialism），这虽然较诸完全的殖民地在某些方面境遇要好些，清朝可以利用西方列强在华势力的角逐进行所谓"以夷制夷"的制衡，但是另一方面，正像中国革命先行者孙中山所强调的那样，这种格局也有明显的不利。由于殖民统治权为列强所分享，中国成为西方列强任意践踏的"公共牧地"，中国人民和其他殖民地居民相比，吃的苦头不是更少，而是更多了。近代中国得到殖民主义的一切坏处，却没有得到其任何好处，所以孙中山把中国称为"次殖民地"（hypocolony）。也正是中国幅员广大，河山带砺，危若累卵，却屹然未倾。中国在抗日战争期间以空间换时间，进行长达十四年的持久战，通过时间的消耗最终拖垮日本而取得胜利。由此可见，国家所能调动的资源和国家规模成正比。和小国相比，一个大国更能够集中足够的社会和军事资源，有效抵御外部侵略，在国家安全方面本身具有天然的优势。在一般情况下，国家如同一家保险公司，其空间越大，相当于保险资本就越雄厚，因而能更有效地克服局部地区的天灾人祸。政治地理学创始人拉策尔（Friedrich Ratzel，1844—1904）提出的"生存空间"（Lebensraum）这一重要生物地理学概念，其意即在于此。

第三节 本书各卷之间关联的具体阐释

现在研究清史的人都不太做一些专门史的研究。研究边疆少数民族史而不懂少数民族语言等于门外谈禅，入行门槛太高。研究法律史需要有法律方面的专业素养，一般人也不愿去碰。研究经济史也是一个苦差事，由于太累而被视为畏途，目前后继乏人。正如美国著名历史学家戈登·A. 克雷格（Gordon Alexander Craig，1913—2005）所说，"军事史学家一般总被认为是二流的历史学家"①。研究军事史更是由于书生纸上谈兵的顾忌而鲜人涉足。由此不难看出，笔者所涉及的领域似乎均是一些冷门。

人总是在一定的空间中活动的。当然，这种空间在人的活动中也得以建构和绽显。第二卷主要从法律角度阐述清代疆域的形成与时人的空间观念，这不仅是由于本卷的时间范围最先，也是符合常人思维习惯的，从而为以后各卷论述的展开铺垫一个基础。疆域问题的阐述最终必须从法律上加以解决问题。这种空间问题的法律阐述实际上就牵涉第三卷的战争问题。例如范普特拉赫关于西藏地位的法律阐述就将清代前期的驱准保藏战争的历史性质加以歪曲。关于中国历史疆域的标准说的法理支援意识就是"恢复战前状态"（status quo ante bellum）这一理论预设。笔者在第二卷中基本倾向于以"战后正义"为指导理念，主张由侵略所获得的利得（领土、资源、权利）必须被恢复（rollback）。当然，这种国际法法理的主张无疑会与当下时空情景中的国家利益相妥协，从而游刃有余。

此外，疆域容纳和承载着历史，并且以一定的方式解释历史。18世纪清朝的战争主要是在边疆地区进行的。18世纪的战争是清朝疆域

---

① 转引自周启朋、杨闯等：《国外外交学》，中国人民公安大学出版社1990年版，第304页。

形成史的具体活动。这从本书第三卷对于 18 世纪的清帝国战争的阐述可以清楚地看出。笔者在第三卷研究军事战争，首先通过对于驱准保藏，平息罗卜藏丹津之乱，雍正朝对准噶尔战争，乾隆朝的平准与平回之战、金川之役、驱廓保藏战争的分析进一步具体化描绘第二卷有关疆域版图奠定问题的历史画卷，揭示其与清帝国建构的关系。

从军事体制的观点考察，畜牧、游牧或半游牧社会的一个特点是，高水平的军事化和生产的需要是相对协调的。在清朝入关后统治的将近三百年间，硝烟弥漫，战争几乎始终不断，其中规模较大的战争不下数十次之多。王锺翰教授有句话说得非常形象："有清一代，二百数十年间，无一日不用兵，亦无一日不动兵，亦无一日不动工，即无一日不报销。"① 这似乎是一个非常令人吃惊的事实，然而，我们静坐衡评，就不难发现，这其实是很自然的。这就是吉登斯所说的民族国家是暴力集装器，实现了暴力的完全垄断，此前的各种类型国家尚未完成这一过程而已。学术界将清代军机处视为皇权专制体制登峰造极的表现之一，往往从政治史的角度加以分析，但军机处在清帝国的权力运作机制的中枢作用，本身就表明政治的军事化，清帝国的权力机器的高效运作与此具有莫大关系。自是厥后，内阁既成虚例，军机亦多承旨，盖事无不综核，日无不召对，巡幸无不从，章奏无不达，故政权由内阁而转移于军机，有清至亡，未尝稍易焉。② 清帝国的平准与疆域奠定、此后的屯垦（或者如孔飞力所揭示的民兵制度下军事与经济结合过程中行政管理的瓶颈问题）、协饷、发遣制度乃至近代海防之争等密切相关，其中可以映射出帝国空间的开拓、空间的净化、空间的关联各种维度。八旗军事职业化引发经济人口适度的增加，③ 与 18 世纪的经济繁荣本身具有内在的关联。漕运经济带动的关联产业发达就是其传递效应的表现。恰恰

---

① 王锺翰：《清代则例及其与政法关系之研究》，王锺翰：《清史补考》，辽宁大学出版 2004 年版，第 130 页。

② 参详萧一山：《清代通史》第 1 册，华东师范大学出版社 2006 年版，第 697 页。

③ 此概念的阐述参详阿尔弗雷·索维：《人口通论》上册，查瑞传、邬沧萍、戴世光等译，商务印书馆 1983 年版，第 77—79 页。

是满汉的二元分立，使这个帝国在达到版图空前广大的顶峰之后，无力进行彻底的全面资源动员。这是清朝在近代之所以接二连三失利的深层原因。

对于清朝而言，军事问题不仅与清帝国的建构有关联，而且晚清战则丧师、和则失地的历史，更是与近代以来中国民族国家的建构密不可分，中国的现代化历程的开始就是以军事工业为嚆矢的。在西方，军事技术与民族国家的产生密切相关。如果把视线延伸至工业革命的早期，我们可以看到，当时西方最精密的科技活动是制造武器，最精密的应用数理是弹道学。民族国家的根本目标在于占据更大的生存空间，而"民族主义"的基础归根结底是一种战争—财政动员机制。从外部来说，作为西方产物的近代国际法所谓"主权平等"也绝不等于"和平相处"或"和平共处"，而是意味着"武力对等"。从内部而论，面对市民阶级"无权利则不纳税"的压力，统治者不得不发展出其补偿机制，对于国民让渡部分权利，包括给予市民选举权、参政权、参与殖民地贸易权。这种政治国家与市民社会对立的二元结构导致公法与私法体系的最终奠定。可以说，西方近代的崛起，依靠的是战争和国家密切结合的商战合一、军政合一、资本与国家合一的体制，极似当年秦朝统一六国之法宝在于农战密切结合。

按照当代国际关系学者约翰·赫兹（John Hermann Herz, 1908—2005）的观点，民族国家是一种政治单位，其功能在于保证本国领土不容践踏和保护本国居民。技术能力和武器装备（无论是用于防御还是用于进攻）的发展是国际体系、政治组织类型演变的直接原因。黑色火药是封建制度向领土国家转化的关键所在。这一转化导致人们废弃了领土国家境内原有的城堡，并且沿国家边界修筑起完备的要塞。① 吉登斯对此也持相同的看法。如前所述，福柯、吉登斯和黄仁宇都将军事与管理、规训制度联系起来，不局限于军事问题，而是与民族国家的建构、现代性、法律等一系列问题相交融。本书第三卷通过军制、武器装备、

① Theodore A. Couloumbis and James H. Wolfe, *Introduction to International Relations: Power and Justice*, Englewood Cliffs, N. J.: Prentice-Hall, 1986, p. 77.

后勤等制度分析具体说明中西方在 18 世纪各自的发展轨迹，旨在回答船坚炮利是否为中国在鸦片战争以来失败的根本原因，与第四卷有关 19 世纪司法体制的嬗变不仅构成时间上前后相继的历史之链，而且力图从传统的兵刑同源的角度出发解读军队、法律等暴力机器的规训技术在民族国家转型中所扮演的角色。在近代，清朝统治者将就地正法这种原本与军法密切关联的制度扩大化，严刑峻法的背后透露出资源短缺的实质。

在第五卷经济开发的研究中，本书已经较为清晰地分析了军队与经济资源开发、中国近代化的内在关联。以在第五卷中已经予以论述的雷沛鸿为例，这位对于新桂系在广西建设中具有灵魂作用的人物，在民国期间是与晏阳初齐名的中国三大著名教育家之一。他在论述经济建设问题时这样指出："今天在中国是需要强有力的领袖来领导奉公守法的人民，实行统治的经济政策，把它成为革命化，然后才能说得到建设。巴打（Batar）著了一本书 Explanation，巴打是在中国长江一带参加工作的一位工程师，他说中国需要产业革命，极力批评我们的斯文社会，主张中国应走上武化这一条路，把中国社会产业化，认为这是在社会经济立场的一个很重要的阶段。这也就是革心的问题，做什么事都要有纪律，如工厂之工人，如闻号声，则一律有一定之行动，轮船火车之开行有一定之时，一分一秒都不能有所迟延，养成有纪律有规则的社会，如其违犯了公共秩序，必受制裁；这种社会乃产业化造成的社会，这种生活才是有意义的生活。中国宗法社会的制度，不能逾越于乡村社会，越过了乡村才有行政的组织，而老百姓是没有参加的机会的，所以形成哲学上的无政府主义（Philosophical anarchism），没有组织，没有计划，唯其如是，现代中国要创造新的秩序，从经济立场设想，把乡村产业化，不然，只有以武化来代替产业革命，把过去优游自在、得过且过的传统习惯一扫而空，使整个社会一切行为都纪律化，运用科学技术，控制自然环境，这才是改造中国的方法。要建设新广西，在广西是有民团之组织与训练，公务人员亦有军事训练，不久还有青年军之组织、童子军之组织与训练，使全省男女青年完全都武化起来，以至于全省普遍征兵，养成有纪律之习惯，全省武化的作用，就是改造我们的环境。改造自然环境，能把自然环境控制，才能说得到社会环境的改造，武化是要和产业革命同时并进。现代教育需要多量的计划、多量的组织，使整个社会成为现代产业社会化（Socialization of modern industry）来应付这世界经济的大变动。"① 雷沛鸿在这里提及的外国工程师的身份和著作现在尚难以具体考索，不过这段话所要表达的理念非常鲜明。国民的武化被作者理解为调动和激活资源以实现经济现代化的有力武器、必要条件。近代以来，以国魂为召唤、以身体的军事化开发作为诉求的主张比比皆是，这究竟所为何来？民国时期，军人政治的特点彰彰甚明，军阀之于军队和统治空间就是一种类似生意的经营，经济建设和开发往往都是军阀政治的衍生品。

军法起源很早，但进化比较缓慢。今天的军法和国际法的境遇颇为相似，均表现出粗粝性。长期以来，对军法从未像其他法律一样，引起人们的重视与研究。唐纳德·布莱克（Donald J. Black）在《法律的运作行为》（*The Behavior of Law*，New York：Academic Press，1976）中就分析了组织性与法律的量之间的关系。一个军事单位的社会控制多于工厂，军队内的官僚制多于大多数其他组织，也更具有刑事性。在军人以服从命令为天职的理念支配下，起重要作用的是军令而不是军法，呈现出一种另类的"无法"状态。公元前 100 年，罗马法学家西塞罗（Marcus Tullius Cicero，前 106—前 43）有一句名言："军内无法律。"② 19 世纪法国政治家克利孟梭（Georges Clemenceau，1841—1929）也说过："军法之有待公正，犹如军乐之有待音韵。"③ 目前的军法研究之所以进展迁缓，就是这种先天条件不足所致。目前的学术不是简单的分类所能草率了事的，起码对于军法的具体实施应该进行深度描写。更何况，这种在近代知识型支配下的分类研究与 18 世纪中国的实际情况会面临某种程度上凿枘不合的尴尬。因为军事与法律并不截然存在界限，京师的九门提督、地方的绿营武职员弁等均有司法的职能，所以张伟仁《清代

---

① 《雷沛鸿文选》，韦善美、潘启富选编，广西师范大学出版社 1998 年版，第 276—277 页。

② 参见图们主编：《军事法学教程》，法律出版社 1992 年版，第 26 页。

③ 张纪孙：《军法纵横》，长征出版社 2003 年版，第 7 页。

法制研究》胪列的司法机关涉及的层面极为广泛。基于此，本书第三卷不是采取让骆驼钻针眼的策略，而是奉行门户开放的方针，即通过一种"大军事史"研究安身立命于一种"总体制度史"，阐明法律规则、资源与时空建构之间的关联。

例如，在本书第三卷，笔者论述清代的武器管理和配置问题。这一问题不单纯是军事史中的一个问题，可以视为国家对于暴力的控制，是对于被规训者最直接有效的控制方式，旨在控制权力被支配者利用暴力工具增强反抗的力量。清朝在18世纪这方面的法律极为严密，尤其在边疆地区，私贩硝磺、铁器均被悬为厉禁，以重军火。台湾、内蒙古等地的移民、贸易规章中均有明确的规定。嘉庆二年（1797），蓝三世等"伙贩铁锅，夹带渡台"，被处绞刑，并明令以后"有似此私贩铁锅、铁钉为数较多之犯，均照此案从严办理"①，可见当时对于战略物资控制之严厉。这一问题和第二卷边疆民族问题、第五卷的移民社会问题都是密不可分的。在第四卷关于清代司法问题的阐述中，笔者曾经论及由于审转制度造成解递案犯人证的沉重负担，烦费骚然，这种资源的紧缺导致地方州县的讳盗、就地正法制度的产生。事实上，当时护解人犯在很大程度上都是依赖于绿营兵。笔者在第三卷中分析绿营兵衰落的原因时就强调，绿营差操不分所造成顾此失彼以及士兵衙役化的隐性恶果。是时，绿营兵中许多人都对这种牢差颇有微词。不仅应差之人每以此为苦，签差之人亦多呼吁对此应该加以规范化，依照勘合兵役人数进行差操轮转。但清政府始终在这一磨道里面转悠，归根结底，无非是由于受到资源的限制。

在本书第四卷关于清末变法修律启动经过的分析中，笔者特别注意到了张之洞、刘坤一联衔呈奏的楚江变法三折中第二折对于恤刑狱问题的阐述。该折耐人寻味地指出："鲁曹刿之论战也，谓小大之狱必以情为可战之具，遂一战而胜强齐，诚以狱为生民之大命，结民心御强敌，其端皆基于此，非迂谈也。我朝列圣皆以哀矜庶狱为心，大清律例较之

① 巫宝三等编：《中国近代经济思想与经济政策资料选辑（1840—1864）》，科学出版社1959年版，第420页。

汉隋唐明之律，其仁恕宽平相去霄壤，徒以州县有司政事过繁，文法过密，经费过绌，而实心爱民者不多，于是滥刑株累之酷、囹圄凌虐之弊，往往而有。虽有良吏，不过随时消息，终不能尽挽颓风。外国人来华者，往往亲入州县之监狱，旁观州县之问案，疾首蹙额，讥为贱视人类。驱民入教，职此之由，盖外国百年以来，其听讼之详慎、刑罚之轻简、监狱之宽舒，从无苛酷之事，以故民气发舒，人知有耻，国势以强……"[1]法律既是统治者的统治工具，也充当着社会矛盾调解器的角色。该奏折将军事的胜败与司法活动联系起来，将司法活动与"民气""国势"联系起来，通过众所周知的曹刿论战典故，指出司法对于结民心、御强敌的重要意义，这是非常具有见地的，也深刻反思了治外法权、教案诸多社会现实问题与庚子之乱的关联，抓住了问题的症结。本书之所以将司法和军事两卷联系起来纳入自己的理论框架，也旨在探求其间不为人们关注的联系。事实上，这种军事动员与法律制度的引进、社会结构的变革非常细密的关系往往未被人们所察。在本书第二卷第九章关于清代宗藩关系的形成的论述过程中，笔者就极力试图揭示由于针对噶尔丹的战争而导致在反准联盟组建、军事后勤动员过程中清朝势力在内蒙古地区社会基层的延伸、政治和法律制度的一系列在今天看不太明白的微妙变化。我们通常看到的是乌兰布通之战等金戈铁马的厮杀，但另一方面，战争使得内蒙古地区各部落与清朝中央政府之间一种原先相对松散的联盟演变为比较紧密的藩部关系，其中治与不治的比例关系悄悄地被改变了。

嘉庆帝所言极是，即"从来兵制与国赋相权而行"[2]。在本书第三卷，笔者分析了军事与税法的关系，中西方税法的差异对于军事力量对比关系、民族国家建构所关匪细。经济史研究者研究清代前期经济时，一般认为清朝前期的皇帝轻徭薄赋、摊丁入亩。这是当年教科书中非常流行的内容，似乎对于长期从事清史研究的人而言属于老生常谈，但仔

---

① 丁守和等主编：《中国历代奏议大典》，"遵旨筹议变法谨拟整顿中法十二条折"（光绪二十七年六月初四日），哈尔滨出版社 1994 年版，第 588 页。
② 《清仁宗睿皇帝实录》卷二百八十八，嘉庆十九年三月，台北华文书局股份有限公司 1960—1970 年版，第 4281 页。

细体会，这其中存在非常深邃的、极具通达性的问题意蕴值得挖掘。这与清朝统治者作为少数民族入主中原的背景相关，这种祖制折射出清帝国满汉关系的空间格局。赋税收上来供养八旗和满汉官员，以掌控暴力机器的权威性资源，但收税又不要太让汉人感到沉重而弥漫仇视情绪。正是这样，清朝的官员与人口的比率远低于宋朝，是个典型的小政府。这种制度有利有弊。其效果是 18 世纪经济高度繁荣和版图空间广阔，使清朝得以享祚将近三百年，直到民国年间，许多平民百姓对于清朝统治时期的低税收制度仍心存感戴。

　　清朝这种取民有制的施政方略被当时朝鲜使臣用一种旁观者的眼光所洞见。康熙五年（1666）九月，朝鲜国王召见谢恩使兼陈奏使许积等人。许积如是云："大明自神宗迄于崇祯，诛求无艺，故民无思汉之心。彼且方用貂道，寡取于民，年且屡丰，此所以维持也。"① 这样的记述在我们如今可以看到的朝鲜方面史料中不乏其例。但这种低税率逼迫诸多变通之策溢出于体制空间之外，造成司法资源捉襟见肘、鸦片战争失利等一系列问题。笔者在本书中从不同侧面分析了清朝永不加赋祖制的利弊得失。这正如钱大昕在《大学论·下》说："有小人者创为理财之说，谓可不加赋而国用足也。于是阴避加赋之名，阳行剥下之计，山海关市之利笼于有司，日增月益，曰吾取诸商贾，非取诸民也。又创为节用之说，谓吏俸可减也，簿书期会之间小有违失，可夺其俸，以示儆也。大吏无以自给，则取之小吏，小吏无以自给，则仍取之民。虽不加赋，较之加赋，殆有甚为。"② 根据牟润孙的研究，其中罚俸一段似乎指的是自行议罪罚银，而这在当时是未公开的秘密，所以钱大昕不敢明说出来而已。③ 在本书第四卷第七章，笔者就分析了议罪银制度对于清代由盛转衰的关键影响。有清一代，州县官员责任綦重，位卑而事繁，而官吏之薄俸，公费之奇廉，直等儿戏。这种低俸制使官员如

① 吴晗辑：《朝鲜李朝实录中的中国史料》第 9 册，中华书局 1980 年版，第 3938 页。

② 钱大昕：《嘉定钱大昕全集》，陈文和主编：《潜研堂文集》卷二，"大学论·下"，江苏古籍出版社 1997 年版，第 23 页。

③ 牟润孙：《注史斋丛稿》下，中华书局 2009 年版，第 481 页。

同渴马守水，恶犬护肉，集体贪腐势不可免。官员入仕所带来的直接经济收益十分有限，但包括陋规等巨额灰色收入具有极大的弹性空间。

18 世纪的中国表现出在对外贸易方面的巨大顺差，以至于被许多历史学家描述为吸引全世界白银的唧筒。资源内流而又别无自己的资源外流以求取平衡，则只有以资金抵偿导致贸易逆差以致财富流失的失血现象。更为严重的，则是流入的资源排挤了本地的资源，以致局部地最后是全面地削弱了本地的生产能力，终于致使本地经济由衰弱而致枯竭。① 这在康雍乾时期表现为天朝丰盈，不汲汲于外求，在封闭的空间内自闭心理浓厚，导致广东等地口岸贸易各种法律制度的产生。

历史作为一种可逆时间的反复而存在，法律制度的变革往往从在历史上寻找思想资源，从而引古筹今、借古开今。正如殷海光所说："即令存心改变制度的人，也不敢和所要改变的制度正面去碰，而在战术上必须抄到这一制度的后面，利用这个制度来打击这个制度。"② 这就是康有为等之所以要"托古改制"的原因。除了从传统中获得制度变迁的思想资源之外，外来影响作为一种活性资辅因素，在清代尤为引人注目。虽然耶稣会士所带来的信息在清代前期尚不能普遍成为学术界共有的知识资源，但是，降及清代后期，西学骎骎东渐，外部资源的引入成为变法图强的动力。不过，我们在另一方面也应该看到，英法等西方列强的兴起，一个重要原因就是通过战争建立殖民统治，通过对殖民地资源的掠夺和榨取铸就了自身的强权，诚如王安石《与马运判书》所言属于"富其国者资之天下"③。近代中国战败后一次次割地赔款，直接后果就是资源流失，不仅在战时存在伤亡流血，更难以调养的是在战后经济上的失血以及在民族心灵深处的流血。通过资源与法律的关系探讨，我们在第五卷中可以看到王同春现象，看到四川自贡井盐中土生土

---

① 许倬云：《历史大脉络》，广西师范大学出版社 2009 年版，第 194 页。
② 殷海光：《中国文化的展望》，上海三联书店 2002 年版，第 127 页。
③ 牛宝彤选注：《唐宋八大家文选》，甘肃人民出版社 1984 年版，第 404 页。

长的股份制度的发育，看到河西地区水规则的衍生，① 从政府这一视角，我们可以在第四卷中看到班馆、发审局、就地正法等具体的制度嬗变，乃至清朝统治者在与西方列强关于治外法权争论中的纠结。事实上，咸同以来，清朝中央集权体制在各个方面逐步滑落，财政体制也有重大变动，传统的"经制财政"逐步瓦解，解协奏销制度废弛，中央财政依赖地方"就地筹款"，地方性财政开始崛起。咸同以来的厘金开征等经济方面"就地筹款"的制度化与司法领域的"就地正法"的制度化表现出同步性，这绝非偶然，而是密切关联的。就地正法的产生本身就关系到吉登斯所说的权威性资源和配置性资源两者的矛盾。

在一个偶然的机会，笔者发现自己的研究竟然与卡尔·施米特（Carl Schmitt，1888—1985）思考的问题存在许多类似之处，颇有"吾道不孤"的感觉。卡尔·施米特以一个专业"法学家"的身份，致力于思考战争与秩序、空间的相互关系。这种鸿博的气象似乎是法学界的一个异数。在第二次世界大战后，由于与纳粹的关系而处境比较尴尬的卡尔·施米特在学术上似乎虎倒不失威，利用隐居生涯不断思考，出版了《欧洲公法的国际法中大地的法》（*Der Nomos der Erde im Völkerrecht des Jus Publicum Europaeum*，Köln：Greven，1950/Berlin：Duncker & Humblot，1997）、《国家、大空间、法：1916—1969 文集》（*Staat, Grossraum, Nomos: Arbeiten aus den Jahren 1916 – 1969*，Herausgegeben，mit einem Vorwort und mit Anmerkungen versehen von Günter Maschke，Berlin，1995），为世所重。前者是施米特在国际法方面的重要论著，将其在二战期间所思考的海洋与陆地的历史冲突上升为法理学论题，提出"大地的法"这一概念为欧洲的国际法传统辩护。后者是迄今为止除施米特自己编订的两部文集之外由他人选编的文集。作为一名法学家，卡

---

① "天则"与"人则"历来休戚相关。当水资源足够充分时，水案一般均会销声匿迹。这在灌溉农业社会中是一般的规律。约翰·C. 艾尔《日本灌溉体系中对水的控制》引用的日本一句古老谚语就很能说明问题："雨一下，水的纠纷就化为泡影。"（雨で水の喧嘩が泡となる；When rain falls, water disputes turn to bubbles.）参见 John D. Eyre, Water Controls in a Japanese Irrigation System, *The Geographical Review*，Vol. 45（1955），pp. 197 – 216。

尔·施米特法学思想最终极的基础根源在于秩序（Ordnung）而不是法；法（Recht）或者法律（Gesetz）只是秩序的一环或是一个工具而已。卡尔·施米特晚年采用古希腊的法 nomos 作为概念架构，因为希腊字的 nomos 对其而言尤能表现在法律之上的一个更根本的秩序意义。施米特思想的一个出发点是：所谓的秩序并不是例外状态的消失与排除，相反，正常现象的秩序与规则之出现与形成反而必须依赖于例外状态，并由例外状态来加以阐释。例外状态显示了暴力是内在于法律的结构之中的。战争不会仅属于"边缘性"的现象，当战争爆发后，所有常态社会生活的规则、范畴、组织等秩序都要退位，战争会悬置/冻结起所有常态性的生活秩序；甚至，战争这个例外状态才是创造与决定了人类正常生活秩序的基本要素。因此，正是上述战争具有的这些特性使我们必须思考战争—秩序、例外—常态、战争—和平等。在施米特看来，政治较之道德、美学、经济等社会领域具有更优位的权威性，因为存在爆发"战争的可能性"，政治因此在这里具有安排人命的可能性之"生杀大权"（jus vitae ac necis）。施米特把海权兴起、国家主权衰退的空间革命的历史分析与自由主义、法秩序联系起来考虑，发人深省，在思想的深度和幅度两方面均达到了独步于世的境界，有"如今甚至开始盖过韦伯的光芒"[①] 之誉。事实上，费正清研究的条约体系下的中国口岸制度仅仅涉及中国沿海，这种冲击—反应模式不仅在视野上较为狭窄，在理论的精致上甚至于比起拉铁摩尔也略逊一筹。与此相映照，施米特气势恢宏的理论为我们对于拉铁摩尔、费正清等所涉及问题的重新认识提供了更为犀利的工具。

从中国历史发展的总体框架而言，笔者关注历史活动的四种力量：界定力量、支撑力量、维护力量和发展力量。这分别相当于第二卷、第三卷、第四卷和第五卷的内容。领土空间的界定本身是一种浅层次的规训力量，这种力量依赖于军事力量的支撑。这种力量是国家的栋梁。与日常的司法维护力量相比，其与普通民众的现实生活稍微疏远一些，在

---

① 刘小枫：《现代人及其敌人：公法学家施米特引论》，华夏出版社2009年版，第10页。

很大程度上表现为变态。支撑力量和维系力量均对于经济发展具有或多或少的增量作用，但很大程度上也属于消耗性的活动，而历史发展的增量因素是经济的活力。说得比较直白一些，本书其实是对于法律、资源和时空建构三个要素从边疆民族、军事战争、司法场域、经济开发四个方面的这样一个三元四次方程的新历史法学求解。

第四节　本书的研究取向与方法

对于一个学术人而言，学术即生活。这一命题有两方面的含义：学术为学术人的职业生涯，他为学术而奋斗终生，学术是其生命的主题。另一方面，生活给他的学术以灵感源泉，延展着其解释与言说的语境空间。所有抽象的理论，都是基于对现实问题的深刻反思。目前的课题论证，往往八股文式地开宗明义言其学术价值和现实意义。实际上，如果没有现实意义，则其学术价值为零，两者是不可割裂开来的，甚至在某种程度上是相互成正比关系的。社会科学研究按照中国传统的"立言"范畴。尽管"立言"在中国传统的理念中与"立德""立功"相对而言，但我们也可以将立言理解为一种事功，即古人所说的"名山大业"。在现代语言学中，说话即行事的观点已经得到广泛的认同。英国语言哲学家奥斯汀的言语行为理论就区分了三种言语行为：以言表意、以言取效行为与以言行事行为。马克思在《关于费尔巴哈的提纲》中有一段著名的话："哲学家只是用不同的方式解释世界，而问题在于改造世界。"[①] 解释世界和改造世界的差别，正体现了理论脱离还是结合实践的差别，而这一差别显然是至为重要的。马克思断言："社会生活在本质上是实践的。凡是把理论导致神秘主义方面去的神秘东西，都能

---

① 《马克思恩格斯选集》第 1 卷，中共中央马克思恩格斯列宁斯大林著作编译局编译，人民出版社 1972 年版，第 19 页。

在人的实践中以及对这个实践的理解中得到合理的解决。"① 福柯在这一点上可以说与马克思的观点具有很高的相似度，他认为："理论并不表达和转译实践，亦不服务于实践的运用：它即是实践。"② 理论本身就是实践的说法相信又会得到德里达的首肯。

在中国古人看来，学为术之体，术为学之用，"学"与"术"是存在分殊的。钱穆在《中国学术通义》中言："凡属讨论或指导学问，最高应是道术兼尽；其次不免各有所偏倚——或偏于道，或偏于术。自古论学，惟孔子能道术兼尽；荀孟以下，便不免各有偏重：孟子似偏重道，荀子似偏重术。"③ 但我们认为，学必期其有用，功必归诸实践，方可谓之学术。只有措诸实用、验诸身心者，方可当"学术"之目。如若不然，虽文藻翩然，议论有余，究其实用，终无一效。从本质而言，社会科学基本上是"应用科学"，用马克思的话来说，就是不仅用来阐释世界，还要去改造世界。这种阐释也不是就事论事的近视浅见，必须符合学术自身的规律，从大本大源进行四两拨千斤的基点式研究。社会科学的传世之作必在某种程度上是经世之作，绝不可能是对现实心不在焉的逸世之作，逸世之作必然是行之不远的。学为实事，而文非空言。古人有"文以载道"的理念，亦有"文以益世"的垂训。

就法学而言，其理论兴趣不在于寻求"纯粹的知识""理论的知识"（theoretical knowledge）或纯粹的真理。易言之，法学的思考并非一种与现实渺不相涉的"纯思"，而是一种对象化指向的思考，总是表现为及物的思考。实践性构成了法学的学问性格。法学是一门有关法律实践的社会生活关系、通过规定性陈述来进行合理与不合理、有效与无效、正确与不正确、公正与不公正判断以理解事实与规范之意义的学

---

① 《马克思恩格斯选集》第 1 卷，中共中央马克思恩格斯列宁斯大林著作编译局编译，人民出版社 1972 年版，第 18 页。

② Michel Foucault, *Language, Counter-Memory, Practice：Selected Essays and Interviews*, ed. Donald Bouchard, trans. Donald Bouchard and Sherry Simon, Oxford：Basil Blackwell, 1977, p. 208.

③ 转引自杜松柏：《国学治学方法》，中国人民大学出版社 2005 年版，第 202 页。

问。美国的霍尔姆斯（Oliver Wendell Holmes，1841—1935）大法官曾经说过一句名言："法律的生命并非在于逻辑而在于经验（The life of the law has not been logic it has been experience）。"① 清末法学家沈家本也说过："不明学理，则经验者无以会其通；不习经验，则学理亦无从证其是。经验与学理，正相两需也。"② 灰色的理论来源于常青的实践。例如，中国在改革开放以后形成了庞大的经济法学研究队伍，这与中国经济发展和变革的社会现实是密不可分的。丰富的经济和法律实践为法学研究提供了沃土，是取之不尽、用之不竭的研究资源。这也是我们研究经济与法律的本土资源优势所在。中国知识分子不能像毛泽东所说尽当"梁上君子"，不能高高在上空谈虚论，而必须扎根于中国的国情之中，面向中国经济和法律改革的实践经验。只有民族的才是世界的。中国法学要想真正建立自己的体系，除了积极向国外学习先进的理论之外，另一个重要方面即在于密切关注中国自身经济和法律变革的现实，使法学研究真正成为究心体国经野之大者的经国济民之学问。

君子务本，本立而道生。实际上，任何事情都是言易行难。理论研究也是非常艰难的，不亚于实证研究。两者各有各的难处，都是要扎实去做，经历千淘万漉的辛苦，才能吹尽狂沙始到金，才能根株培得稳，柱梁立得固，致思绵密，发人所未发，得出一丝半毫真知灼见。古代法律与现实法律很可能如同中国传统的四部分类法与现代西式图书分类法难以对接。但是，许多问题至今仍然若隐若现。"一切法律都是情况法（Alles Recht ist Situationsrecht）。"③ 我们所关切的具体情境与古人不可同日而语。古今的法律固多不同，其间异同显然未可以片语分、只字别，需要因时变通，随时制宜，不可能刻舟以行，但把中华法系作为一

---

① Oliver Wendell Holmes, *The Common Law*, foreword by Stephen L. Carter, Chicago：American Bar Association，2010，p. 1.

② 沈家本：《寄簃文存》卷六，"王穆伯新注无冤录序"，沈家本：《历代刑法考》四，中华书局 1985 年版，第 2217 页。这句名言的出处注释在许多学术论著中均有错误，应予以注意。此外，在德国法学中有一句类似的名言："没有实务理解的理论是不完整的，缺乏理论认识的实务是盲目的。"（Eine Theorie ohne Kenntnis der Praxis ist unvollständig, eine Praxis ohne Kenntnis der Theorie.）

③ 吴庚：《政法理论与法学方法》，中国人民大学出版社 2007 年版，第 154 页。

个死去的僵尸也未必正确。清末修律的当事人吉同钧固不待言，董康后来在民国年间也反思其当初之鲁莽灭裂。正确的态度应该是非古而不违乎古，对于传统法律文化应该秉诚抱慎，学会欣赏古人的智慧，多一些什袭珍护的温情。所谓法律保守主义在中国实际上没有可以保守的圭臬，所以当不了护法的金刚力士。我们应该选择一些比较精当的问题，究明其前世今生、来踪去因，找到与现实法律对话的平台。这恰好是新历史法学的出路所在。只有这样，我们理解历史中发生的进程的努力不仅有机地构成了"历史"的内涵内在组成部分，而且同时有力地成了一种改变"历史"的手段。

笔者所受到的过去学者研究理论成果的影响是比较复杂的，加之写作历时甚久，本书不是单纯为某种理论做注解，而是秉承有宗无派的治学理念，企图走出自己的研究道路，所以要笔者报出自己的家门，这对笔者来说不无困难。笔者更注重于自己的立足点和研究路径取向，所用方法，则皆其次。在本书中，笔者力图寻求一些通则。这主要体现以下诸方面：一是学科之间的通则，不满足于单纯的所谓跨学科综合研究；二是古今之间的通则，鉴古而知今；① 三是极力追求法律演变的规则，但不是采取结构主义的取向，而是力图将法律规则历史化。

德勒兹（Gilles Deleuze，1925—1995）曾经说："今天我们生活其中的时代充满了残垣断瓦等不完整的对象——我们不再相信存在着原初的总体性，或者在未来某一天等待着我们的最后的总体性。"② 在后现

---

① 历史之所以古老而常新，就是因为不同的解释为历史注入活力。强调资治垂鉴是中国史学的传统，其旨归在于彰往而察来。可惜的是，我们每每会悲哀地发现，历史教训就是人们从来也没有从历史中学到教训。正如历史学的客观主义不可能纯粹排除历史解释的主观性一样，本书在法学上一方面强调其实践性，立足于现实，但另一方面，正是由于立足于中国的现实，坚决地对美国式法律现实主义敬而远之，保持一种超现实主义的立场。如果没有理想，情何以堪？这种对于现实的关照恰恰成为验证理论的试验场。

② Gilles Deleuze, *Anti-Oedipus*, Minneapolis: University of Minnesota Press, 1984, p. 42.

代思潮的影响下，对破碎化、差异性的弘扬已经成为一种时尚，似乎谈论总体史是未开化的古动物般不合时宜。但是，我们看到，学术研究的细碎化趋势和综合化趋势其实往往就是一个硬币的正反两面。学术界往往集中于细小问题运用多种手段进行综合研究。也可以说，正是这种综合研究加速了学术研究的细碎化。我们身处现代分工越来越细密的社会，动辄言"专家学者"，将"专家"放在"学者"的前面。这是注重专家权威的现代性的一种表现，反映了对于不能纳入特定专业学科体系的学术人的轻忽。不能纳入某一学术圈的非专家的"学者"由于不能被现代特定的学科体制所规训，所以总是离经叛道的异类。这种"学术边际人"纵然不乏超凡的创造能力，但在现实的学科划分体制下，似乎很难避免踽踽独行的"悲剧英雄"的命运，成为郁郁寡合的丑小鸭，成为需要相当的勇气才能承受的社会角色。除了跨学科研究本身具有的风险之外，学科体制的画地为牢、分科别部，容易造成这种学术边际人身份认同的困境。所以，虽然有人不断提倡科际整合的研究，但如果真正勇往直前，却是许多抗世之人都必须反复慎重考虑的高风险投资。在这个意义上，成为某一门学问的专家，虽在主观上是得意之事，但在客观上却是不得已之事。鉴于在历史学家之间、在从事其他研究的专家之间所存在的分离和闭塞状况，年鉴学派倡导总体史的道路，力图打破学科和领域的严格界限和分离的状态，对人类生活的各方面因素进行跨学科的综合研究。在年鉴学派的代表人物看来，高耸的围墙往往挡住了远景，倘若一个学者除了埋首于各自的专长、耕耘各自的学术园地外，更能观察邻居工作的进展，那就最好不过了。钱穆在香港新亚学院讲学时曾经用很长时间比较杜佑的《通典》和刘知几的《史通》：刘知几立志要做一个史学专家，因此其理论和见解都显得气度狭小，而杜佑并不是存心只做一个史学家，他至少是一个有心人，不是限制在史学里面来讲史学，所以其成就远迈于刘知几之上。钱穆反复强调，倘使仅为史学而讲史学，这绝非真史学。我们在做学问时不能先用一个史学来限制我们，至于做到做不到是另外一事。有其志而做不到和根本没有这个志，两者大不同，尤其是根本无知，而多随便乱批评，那更要不得。①

其次，近代以来，人文社会科学之间的壁垒日深，区别不相通，其所为细已甚焉。法学和经济学、历史学、社会学之间表面上看条块分割，但其底层实际上存在着诸多相通的语法规则。阿图尔·考夫曼的法律诠释本体论对于笔者很有启发。这种理论强调"法的历史性"（Geschichtlichkeit des Rechts），将历史性的时间结构作为一种认识方法来探讨法的实在与应在，在绝对性和相对性之间决定立场，从而揭示出自然法性（Naturrechtlichkeit）与实证法性（Positivität）彼此之间如同灵与肉、本质与表象不可割裂的关系，使超越时间的自然法和无时间的法律实证主义都无法令人满意，开拓出超越二元论认识空间的研究进路。②

---

① 参见钱穆：《中国史学名著》，生活·读书·新知三联书店 2003 年版，第 131—157 页。总体史每每被一些学者视为在知识被分割成片时反对把知识变得支离破碎的一次英勇的斗争，似乎其注定要依赖于第二手资料而将许多有价值的细节遗漏在外。迈克尔·曼在《社会权力的来源》（Michael Mann, *The Sources of Social Power, Volume 1: A History of Power from the Beginning to 1760 AD*, Cambridge: Cambridge University Press, 1986）中这样写道："对于可见于人类社会史中的某些主要模型，撰写一个总体说明，不论部头多大，在 20 世纪末都是不合时宜的。这种堂皇的概括，维多利亚式的探险——以对第二手资料的帝国式掠夺为基础——在 20 世纪浩繁的学术卷帙和密集的学术专家队伍的重压之下已奄奄一息了。"（迈克尔·曼：《社会权力的来源》第 1 卷，刘北成、李少军译，上海人民出版社 2007 年版，第 1 页。）欧文·拉铁摩尔也曾经声称："当一位像汤因比那样大胆和富有冒险精神的思想家不仅接过二手权威的事实而且接过其思想，把它们进一步往前推导时，情感的表露与其说增强其力量，不如说易于显露出其瑕疵和弱点。"（雷蒙·道森：《中国变色龙：对于欧洲中国文明观的分析》，常绍民、明毅译，中华书局 2006 年版，第 110 页。）生有涯而学无涯，任何总体史只是沧海一粟。这是每位进行总体史探索的学者都心知肚明的事情，但这种总体史既然并非是对于客观历史事实毫无过滤的全息扫描，其中是有所采择、有所取景的，那么这就有可能采取中国画的视图结构进行如同黄公望《富春山居图》那样雄秀并举的缔构。

② Arthur Kaufmann, *Naturrecht und Geschichtlichkeit*, Tübingen: Mohr Siebeck, 1957, S. 13 – 14.

在近些年来，笔者一直在倡导新历史法学①，这和美国学术界所致力的新法律史存在某些相同的取向。这种试图综合社会史、文化史、思想史和制度史于一体的新法律史呈现出一种"总体性"的法学的取向，和年鉴学派可谓一脉相通。历史事实和法律事实都是相对于客观事实而言的，中国古代考据学的发展和法律实践密切相关，法学中证据法规则即与历史学中的考据法则存在极其相似的"底层语法规则"。本书虽然包括民族、军事、司法和经济等领域，尽管与新清史的建构可能存在密切关联，但又不局限于历史的范畴，非常类似德勒兹等后现代主义思想家倡导的游牧思维，似乎泛滥无归，很可能在现在图书销售的上架建议的条块分割中都需颇费斟酌，因为笔者致力研究知识型、探讨史学和法学等学科的底层语法规则，具有明显的打破学科畛域的色彩。

笔者写作本书的目的，固然是研究这三个世纪中国是如何一路风雨走过来的曲折轨迹，以此明了我们现在身处何世以及将走向何处，但不希望进行单纯的历史研究，而是恰如一些关于我过去的一些著作的评论者所说的那样是由史入法，沿着自己一直坚持的历史法学的路径，探讨资源的丰啬、分布和流动如何影响法律规则的产生、成长、流变、沉淀以及时空观念的建构，探讨法律规则如何影响资源配置的改变。不过，笔者并不认为这种研究取向与德勒兹游牧学（Nomadologie）倡导的后现代思潮是逆向的。重领土化或再领土化（Re-Territérilialisation）则是脱领土化（Dé-Territérilialisation），这在德勒兹那里是相反相成的。本书致力于探讨法律规则与资源、时空建构三者之间关联，恰恰是德勒兹所谓的根茎状思维方式。笔者始终认为法学研究和历史研究需要一些这种围绕特定问题的茎块。

无论一个人的学术研究如何壁立千仞，如何能够将前人在某些领域的标新立异的研究一壁推倒，但其一部分必定会与一派或若干派的思想相类，一些似曾相识的模糊面庞总会浮现在眼前，不必矫情造作

---

①　参见本书第二卷第九章。笔者的学生、内蒙古工业大学法律系刘亚丛的《事实与解释：在历史与法律之间》，作为其《新历史法学系列研究丛书》第一本已经于 2010 年由法律出版社出版。

加以隐讳。表面上，对于法律与资源问题的关注有点类似法律经济学的味道。笔者在书中某些部分援引了诺斯的研究成果，这是不可否认的。不过，我的问题意识的产生本身恰恰是来自对于清史的摸索和自己周遭的生存环境，与法律经济学无关。笔者认为，法律是具有其本位的，虽然法律经济学目前在中国国内受到追捧，但这种研究并非灵丹妙药。笔者最近主编的《经济法基础文献会要》收入了恩斯特－约阿希姆·麦斯特梅克尔（Ernst-Joachim Mestmäcker）的一篇文章，专门批判波斯纳的理论是没有法律的法律理论。我们姑且不论法律经济学的褊狭，即便被人们批判存在"经济学帝国主义"经济学在追求自身科学化的同时，日益陷于对于经济现象的量化分析并极力剔除所谓"非经济因素"，在获得了形式上的精确性这种收益的同时，却付出了不菲的成本：忘记了自己实际处境的复杂性，忘记了与经济相互依赖的其他东西，以至于成为号称精深实为残缺的研究，成为没有最后目标或意义的科学。事实上，即便将此纳入法律经济学这种大的框架内，历史研究对于法律经济学、制度经济学都是低度开发的领域。我所关注的文化等要素也不是法律经济学的框架所能包容的。本书实际上将法律制度和文化体系也视为可以产生生产力的源泉。如果让笔者自己站队，我会选择我所服膺的历史法学派，并且有志于其研究方法的发扬光大。当然，笔者对资源等问题的关注，也使得自己与强调民族精神的德国历史法学派拉开了距离。

　　情理法是中国人千百年来传统文化沉淀下来的独具魅力的概念工具。这是值得我们认真研究的中国法学本土资源。笔者并不否认追求情法之平是清代条例产生过程中统治者主要考虑的问题，但是，有这样一个问题：不仅时人对于情理法的认知笼而统之，而且现在研究情理法问题的学者往往仍然无法将认识推向深入。民国以来认为情理法中的理相当于西方法学中自然法的法律学者不乏其人。这种观点不是没有道理的。近代以来，西方法学中自然法学、实证法学和社会法学三大流派争奇斗妍，其实就是分别着眼于中国人所说的理、法、情三方面分途而进。第二次世界大战以后，西方法学出现所谓综合学派，博登海默等为其代表。这在本书第四卷第一章已经言之甚详，兹不赘述。在笔者看来，企图超越自然法学和实证法学对立的法学家不只博登海默等人，诸如富勒关于宪法道德化研究、费肯杰教授从法律人类学角度企图解决不同文化的思维模式下多元价值中法律正义的通约问题，都旨在融合自然法学和实证法学于一体。可以说，这是当代西方许许多多的法学家殚精竭虑的共同目标。各种胜义纷披的学术流派、难以枚举的扛鼎力作都做出了各自的贡献，已经将研究水准大大提升了，可以说凝聚着非常高的"科技含量"。吸引西方法学理论解释中国历史以致刻鹄类鹜，固然无所取焉，但也没有必要对西方的理论采取"闭关政策"。智识孤立主义造成"巴比伦之囚"。单纯的历史研究只是半截子学问，如果再不懂西学，学问充其量只能做到四分之一。笔者不仅主张中西会通，也企图在自然法学、实证法学和社会法学三大流派的综合方面摸索出自己的路数，不希望对于情、理、法三者的研究仍然在浅层面的车轱辘话中间打转。"言法者"须深得"法外之意"。法律史应该放大格局，成套务脱，廓清法律转型的理路。

古代中国人就对于法律不太感兴趣，儒雅的读书人在科举功名的驱使下对此素所深鄙，不屑致问。虽然我们要坚持相对主义的态度，尊重他人的价值取向，认为所有学问都是有价值的，不可鄙视他人，但是，作为一个受法科教育训练的人，我个人的偏好是从制度看问题。不可否认，法律是具有技术性质的，这和玄而又玄的思辨哲学不同。其在积极致力于抽象的思考同时，具有自身务实的特点。事实上，经济的财富随着时间的流逝可能消失，但一种洗练的制度往往历经风雨而传之继世累业。人们过去之所以忌讳论法律，主要是忌讳刑法，这是社会生活中所占比例极小的部分，但中国人是将礼法结合的，这种规范社会生活的行为规则的关注确实在在皆是。

中国的老祖宗留给我们的遗产是彪炳辉煌的"文物制度"。一个社会的风骨是极为重要的。对于此种风骨的领悟不能依靠传统的研究路数，否则这样呈现出的制度史仍然是没有血肉和灵魂的骷髅。我们需要的是活的制度史，需要的是一种综合法学，不仅是干巴巴的法条，而且要探讨其"法意"，而且要深入揭示其"法情"，缺乏法意的绅绎是没有灵魂的，缺乏法情的揭橥是没有血肉的。① 在这个意义上，对讲求情理法的中国特色法律的研究本身是应该情理法兼备的研究。从对于法律的关注而言，笔者将其置于表达与实践、历史与现实、形而上的时空框架与形而下的资源配置、经济的与道德的四个维度。对于杂多表象的综合观察简其名，核其实，撮其要，尽其变。这种理解把历史与现实联系起来，在历史的时间和空间中理解法律，把法律"过去如何"（What has come to be，亦即"昔然"）、"现在如何"（What is，亦即"现然"）、"应当如何"（What ought to be，亦即"应然"）的研究结合起来。这样的研究路径其实是一种对于处于支配性地位的学术范式的反抗。

　　规则的生发、资源的配置与时空的建构三者之间颇有追问的意义。太平天国企图营建所谓小天堂于尘世，《天朝田亩制度》的设计不可谓不壮丽堂皇，但这种资源分配如果运用费肯杰教授的推参阐述方法加以分析，显然最终无法维系下去。中国几千年来的传统社会制度建构尽管如黄仁宇所说形同以《周礼》为依据的倒金字塔，但这种体制经过漫长岁月的洗礼，可以说已经相当洗练了，在规范与事实、理想与现实之间的平衡达到了相当的高度。在历史学中，客观主义史学与相对主义史学的碰撞是历史学发展的主脉，这种主观与客观之争论实际上就是价值祛除和有无历史客观性的问题，而笔者最近反思伊格尔斯对于 20 世纪历史学变迁的阐述，发现这与考夫曼对于近代以来法学问题意识梳理所展现的主脉竟然如此雷同。尽管两个不同的学科看上去相去甚远，但从康德以来，都关注的是一个问题，即价值与事实的问题。只要是认真思考而卓有建树的学者，无论历史学家还是法学家，都是在企图要超越这种二元对立。

　　总体史在法文中被译为 Global histoire，有些中文译者将此译为全球史。这种误读本身其实就很有意思。从空间维度而言，总体史就是应该

----

① 古罗马法学家塞尔苏斯（Publius Iuventius Celsus Titus Aufidius Hoenius Severianus，Celsus filius，2 世纪左右）有句名言："认识法律不意味抠法律字眼，而是把握法律的意义和效果（Scire leges no hoc est verba earum tenere sed vim ac potestatem）。"资料来源：http：//en. wikipedia. org/wiki/Publius_ Iuventius_ Celsus，访问时间：2011 年 6 月 29 日。

有一种全球视野的。但这并非总体史的本意。笔者在前述极力勾勒总体史的方法论的同时，除了古今互视的历史—现实维度之外，也积极统筹兼顾了微观—宏观维度、历史学科—非历史学科（包括法学、经济学）维度、制度—人的主观能动性维度、客观逻辑的探索—主观类型的建构维度。这与笔者对于法律规则本身的关注多元维度此呼彼应，同条共贯。正是这样一种多维度的总体史，本书的研究不同于黄仁宇受法国年鉴学派影响提出的"大历史"，在强调从制度、长时段看问题的同时，并不刻意隐讳或祛除对于意识形态和价值体系的探索。此外，本书的研究力图超越中国中心史观、冲击—反应模式的对立，基本上按照费肯杰的推参阐述方法进行比较史学、中西汇通的研究作业，极力在借鉴吉尔兹文化阐释学的深度描写方法的同时，使得一种地方性知识能够趋向于一般理论，笔者认为这样才能堂庑始大，期冀在研究中能够融合优美的无我之境与宏壮的有我之境，其义或成或不成，然其立意较然。这样用法律的大眼睛、用法律的青蛙式"复眼"看待法律，才不会像伯乐之子那样手拿相马经按图索骥，找到的千里马却是一只大蟾蜍。[①]

　　本书虽然以中国历史为研究主体，但并不仅仅以中国史为思考范围，相反，在第二卷就开始反思近代以来以民族国家为书写空间的研究模式，在第三卷更是直接展开中西比较研究，第四卷和第五卷尽管积极发掘中国内部历史演化的动力和资源，但也是纳入一种全球视野之中予以考量。这种视野不是边缘的视野，而是全球视野，哪怕被称之为不中不西。但本书的这种总体史并不是指一种空间意义上的全球视野，也不是一进入研究就自炫为某种宏大叙事，而是一种步步为营的推参阐述。笔者之所以不断限至1911年而是1945年，甚至在许多地方直接将历史与当今现实问题一并加以分析，一个原因也是希望将历史和现实更加紧

---

　　① 笔者极力试图走出结构主义（structuralism）的框架，对于结构予以历史化的处理，但这种研究也并不是多维理论（multidimensional theory）的简单翻版。各种维度为轴心建立的竞争性"杂多"理论无疑具有其内在合理性，并不见得百虑而一致，将其捏合在一起需要考虑其间内在的排异性。所以，我们对于这不同维度思考的思考之入乎其内和出乎其外是两个不同层面的研究。在这一点上，推参阐述的元方法对于本书的理论建设具有指导作用。

密结合起来。现在搞历史的人的著作之所以不为研究现实问题的学者所关注，也是这个原因。笔者倡导的总体史研究固然在内容上强调多学科交叉的综合研究，并非如通常人所想象那样是包罗万象的历史。它与其说以内容上的综合型为特征，不如说是在揭橥一种以古今互视为研究趋向的方法。这种总体史在矫正居今察古的史学方法的同时恰恰旨在服务于当下的现实生活，企图寻求贯穿历史与现实之间的通则。方法与目标虽然统一，但不可混一。

当今的后现代史学受到语言学转向的影响，从话语分析入手对于历史的客观性予以釜底抽薪的解构，中国史学界更是断章取义地曲解怀特"史学即文学"的口号。法国和美国的文学理论家如雅克·德里达（Jacques Derrida）和保罗·德·芒（Paul de Man）等人认为语言构成为现实更有甚于指向现实（The language shapes reality but does not refer to it）。历史学家是研究文本的，但是这些文本并不指向外在世界。用德里达的名言来说，"除了文本之外，没有任何东西"（there is nothing outside of the text）①。但是，话语分析也是探寻话语建构的规则。在笔者看来，法律规则的生发、变迁就如同语言的变迁。一些新词被创造出来、被人们口耳相传加以传播和模仿、流行，成为在某一区域或者某一社群中人们相喻共守、按照约定俗成的音符或字符进行交流沟通的工具，以至最终被淘汰。由此观之，语言和法律按照塞尔的观点都属于制度事实。在各种文化规范之中，还包括类似语言那样需要经过较长时间才能由全体社会成员共有，而且又在不断地发展变化的规范。历史固然可以被视为话语的建构，但是话语的展开也是具有一定规则的，哈贝马斯的商谈伦理就体现了这一点。即便按照后现代主义者的思路对历史进行解构，我们仍然可以看出史学和法学之间的关联性。话语分析的方法即在于揭示话语建构的规则、验证其合法性。

我们的难点并不在于将考察的视角从中心转向边缘，这样的视角坐

①　Georg G. Iggers, *Historiography in the Twentieth Century: From Scientific Objectivity to the Postmodern Challenge*, Hanover and London: Wesleyan University Press, 1997, p. 9; Jacques Derrida, *Of Grammatology*, translated by Gayatri Chakravorty Spivak, Baltimore: The Johns Hopkins University Press, 1976, p. 158.

标转换是比较容易的，也可以产生立竿见影的成效。胡适和傅斯年都注意到西洋汉学家在所谓"虏学"的范围中贡献特别大，认为汉学之发达也许在有些地方正需要借重这种"虏学"。① 近年来的新清史也是这种研究路数的变形。笔者很早有这种取向，提出重视清史"满族性"的问题。沿着这样的思路，元朝造成中国北方社会不为世人所重视的"蒙古化"② 现象都值得深入地上溯下探。但是，这和受到后现代思潮等影响对于微观历史的追逐一样不是中正之道。在西方，20 世纪 70 年代和 80 年代的著作频繁地以牺牲政治和更为广泛的社会历程为代价而强调文化的重要性。③ 中国学界不少人也开始"莽将廿一史推翻，另数芝麻账目"，致力于"茗碗炉香闲供奉，瓶花盆石小经营"。这种研究路线的一项基本假设在于：历史学是探讨个别的，而不是进行概括，其目的是要"理解"而不是要"说明"。传统科学与传统历史学的后现代批评者们，已经对历史学的思想与实践给予了重大的修正。它并没有推翻历史学家之献身于重新把握现实或者是他（或她）对于探索的逻辑的信心，但是它已经指明了这两者的复杂性。④ 对于现代性的反思已经

① 傅斯年在《历史语言研究所工作之旨趣》中说道："凡中国人所忽略，如匈奴、鲜卑、突厥、回鹘、契丹、女真、蒙古、满洲等问题，在欧洲都被格外地注意，说句笑话，假如中国学是汉学，如此等学者是汉学家，则西洋人治这些匈奴以来的问题，岂不是虏学，治这学者岂不是虏学家吗？然而也许汉学之发达，有些地方正借重虏学呢！"见《傅斯年选集》，岳玉玺、李泉、马亮宽编选，天津人民出版社 1996 年版，第 177 页。据日本著名汉学家吉川幸次郎（よしかわこうじろう，1904—1980）回忆，胡适于 1927 年 4 月间在京都演讲时，曾在黑板上大书"虏学"二字并阐发了类似的观点。『古川幸次郎全集』第十六卷、筑摩书房、1968 年、432 頁。

② 参见 Lin Yutang, *My Country and My People*, New York：The John Day Company, 1935, revised in 1937, pp. 18 – 19。

③ Georg G. Iggers, *Historiography in the Twentieth Century: From Scientific Objectivity to the Postmodern Challenge*, Hanover and London：Wesleyan University Press, 1997, p. 19.

④ Georg G. Iggers, *Historiography in the Twentieth Century: From Scientific Objectivity to the Postmodern Challenge*, Hanover and London：Wesleyan University Press, 1997, p. 19.

暴露了现代化理论的局限。不少历史学家不喜欢现代化这个概念，但他们却怀着对这些"代价"的警惕而在运用它。需要用来代替它的，便是既把文化方面又把体制方面都考虑在内的一种广阔的历史思路，"宏伟的叙事的终结"（the end of a grand narrative）① 并未真正成为现实。没有任何理由说，一部研究广阔的社会转型的史学著作和一部把注意力集中在个体生存上的史学著作就不能共存并且互相补充。历史学家的任务应该是探索历史经验在这两个层次之间的联系。② 指责微观历史学家只考察小社区而很少乃至全然罔顾更广阔的网络或者说语境，是没有根据的，至少在我们目力所及的著作中并非如此。③ 这样的研究一般不会登大雅之堂。问题是，兼顾的余光并不足以使研究的重心发生转移，单个的个案相加并不等于总体，小题大做或大题小做均有其盲点，不可能巨细靡遗。殆为学如扶醉人，扶得东来西又倒。正如微观史批评传统社会科学的研究路线，做出了某些概括当用于检验他们号称要加以解说的那种小规模的生活的具体现实时无效那样，这种微观史的管中窥豹在以小见大的透视中对于广阔社会空间的把握也是缺乏力度的，甚至本身就是积极地加以拒斥的。由小及大或者由大及小的倡言并没有错，但关键不在于此，正如马儿怎样好，怎样可以少吃草，这需要指点清楚才行，并且也不是在空间上一个简单的所谓跨地区问题的可以了结的。所谓"大"与"小"、"个人"与"社会"之间的联系法则恰恰是需要绵密追究的。

---

① Georg G. Iggers, *Historiography in the Twentieth Century: From Scientific Objectivity to the Postmodern Challenge*, Hanover and London: Wesleyan University Press, 1997, p. 7; Allan Megill, "Grand Narrative" and the "Discipline of History", in Frank Ankersmit and Hans Kellner, eds., *A New Philosophy of History*, Chicago: University of Chicago Press, 1995, pp. 151 – 173.

② Georg G. Iggers, *Historiography in the Twentieth Century: From Scientific Objectivity to the Postmodern Challenge*, Hanover and London: Wesleyan University Press, 1997, p. 121.

③ Georg G. Iggers, *Historiography in the Twentieth Century: From Scientific Objectivity to the Postmodern Challenge*, Hanover and London: Wesleyan University Press, 1997, p. 112.

在结构功能主义的研究路线受到冲击以后，社会学等学科也力图将个体之人与社会结构比较完美地结合起来。在本书中，笔者的研究路线就是将法学和史学结合起来，使在社会科学中被视为过于规范化的法学历史化，由制度而更多转向对创设制度之用心、身处制度中的人、运用制度的人的较为开阔而持重的长时段历史省察，以此为接榫点从而敷设从个体之人到社会结构、从微观到宏观之间的道路，揭示出其中被隐蔽的规则运作状态。从个体之人出发，我们会发现中西方的法律中，人的形象都主要是一个"中人"（中等水平的正常人）为原型进行设计的，既非道德完人，亦非通常作为君子对立面的不折不扣的"小人"或者神志不清的智障人士（法律上的无行为能力人）。用中国人的常用表述来说，法律以人之常情为恒。这种单个之人在与他人的交往中形成各式各样的规则，认识规则、应用规则并创立规则。例如，在传统的熟人社会中，除了家族法之外，人与家族之外或内部较为陌生之人发生经济往来，中国古代的"中人"（中介之人）就是从个人到更为广阔的社会空间之间一种过渡性的制度安排。除了民间契约中非职业性的中人之外，大量的牙行等居间、代理等制度安排也是一个道理，只是更加专业、更加规范而已。中国历代官府之所以极为重视对于这些牙行的管理，就是因为这种制度安排对于层层扩展从个人到市场的活动空间至关重要。所以，在这种意义上，新历史法学具有总体史的取向。对于法学而言，这样的研究具有颠覆性的意义，即将过去将法律视为统治阶级意志的表现和统治工具的传统模式取而代之以人与人之间的双向互动模式。不仅如此，这样的乾坤大旋转其实就已经使得视为人之常情、人之活法（生活模式）的动态之法（"活法"，living law）具有一定的平凡而神圣特性，具有尝试重新奠定法律价值取向的诉求。也就是说，法律以普通黎民百姓的利益的体现而具有其合法性。世界上的各种代议制度的架构安排的依据即在于此，法律的价值与法律的规范、法律的实践之间统一的理据，即在于此。

笔者赞同王夫之《宋论》的观点，即认识事物要把握其大本、大经、大体与大势，"言有纲，道有宗；纲宗者，大正者也。故善言道者，言其宗而万殊得；善言治者，言其纲而万目张。循之而可以尽致，推之而可以知通，传之天下后世而莫能摘其瑕璺"①。做学问是必须要有自己的"主义"的，如同革命活动家开展政治运动没有宗旨、纲领、方针和路线就不可能取得成功。但是，如果把这样的大段历史用某个空疏措大的公式一刀切，恐怕是绝大多数对于职业心存敬畏之人做不出来的事情。本书不是个人的论文集，也不是许多人聚在一起编纂的通史，而是一家之言的总体史。学术其实就是一个人的生命体验的结晶。②笔者旗帜鲜明地坚持自己的学术理念，努力向着自己集矢的问题挺进。因此，本书保持对于自己的中心问题的关怀是有目可睹的，不过却并没有像通常容量较小的博士论文那样提出明确的"核心命题"。这样的"建立纲宗、统万殊万目于数纸之中"的综论方式，用王夫之的话来说实为"虚设之纲宗，固无当也"③。胡适曾经对罗尔纲说过的一段话应该值得我们时刻注意："凡治史学，一切太整齐的系统，都是形迹可疑的，因为人事从来不会如此容易被装进一个太整齐的系统。"④条理太好、系统太分明的"简约主义"（reductionism），不免如同黄马褂般太紧凑，反而存在简化论的危险，遮蔽历史的丰富性与复杂性。在五光十色的思潮之间，笔者既不唯某种理论是从，将此作为解读历史的万灵药方，也不寻求超历史的法学理论，也无昭示放之四海而皆准式真理的奢望，不准备在研究中背上一个不必要的心理负担，将自己的研究明确定位于历史法学研究，只在于为法学研究提供一种新的向度与可能的选择。法学思维和法官思维不可混淆。许多问题并不见得有断案。这种学问的意义与其说在于一个简单答案，毋宁说在于"不断的叩问"。

此外，按照德国法学家恩吉施（Karl Engisch，1899—1990）、埃塞

---

① 王夫之：《宋论》卷十，商务印书馆1936年版，第151页。

② 分析框架之类，多把理工科的套路拿来用到人文社会科学，而研究之前的洞识、理论预感均被视为上不得台面的谵语。在笔者看来，治学跟治印的功夫差不多，选好上等的材质，全凭自己手下的功夫，风格可以迥异，好货色只是妙手偶得而已，治印者自己的生命感悟和人生阅历均镌刻钟毓于此，不仅情好寄之，而是简直性命徇之矣。

③ 王夫之：《宋论》卷十，商务印书馆1936年版，第152页。

④ 胡适：《复罗尔纲》，严云受编：《胡适学术代表作》下册，安徽教育出版社2006年版，第457页。

尔（Josef Esser，1910—1999）和卡纳里斯（Claus-Wilhelm Canaris）等人的观点，逻辑学上的公理式演绎的体系（das axiomatischdeduktive System）根本不适用于法学，因为这种体系要求两个条件，即作为体系基础的公理的无矛盾性和完整性，由于是法律原则而非抽象概念乃构筑体系真正的要素（Die Rechtsprinzipien，nicht die abstrakten Begriffe sind danach die eigentlich systembildenden Faktoren），而规范之后的各种评价原则（Wertungsprinzipien）是无论如何都不能满足上述两项要求的。① 德国法哲学家特奥多尔·菲韦格（Theodor Viehweg，1907—1988）在其《议论学与法理学：论法律学的基础研究》（*Topik und Jurisprudenz-Ein Beitrag zur rechtswisschaftlichen Grundlagenforschung*，München：Beck，1954）这部对于当代法学研究影响深远的著作中更是直截了当地提出，法律思维的基本性课题乃是不断探求具体性问题在当下的正确解决，为此它不应依靠演绎公理的"体系思考"，而应通过"问题思考"的技术。笔者在《经济学理论演变研究》第二次全面修订版中也认同这样的观点，即没有一种体系可以演绎式地支配全部问题，绝对不可能是已经终结的体系。纯粹为了阐述或易于概观的目的而构筑的"外部体系"（äußeres System）殊不足道，为维持法律之逻辑一贯性、体系性而悍然不顾社会事实乃属舍本逐末之举。② 当年萨维尼的历史法学派对于法学体系性因素的认知偏颇导致最后流于概念法学、机械法学的范式，为当年耶林（Rudolf von Jhering，1816—1892）等所扬弃。这种经验教训值得我们今天的新历史法学认真汲取，不可重蹈覆辙。为了虚假的审美概念，无视社会或法律目的，"把法学夸张到法的数学，归纳到逻辑推理

---

① 参阅 Karl Engisch，*Die Einheit der Rechtsordnung*，Heidelberg：Carl Winter Verlag，1935，S. 83；Josef Esser，*Grundsatz und Norm in der richterlichen Fortbildung des Privatrechts*，4. Auflage，Tübingen：J. C. B. Mohr（Paul Siebeck），1990，S. 44，S. 239；Claus-Wilhelm Canaris，*Systemdenken und Systembegriff in der Jurisprudenz，entwickelt am Beispiel des deutschen Privatrechts*，Berlin：Verlag Duncker & Humblot，überarbeitete Auflage，1983，S. 52 - 107。

② 张世明：《经济学理论演变研究》（第二次全面修订版），中国民主法制出版社 2009 年版，第 357—358 页。

的概念法学是一种谬误，是基于对法本质的误解。"① 但是，与特奥多尔·菲韦格的立场不同，笔者在拒绝那种"比耍猴还要好看"的虚假外部公理式体系的同时，并不放弃对于体系渐臻渐积的构筑追求。后现代在某种程度上也可以说是一个反体系的时代。但我们仍然坚信体系的魅力是无穷的，"开放的体系"（offenes System）是可行的目标，我们只能以"在敞开的体系中论证"为指导纲领，进行有体系的但非"完整"的言说。这种体系纵然还不够周延完整，需要以更多的深思、研究和努力来补足，不过实事求是的精神却是永垂不朽的。如果说笔者本书缺乏像黑格尔哲学那样巨型理论（grandy theory）的体系建筑，笔者转觉卸过有辞，也可以以德勒兹"le corps sans organs"（无拘束的躯体）这一说辞作为挡箭牌自宽自解，并不因这种野性的思维而自惭形秽。失却家园的学术流民心中怀揣着自己的崇拜偶像。本书可以说是笔者十几年来顺随自己的兴趣、环境所栽培的不登大雅之堂的"土豆"而已，尽管和体系之树上结出的那些丰硕果实可能存在天壤之别，但这种埋藏于地下的山药、土豆之类茎块自有其别具一格的使用价值。

历史法学的研究方法本身蕴涵着总体史研究方法的旨趣，可以说是一种广义的法律史，甚至超越了法律史的范畴或者说有意识地拒绝传统法律史研究的范式，在彻底贯彻历史主义取向的同时将古今融为一体，从而以克服历史主义的一些缺失。反过来说，从法律、资源和时空建构三个要素对于清代以来中国历史的全面深入解释此前并未得见。这种视角不敢托大自命为独辟蹊径，亦可能被批评为见仁见智的个人色彩过于浓厚，但学术本身就是鼓励见仁见智的。进而言之，这种个人色彩浓厚的研究不等同于个人主观感情的宣泄。在严格学术规范约束下，越是个性化的历史梳理、解释，越是具有独特的学术魅力，所谓成一家之言的创新要义即在于此。程颐说："格物穷理，非是要尽穷天下之物，但于一事上穷尽，其他可以类推。……如一事上穷不得，且别穷一事，或先其易者，或先其难者，各随人深浅，如千蹊万径，皆可适国，但得一道

---

① 长谷川国雄：《世界名著便览》，天津编译中心译，世界知识出版社 1992年版，第 229 页。

入得便可。"① 章太炎则云："视天之郁苍苍，立学术者无所因。各因地
齐、政俗、材性发舒，而名一家。"② 一方燕子衔一方泥，学贵自得。
人各有秉，各逞其志，可以随自家材性对某一问题进行研究，都是积劳
积慧的功业，即佛教所谓的"法性平等"。

第五节　从历史到现实的申论：法律与时空建构

按照康德的说法，所有的知识都有共同的基础：时空、因果等。在
历史上，对于时空问题的探讨无论在中西方均源远流长，但总体上处于
学术研究的边缘地位，一般很少涉及空间关系和空间影响。20 世纪末，
几乎所有人文社会学科都出现了所谓"空间转向"。空间研究包括形态
维度、视觉维度、社会维度、政策维度等多维度，出现了空间经济学、
空间政治学、空间社会学等新领域。法律是人有意识地利用时空中的资
源达成自己目的的一整套规则。法律是有生命周期的，在时间和空间中
获得资源支持下的生命。在这种意义上，一部法律，就是一部时空建
构史。③

人的活动既处于一定的时空，又极力超越时空的障碍，同时开辟出

---

① 朱熹编：《河南程氏遗书》卷十五，王德毅等编：《丛书集成三编》14，
哲学类，道家哲学——老庄理学，台北新文丰出版公司 1997 年版，第 234 页。

② 《章太炎选集》（注释本），朱维铮、姜义华等编注，上海人民出版社 1981
年版，第 188 页。

③ 关于这一主题的先行研究成果有尼古拉斯·布拉姆莱（Nicholas Blomley）
的《法律、空间与权力的地理学》（Law, Space, and the Geographies of Power, New
York: the Guilford Press, 1994）；K. A. 莫戴尔：《法学版图中的时间与空间：作为
一门全球学科的比较法文化》，信春鹰主编：《全球化与多元法律文化》，社会科学
文献出版社 2007 年版，第 17—24 页；劳伦斯·H. 却伯：《弯曲的宪法空间：法律
人能够从现代物理学中学到什么》（Laurence H. Tribe, The Curvature of Constitution-
al Space: What Lawyers Can Learn From Modern Physics, *Harvard Law Review*,
Vol. 103, No. 1, 1989），此文已有中译本，张千帆组织编译：《哈佛法律评论·宪
法学精粹》，法律出版社 2005 年版，第 437 页。

新的纪元、新的活动空间。在一个绝对的原始经济里，以几十人为标准的社会单位必须拥有的几十甚至上百平方公里的地域单位，否则猎物和其他自然食物来源将很快被消耗殆尽。由于社会单位很小并稀疏地散布，"部落"也势必是一个相对松散的观念。农业社会所需要的人均地域单位远远小于游牧社会。自从人类社会进入工业时代之后，时空延展和时空压缩对于时空障碍的克服技术手段日新月异，在场和不在场的交互作用空前密切。法律与时俱变，中国传统法律文化每每强调"刑罚世轻世重"，即其明证。与此同时，法律又具有"属地"因素的限制。西谚云："场所支配行为。"（locus regit actum.）空间视野的拓展也对法律精神的培育不无影响。伴随西方在航海时代的空间大发现的到来，新事物、新知识源源不断，欧洲鉴赏学、博物学、植物学、航海术和战争技术成为近代科学的重要奠基性学科。它也使得"重视证据和事实"成为近代科学的圭臬，而这种理念对于近代法律中人们注重"立据为凭"的契约法律观念的发育具有重要影响。① 又如，各个民族都有某种空间感（Raumsinn），有着某种构想空间的方式。在美国建国初期，个人的活动空间几乎可以无限扩展，国家领土也可以持续扩张。"管得越少的政府就是越好的政府"的思想自然广有市场，与谋求开辟人生新天地的移民心孚意契。人们在自己的村镇上建立管理机构，市政府、州政府和联邦政府以及一系列与之相配套的法律制度逐渐得以产生和完善。这种自下而上建立起来的政府，这种基于个人权利的建国历程，在当时的欧洲是无法想象的，对于美国法律风格的形成，恰如刘长卿所说的那样"细雨湿衣看不见，闲花落地听无声"②，而这种边疆的空间拓展与法律的成长之间曲径通幽的关系即便在特纳边疆学派的研究文献中亦未甚措虑，甚至根本无所问津。

　　法律的空间效力是任何实证法都不可或缺的要素，人们为解决空间上的法律冲突（interspatial conflict of laws）和时际法律冲突（intertemporal conflict of laws）设计的各种处置方案林林总总。可以说，时间和

---

① Harold J. Cook, *Matters of Exchange: Commerce, Medicine, and Science in the Dutch Golden Age*, New Haven and London: Yale University Press, 2007.

② 储仲君：《刘长卿诗编年笺注》，中华书局 1996 年版，第 126 页。

空间构成法律的精神、原则、规则、表现形态以及效力和实效的规定性。每个民族均有自己的独特性，不存在超越时空的理性法。在西方中世纪，换一个驿站就换一套法律。法国哲学家帕斯卡尔（Blaise Pascal，1623—1662）有段非常经典的论述，将这种斑驳陆离的法律图景栩栩如生地笔诸书焉："人们（看到）……没有公正和不公不随着气候而改变其本质。接近极点三纬度就把整个法学弄得乱七八糟，一条子午线就决定了真理；几年以后基本的法律就改变其有效性；公正有自己的时代……以河为界的滑稽的正义！比利牛斯山这边是真理，而那边是谬误。"① 近代以来，随着全球一体化进程的推进，国际法的基础如何底定一直存在挑战，人们在怀揣世界法的美好愿景的同时又不能不将本土法律视如掌珍。正如舒国滢《法律的地理空间》一文所说，"如果沉醉于西方当下语境中的'法的概念分析'，那么现代的人们就很可能感受不到太平洋岛屿'棕榈树中的风的样式'所透现的法律生活，感受不到中国的'天命''天志''礼''理'以及印度的'达摩'（dharma）等等所谓东方的语汇所具有的'法'的内蕴，甚至感受不到构成西方法律文化之源的古希腊—罗马法律概念中所包含的神话和诗歌特性"②。B. S. 桑托斯（Boaventurs De Sousa Santos）也在其著作中将地图中标识与定向之间的辩证关系适用于对于法律的分析，从后现代主义的视角将法律理解为一张误读的地图，以绘制法律文化中能够被界定和研究的精神版图。中国近代版图在西方列强的蚕食鲸吞下疆土日蹙，法律自主创新空间也受到挤压的情况。直到目前，由于中国人口众多，空间需求感得不到满足，在谋求生存位置改善的竞争中，各种资源的角逐加剧，纠纷自然较多。

法律秩序规范着具体的行为人的空间，使我们可以在对整体中的某个空间部分或者时间部分的了解中学会对于其余部分做出正确的预期。时刻的安排其实就是一种通过时间来安排空间，从而调配人们的行为，

---

① 卡尔·恩吉施：《法律思维导论》，郑永流译，法律出版社 2004 年版，第 5 页。

② 舒国滢：《法律的地理空间》，马抗美主编：《守望法大》，中国政法大学出版社 2002 年版，第 214 页。

以达到对资源的利用。财产不外是一个人的自由的外在领域而已。另一方面，如果对汉语中"制度"一词分而析之，在"制"设定了行为边界的同时，所谓"度"者，其实又意味着保留有一定的行为选择空间。空间从来就不是一个预备好给人随意征用的东西，总是被那些拥有权力的人所占领、守卫和划界。人类空间边界的界定往往是在社会互动过程中形成的。那些拥有足够权力来排斥异己的群体，通常会利用物质障碍和法律工具建立自己对于某一场域特定局部的垄断，但这个过程中也充满着争议、反抗和冲突。反抗的行为主体依然试图采取各种空间战术去占领、部署和创造有别于压迫与剥削者所定义的空间，即另一种空间性（alternative spatialities）。① 空间边界的真实存在，证实了空间从来就不是一个完全流动的、供那些移动的主体栖居于斯的中介。② 空间边界的社会意义并不潜含于静态的文本或分类之中，而是活生生地体现于动态的日常生活实践。空间与其说是一个供戏剧表演的中性"舞台"，毋宁说是戏剧演员中的一角，会随着故事的展开而舞动。身处法律舞台的法官可以从法律的"缝隙"中发展出法律来。这样一来，法律往往具有弹性。法律整体延及具体的领域，且在一定意义上是完整的。"禁止司法沉默"（Justizverweigerungsverbot）即基于此。法律无涉之空间环绕着法律。所谓法外空间（rechtsfreier Raum），并非意指"法律没有规定"，而是指"法律没有评价"。不过，对于法学而言，却是有必要拓展自己的研究空间，这是旨在为了未来更好的法律。人的法律实践活动永无止境，因此法学研究的创造也是永无止境。

　　中国学术界自 1949 年以来受到历史唯物主义的影响，对于经济基础决定上层建筑、上层建筑对于经济基础具有反作用的理论往往停留于表面的套用，而且相当长的时期在于以此论证革命的合法性。马克思和恩格斯没有对中国具体问题做深入研究，认识中国的国情必须靠中国人自己。在某种意义上，现代西方经济学领域的制度经济学派、政治学领

----

　　① Ronald John Johnston, *The Dictionary of Human Geography*, Oxford：Wiley-Blackwell, 2000, p. 53.

　　② Steve Pile and Nigel Thrift, eds., *Mapping the Subject：Geographies of Cultural Transformation*, New York：Routledge, 1995, p. 374.

域的公共选择学派都是从各自相反的学术立足点相对向对方延伸、渗透，相反相成，可以统称为新政治经济学。这些研究者尽管在许多观点上与马克思和恩格斯的经典理论迥然不同，但应该看到，其中的许多研究其实是人类沿着马克思和恩格斯当年探索的方向继续推进和精细化的工作。经济基础决定法律，但人的主体性不能淡出思维的焦点之外。法律是由人制定的，立法集主客观性于一体，将主观意志贯注于法律的体相，但法律必然会出现异化现象。人制定法之后又受制于法。法学家讥抨大陆法系司法过程中法官判案犹如复印机的拷贝，其实不宁大陆法系唯是，一切法律制度都不免是人为制度拷贝式机器，故中国人自古有"作法自毙""请君入瓮"等典故长期脍炙人口。法律在追逐生活的潮汐变化和追随信念的阳光照临过程中，往往力不从心，往往亦步亦趋而计划赶不上变化。在变动弗居的生活与天经地义的信念之间，法律是沟通两者的天梯。

在西方势力侵入中国之前，庞大的中华帝国如同木乃伊一样停滞不前的认识已经被越来越多的研究发现所证伪。中国古代的典权制度、责任制度、税法、盐法、钱法等有许多值得今人认真省察和借鉴的宝贵遗产。从 16 到 19 世纪，随着明清市场经济的发展，例如合股经营的资本分割、顶让与承接的契约制度以及救生红船制度等，都表现出诸多富有意义的制度创新。我们并不简单地以经济基础决定上层建筑、上层建筑对于经济基础具有反作用的理论作为研究的大套子去论证，而是从资源问题关注于日常生活中法律规则的嬗递，将这种微观的点滴变化与前现代中国三个世纪以来的国势荣枯浮沉联系起来。中国人目前对于自己的历史定位并不是十分准确的，或者说是比较矛盾和混乱的。一方面对于近代的国家屈辱感到自卑，在这种情况下往往大骂一番中国历史上祖先的诸多过失，专制主义、重农抑商等都成子孙们怨怼的说辞，另一方面又以中国古代在世界上的强盛而不免自视甚高，似乎西方当时都是未开化的蛮荒。中国的故宫固然誉薄海瀣，但是，如果我们到法国卢浮宫去看一下，人家当年也未必是我们想象的那样黯然逊色。如果此前没有一定的基础，这些西方国家能够在近代如此日新月异估计也是不可能的。文化平等的观念对于我们校正一些错误的认知至关重要。在这一点上，费肯杰教授的推参阐述方法不无借鉴意义。一些学者本身是典型的现代主义，对中国社会绳墨以西方的标准，却理直气壮地大批特批那些企图从中国传统法律挖掘文化资源的尝试为西方中心观。现代法律自然与古代法律不可同日而语，但把古代与现代截然视为两橛，很可能使现代中国法律最终成为无本之木。中国传统法律文化裂而不断，时隔心不隔。笔者在本书中的研究是对中国法律本土资源问题讨论的扩大化，力求能够如章学诚所倡导的那样"抒一独得之见、标一法外之意"①。

　　制度的形成和发展不是一朝一夕，制度形成需要很长的时间。中国文明如此辉煌的标志是其名物制度；中国文明那么长久的原因也恰恰在于其名物制度。在中国历史上，制度决定成败。许多王朝能够享国一两百年，这种时间的长久其实是与制度问题密切关联的。是长期打磨的制度在起作用。与过去器物、制度、思想三个层次的近代蜕变模式概括有所不同，笔者认为中国制度的变化至少不单纯是一个历史问题，从长时段来看至少可以说有三次变革：第一次是法律制度的变革。中国从鸦片战争以后，由于面临治外法权的束缚，从上到下急于自强自立，争取司法主权的独立，从 19 世纪 60 年代开始就在一直讨论变法修律问题，直到清末沈家本修律，这一问题的解决路径才最终确定，从此中国传统法律踏上了一条西化的不归之路。这次转型的得失成败自可任由评判。第二次是经济制度的变革。目前大家都对 1978 年开始的农村经济改革极为重视，这并没有错，但应该用一个长时段的眼光加以审视，将此视为一个长时段中的关键时点。这个长时段应该说是在鸦片战争之后，人们对于中国经济制度建构经历孙中山的平均地权和节制资本等经济体制构想，到毛泽东时代模仿苏联的计划经济体制探索，而最终落脚到市场经济的过程。这一转变过程还有另外两个关键点需要大书特书，即 1993 年党的十四届三中全会做出了《中共中央关于建立社会主义市场经济体制若干问题的决定》和中国经过十三年孜孜不倦的努力后于 2001 年 12 月加入 WTO 这一"经济联合国"。这对于中国市场经济的法

---

　　① 　章学诚：《文史通义》卷五，赵敏俐、尹小林主编：《国学备览》第 6 卷，首都师范大学出版社 2006 年版，第 311 页。

律地位的确立而言无疑是标志性的时间。第三次变革则应该是社会主义民主政治体制方面的改革，这是中国人在一个复杂的国际环境中逐渐摸索的过程。早在 19 世纪，郭嵩焘就提出："西洋立国有本末，其本在朝廷政教，其末在商贾，造船制器相辅以益其强，又末中之一节耳。"①优良的政治制度是至关重要的。后发国家通过模仿西方先进技术和管理技术，确实可以取得发达国家必须在一定制度下才能取得的成就。但是，后发国家的决策者、精英们也因此就可能放弃制度改革的努力，而这种取向必将会酿成大祸：一旦可以模仿的空间消失，制度滞后的危险就会显现出来。中国各级地方政府目前往往均以经济列车的高速向前奔驰作为化解各种社会矛盾的灵丹妙药，所以片面追求 GDP 的增长，这种倾向是值得警惕的。

据统计，中国的 GDP 已经超越日本成为世界第二大经济体。这一消息在海内外已经引起了不少反响。GDP 总量固然是衡量一个国家经济实力的基本标志，但这并不等于说，GDP 总量越大，国家力量就一定越强。GDP 的业绩并不能一俊遮百丑。长此不已，何以为继？可持续发展绝对不是一句可以随口而论的无关紧要之语。环境、法律等都在国家综合实力之列。中国有必要反思目前的经济发展模式，有必要重新审视"GDP 主义"。②研究鸦片战争之前的 GDP，企图以此证明清帝国的强大，无疑也是具有以偏概全的认知背景。孔子罕言利，以利者人情，不待教而知，虑其过而为害，故罕言。中国目前经济生活中，往往

---

①　中国史学会主编：《中国近代史资料丛刊：洋务运动》（一），上海人民出版社 1961 年版，第 142 页。

②　事实上，高速发展的经济往往带来巨大的社会问题。如果经济、政治体制和思想文化没有良性互动，既不可能利用当时在世界上吸收的资源，反而由于出口的增加等造成国内物价水平上升，使自己背上沉重的包袱。正是这样，德国 1968 年 11 月 29 日依据促进经济稳定和增长法第四条关于对外经济保障措施法（保障法）[*Gesetz über Maβnahmen zur außenwirtschaftlichen Absicherung gemäβ § 4 des Gesetzes zur Förderung der Stabilität und des Wachstums der Wirtschaft（Absicherungsgesetz）vom 29. 11. 1968*]，希望消弭即将发生的德国马克升值，第一条规定了对于进口的付款，第二条规定了对于出口的"特种销售税"（Sonderumsatzsteuer），以便缩小对外贸易顺差（Außenhandelsüberschuβ）。

都是中央政府开口子、给政策，这样使得个人、企业和地方政府可以利用这些政策作为资源，开辟活动空间。这生动地反映了法律规则、资源和时空建构三者之间的关系。只要给一缕阳光，就会有无数的生命焕发出强烈的动力。市场经济已经开启了作为个体的人出于私利而相互竞争的机制。通过一种蜜蜂酿蜜式的自发行为所产生的公共利益，中国经济必然"卿云灿兮，纠缦缦兮；日月光华，旦复旦兮"①，但是，法律规则的合理化与健全却是比经济发展的启动更为艰难的事业，否则中国经济就有可能成为向高山推挽石头般在接近某一顶峰时又跌入低谷。近年来不断有政策出台来限制单纯的 GDP 追求，但是 GDP 的核心地位并没有改变。制度建设在 GDP 主义面前败下阵来，这可能会成为制约中国成为真正大国的关键瓶颈，反而会阻碍制度建设和可持续的发展。清末郑观应的《盛世危言》语重心长地提示，使我们仍然值得重温从同治中兴到甲午海战那段中国辛酸历史。如果连知识分子都无忧盛危明之心，那么，这便是真正足以引为杞忧的事情了。在某种意义上，制度的生产较诸经济更为重要。制度经济学之所以在 20 世纪大放异彩，就是对于这方面具有重要的贡献。充满活力的经济健康发展端赖强壮的体制之体质。市场经济优胜劣汰的驱动和约束作用，以此作为资源配置和经济的基本动力，这是 20 世纪人类历史的实践通过试错得出的理性选择。今后的研究重心殆应转向制度建设和制度维护。②

　　按照吉登斯的结构化理论，人类的互动都包括意义的沟通、权力的运作（资源的援用）以及规范的制裁模式（包括运用体罚或威胁要运

---

　　① 语出《尚书大传·虞夏传》中的《卿云歌》。引自伏胜撰、郑玄注：《尚书大传》，纪昀、永瑢编纂：《景印文渊阁四库全书》第六十八册，经部，六二，书类，台北商务印书馆股份有限公司 2008 年版，第 68—393 页。

　　② 现代国家已经成为经济国家，经济问题成为经常性的政治问题，政治被压缩为经济，"经济至上"成为一种无奈的共识。但经济发展是绿叶和果实。冠盖葳蕤、硕果压枝无疑给人赏心悦目的春华秋实图景，可是不应该忘记：制度才是其树干。树干的伟岸需要的是时间的沉淀，急骤难就，一圈一圈的年轮记载着其生成的历史。政治制度改革踟蹰不前，制度作为稀缺资源的内卷化现象，与传统社会中小农经济发展的内卷化是一个道理，这样的经济发展最终可能成为一枚美丽的苦果。

用体罚）。能动者在互动的生产或再生产过程之中，纳入了与社会体系相符应的结构要素，其中包括示意（signification）、支配（domination）以及合法性（legitimation）。据此，吉登斯用如下表述形式对制度进行分类：

示意—支配—合法性（S—D—L）　　　　符号秩序/话语形态（Symbolic oders/modes of dicourse）

权威性支配—示意—合法性（D—S—L）　　政治制度（Political institutions）

配置性支配—示意—合法性（D—S—L）　　经济制度（Economic institutions）

合法性—支配—示意　　（L—D—S）　　法律制度（Legal institutions）①

　　吉登斯的结构化理论在此反对"实体主义者"将政治制度、经济制度截然割裂开来的做法，提示我们不要用仅仅适合于市场经济语境的概念去追溯传统文化，将所谓"经济现象"界定围绕稀缺资源的争夺并不是一种恰当的做法。在吉登斯看来，所谓"经济现象"的领域是由配置性资源在社会总体的结构化过程中固有的构成性作用所给定的。我们从吉登斯的结构化理论得到的启迪就是，经济、政治和意识形态三者密不可分，犹如木桶一样，任何一块短板都可能造成总体发展空间容量的有限性，最终构成中国社会的不可承受之重。王夫之认为，各代的法律制度是适应当时的形势和需要建立的，各因其时而酌其宜，顺势合理，自成体系，并与当时的政治、道德等相一致，同条而共贯，相扶而成治。因此，法律制度设计必须从整体着眼，从根本入手，立纲修纪，拨乱反正，饬大法，正大经，使法律与政权、道德、经济制度等相适应，建一代之规模，以一成纯而互相裁制的完整系统，切忌就事论法，杂糅窜乱。如果浮慕他人之一得，独举一事，杂糅之于时政之中，则必

---

　　① Anthony Giddens, *The Constitution of Society: Outline of the Theory of Structuration*, Cambridge: Polity Press, 1984, p. 33.

然"王不成王，霸不成霸，而可不偿乱者也"①。黄仁宇的大历史的一个核心观点就是，经济组织、法律体系、文化观念三者同时汇合凑集、相互支撑，人类历史上的第一次"能够在数目字上管理"的国家社会架构经验才得以产生。尽管黄仁宇对于中国历史的解释存在某些缺失，但其强调经济组织、法律体系、文化观念相扶以行、孤行则踬的观点却殊为有见。② 德沃金亦曾断言，法律的生命就是整体性。德沃金所谓的法律整体性（integrity of law）的具体所指，一个理想的社会必须具有政治结构上的公正性、资源分配和机会均等上的公平性以及执行法律的程序正当性。

过去注释法学派是从条文归纳理则，其价值取向正是科学的，而今天的许多法学研究仅仅是从条文到条文，没有理论创新的锐意进取倾向，较诸注释法学尚未及第。扩大法学研究的空间实在是大有必要。法

---

① 《船山全书》第10册，"读通鉴论"，《船山全书》编辑委员会编校，岳麓书社1988年版，第798页。许多学者对于萧一山的《清代通史》其实并没有认真研究。这部成于一人之手的大制作虽然表面上属于比较传统的著史方式，但通观全书，是有一个中心命题的。这种贯穿全书的"灵魂"恰恰是我们当今的清史研究者所不予注意，也可能根本不去深入思考的问题。非常有意思的是，萧一山的问题意识和笔者在本书强调民族主义的互文性、总体史研究的取向等存在一致的地方。萧一山将清代历史的发展从文化—政治—经济、民族—民权—民生三方面进行剖析，将清前期和后期历史一以贯之，并且用下述列表阐述自己的主旨，即：

主义	精神	解喻	重点	近代国家	世界思潮	哲学背景	历史背景
民族	自由	民有	文化	国防民族化	民族自决	内诸夏而外夷狄	天地会的反清运动
民权	平等	民治	政治	政治民主化	宪政运动	民为邦本君为轻	明遗民的经世学说
民生	博爱	民享	经济	产业民生化	社会主义	不患寡而患不均	太平军的公有制度

参详萧一山：《清代通史》第1册，华东师范大学出版社2006年版，第9页。

② 黄仁宇企图避开姓资姓社的意识形态争论而从技术层面分析中国历史与现实问题，所以提出"数目字管理"的分析概念，但另一方面这种初衷与其强调法律制度、经济组织和意识形态的综合匹配是实现"数目字管理"的必要条件。就此而言，其结论与出发点之间存在内部紧张关系。

律既是在时间结构中存在的，又是在一定的空间中形成和发展的。时间和空间就构成了法律的精神、原则、规则、表现形态以及效力和实效的规定性。我国法学家吴经熊在《法律的三度论》一文中强调，每一个别特殊的法律，均具有三度：时间度、空间度和事实度。① 葡萄牙法学家桑托斯（Boaventura De Sousa Santos）在后现代主义思潮影响下将法律视为地图，其中，成文的法律是制图学上的地图，而习惯法、非正式法则是内心里的地图（Law are maps；Written laws are cartographic maps；customary informal laws are mental maps）。② 法谚有云："法律属于土地。"③ 人类学家吉尔兹（Clifford Geertz）则认为：法律乃是一种地方性知识，是具有地方性意义的技艺。1988 年，国家体改委的一个调查组曾经提出一份报告，建议在深圳经济特区移植香港的经济法规和管理体制，以便建造内地第一个"香港"。此报告引起两位当时正在中国讲学的两位美国法学家的关注。安·塞德曼（Ann Seidman）和罗伯特·塞德曼（Robert B. Seidman）于 1989 年发表了《评深圳移植香港法律建议》一文，从法律的概念、功能，香港和深圳的社会、政治和经济的约束与资源的对比，移植的实际困难和经济结果等方面，对深圳移植香港法律的建议提出不同意见。他们认为，法律移植能否成功，并不取决于法律本身，而取决于法律所置身的环境的约束力和资源，"当一个国家从另一个时空中'接受'一个法律时，人们将慎重考虑这个新法律及其环境中的约束力和资源，然后做出新的选择。结果采取的行为，将取决于新的法律以及那些约束力和环境。所以，在一个时空中引起的某种行为，只有在偶然的情况下才能在另一个时空中引起"④。在日本，原日本法社会学会理事长千叶正士（ちばまさじ，1919—2009）教授

① 吴经熊：《法律的三度论》，潘维和主编：《法学论集》，《中华学术与现代文化丛书》第 9 册，华冈出版有限公司 1977 年版，第 1—4 页。

② Boaventura de Sousa Santos, *Toward a New Common Sense: Law, Science and Politics in the Paradigmatic Transition*, New York: Routledge, 1995, p. 458.

③ 《论治外法权不合于国际法理》，《东方杂志》第九期，光绪三十二年八月（1906 年 10 月 12 日），录丙午《北洋学报》第十四期，第 81 页。

④ 安·塞德曼、罗伯特·B·塞德曼：《评深圳移植香港法律建议》，赵庆培、潘汉典译，《比较法研究》1989 年第 4 期。

出版《法与时间》（千葉正士『法と時間』信山社、2003 年）①，而京都大学名誉教授田中成明（たなかしげあき）所著《法的空间——强制与合意的缝隙间》（田中成明『法的空間：強制と合意の狭間で』東京大学出版会、1993 年）则在其此前主张的将法区分普遍主义型法、管理型法、自律型法三种类型的基础上，关注现代社会中法律在人们生活空间发挥作用越来越大的状况（即法律化现象），认为法律不仅着眼于消极的抑制＝保障机能，而且承担起出于实现社会正义的目的的积极分配资源的机能，因此法学理论需要适应法律境界领域的扩大和内部结构的变化。田中成明教授在书中主要探讨了"强制"和"合意"在法的空间的位置与作用样式。②

　　社会空间正在被发掘、探索。在全球一体化浪潮的侵袭下，各国之间的联系日益紧密，国际传导机制日益加强。现今互联网络所形成的信息高速公路，突破物理世界的限制而穿越时空，将时间和空间的距离缩小到零。一种全新的社会环境和生活空间得以形塑，一种新的虚拟社会空间和社会结构逐渐浮现。人们不仅开始用吉布森（William Gibson）在其 1984 年出版的科幻小说《神经巫师》（*Neuromancer*, New York: Ace Science Fiction, 1984）中提出来的"cyberspace"一词，来指称由互联网所编织的网络空间（有人译为"赛博空间"），而且还赋予其更多的涵义和维度，用以描述网络时代人们所面临的全新生活和交往空间。网络空间与传统社会空间不同，不再局限于地理上的限制，而在结构上发生了基本的变化。在前一段时间爆发的美国金融危机中，传统的溢出效应（Spillovers Effects，又称接触性传导）升级成为季风效应

––––––––––––––––––

①　此书是千叶正士教授自 1992 年以后多年围绕这一问题发表的论文之集大成。诸如：「時間の法文化的問題性：法と時間 1」『東海法学』第八号、1992 年；「わが国現行時間制度の法律的起源：法と時間 2」『東海法学』第九号（佐藤功教授、石川吉右衞門教授、野村敬造教授退職記念論文集）、1993 年；「時間論における法：法と時間 3」『東海法学』第 22 号、1999 年；「多元的時間制の諸相：法と時間 4」『東海法学』第 24 号、2000 年；「法規範としての多元的時間制：法と時間 5」『東海法学』第 26 号、2001 年。

②　田中成明『法的空間：強制と合意の狭間で』東京大学出版会、1993 年、40 頁以下。

（Monsoonal Effects）和传染效应（Pure Contagion），不但提升了传导速度，更加重了危害性。如果说在单靠溢出效应实现危机跨国传导的状态下，非当事国还可以事不关己高高挂起，得享作壁上观之闲，而如今则是一荣俱荣，一损俱损。随着全球法律合作、借鉴、融合、冲突的空前发展，法律空间问题研究不能不引起人们的高度关注。中国古代有橘逾淮为枳之说。在对中国现代法律影响深刻的德国，中国的橘子被引进后就被称为"中国苹果"。法律的移植也可能存在水土不服的问题。比较法中表明国外一种法律制度的存在，仅是"存在即合理"的初步证明，尚需刨根问底探求这种法律制度在自身国度存在的合理性，这是更深层的又一待证论题。而再往前探究，就可能需要费肯杰教授提出的推参阐述方法探法原、释法条、察法象、明法权、究法理、析法益法效、建法体法统。

　　行动（act/action）和行为（behavior）是存在差异的两个概念。人的行为则专指有意志的存在——人——的活动。面对规则，在任何情况下，行为者的自由均不可能完全丧失，他总是能够发现自己的自主领地，在规则的建构和解构中发挥作用。尽量增加他人的不确定领域，压缩自己的不确定性领域，进而使自己在协商谈判中获得更多的利益空间，占据更加有利的区位。理性建构主义夸张地设定了人的理性具有无限的力量，让人类的自信得到了充分的发挥。[①] 这种思想崇奉法律万能论，欲以有限之律，律天下无穷之情。在中国历史上，秦始皇就认为自己通过立法已经完成了"诸产得宜，皆有法式"[②]，"普施明法，经纬天下"[③] 的完美法律制度的构建，所以要求自己的后继者要"永为仪则"[④]。但是，法外空间（rechtsfreier Raum）在任何时候都是存在的，

---

　　① 弗利德利希·冯·哈耶克：《自由秩序原理》，邓正来译，生活·读书·新知三联书店 1997 年版，第 62 页。

　　② 司马迁：《史记》卷六，秦始皇本纪第六，中华书局 1999 年简体字版，第173 页。

　　③ 司马迁：《史记》卷六，秦始皇本纪第六，中华书局 1999 年简体字版，第177 页。

　　④ 司马迁：《史记》卷六，秦始皇本纪第六，中华书局 1999 年简体字版，第177 页。

钻法律的空子（durch eine Lücke des Gesetzes schlüpfen）的现象与法律的效力影响不可能分离。有些制度在一定历史时期存在某种"痼疾"无法祛除，是因为当时的科学技术等社会基础建设落后所致，而人的认识水准又是受制于这种社会的综合基础（并非仅为社会经济基础）。清代律学家王明德指出在立法中若要做出准确的立法是不可能的。"虽罄南山之竹，不足以书也。绝中山之颖，不足以备也。竭娄视之明，亦不足悉纤微而无漏也"①，法律既然不能周详穷尽社会的所有问题，那么可行的办法不是制定一个网罗所有社会问题的法典，而是制定一个简约的法典作为基本指导。

现代国家利用技术对于社会生活的干预是前所未有的，远远超越了黄仁宇所说的"数目字管理"的范畴。现代社会的控制不仅包括政治、经济乃至人身、心灵。个体之人看上去似乎十分自由，所谓"海阔凭鱼跃，天高任鸟飞"，但实际上只是熙熙攘攘的市场上被买卖和饲养的"家鸟"，是海洋馆厚重的玻璃后面的金鱼。社会化无所不在，规训无远弗届。在哈耶克（Friedrich August Hayek，1899—1992）所谓通向奴役之路的羊肠小道上，作茧自缚的现代人更应该对人本主义弥加珍视。18 世纪，亚当·斯密（Adam Smith，1723—1790）发现了市场这只"无形之手"法力无边；19 世纪末 20 世纪初，当自由资本主义经济遭受严重挫折之际，政府这只"有形之手"被呼唤出来。自此，学术界关于"无形之手"与"有形之手"的争论聚讼不休，似乎成为一个学术死结无法解开。在 21 世纪网络信息时代的大背景下，学术界应该有希望把问题引入新的里程，即有形之手如何成为灵性具足的巧手，如何能像钢琴家的手指底下飞出美妙无比的动听旋律。现在关于"大政府"与"小政府"的争论已经过时，而如何由"刚性政府"转变为"软性政府"却亟待解决。"软化"不等于"腐化"。美国的新自由主义与德国的新自由主义大相径庭。中国人片面追随美国的模式，未必是一件好事。有些学者非常幼稚地认为市场经济就是法律不禁止者皆得为之，将国家的规制视为累赘。在美国的新自由主义看来，社会利益是在个人追

---

① 　王明德：《读律佩觿》，何勤华等点校，法律出版社 2001 年版，第 20 页。

求私人利益的时候产生的，社会自身有一种自动平衡的系统来实现资源配置和目标定位，自动实现和谐的局面，所以最好的政府就是干涉最少的政府。殊不知没有规制的市场经济就等于没有刹车装置的汽车，如同虎兕出柙是会吃人的。山西黑煤窑奴隶用工事件①、金融大亨在所谓金融市场创新的旗号下将普通民众的财产洗劫一空，都是其显例明证。但是，中国作为大国，必须将经济稳定的可持续发展作为要务。目前，改革开放已经使市场经济的坚冰被打破，市场经济的行道已经开通，市场经济的诉求在中国已成为如水赴壑的潮流，因此市场经济法律完备的价

①　这种现象其实在清代就存在，当时一些地方煤矿业中的"圈窑""拨房"便是当今社会中令人发指的黑煤窑非法用工事件的底本。所谓"圈窑"，是指窑户工头采用捉拿、诓骗、逼迫等野蛮手段，将外地穷苦百姓骗到窑上，在山间幽阴沟壑等僻静处所设立"人圈"或"拨房"，令打手严密把守，用皮鞭和棍棒强行驱使其下井挖煤，久羁不放。史载，河南鲁山县梁洼一带煤窑主，"诱取四方失业之徒，入窑掏摸，羁累岁月"，"设立拨房，久羁不放"。嘉庆元年（1796）农历三月，鲁山知县董作栋便曾"亲诣窑所，出异方之被羁者约三百人，量其去家远近，给予路费放回"。事后谕令窑户工头具结永远遵行在案，并立"清理煤窑碑记"一通，曰："公平雇人开采，不许设立拨房，强拉强买。……嗣后若复蹈前辙，即行驱禁，并重法绳之。"（武亿、董作栋纂：《鲁山县志》，孙德高等注释，鲁山县地方志编纂委员会1984年刊行，第120页）类似情况在各矿场中不是个别的，而且有些甚至延续至民国时期。在郏师县，自乾隆至民国约一百五十年间，开矿者二十余次，皆工房有案可稽。拨房有活拨子与死拨子之分。活拨子由本地人充任，升窑后尚有相对的自由；而死拨子则终身监禁，终日挖煤，毫无任何自由可言。道光二年至四年，密县知县杨炳堃为此曾多次亲临煤窑查处。据《杨中议公自订年谱》卷二所载，密县一带煤窑主，为"冀图渔利，以致不法匪徒诓诱外邑贫民，送入窑内。该工头等明知所雇之人，均非情愿，诚恐乘间四散，因此设立人圈，严加防范，不许出入，情同囚禁。其中或有不谙窑务之人，强令下窑，轮班采挖，如不听从，大肆殴逼。甚至设法哄骗局赌输钱，因而预支工价，日久难归，不能他去，兼之扣住工价，不得回家，以致贫民苦累难堪，轻则剁指自残，重则轻生自尽，酿成巨案"。杨炳堃曾颁布《谕窑户工头简明条规》十一条，明令"不许在幽阴沟壑设立厂局，圈禁工人……有犯定提，窑户工头按律究办"。参见卞书田等编著：《豫煤古今谈》，煤炭工业出版社2000年版，第22—23页。但我们也应该看到因为山西黑煤窑用工事件之后劳动合同法企图亡羊补牢而治丝益棼的负面效应（参见史际春：《拉动内需与法制建设》，《经济法学评论》第10卷，中国法制出版社2010年版，第318—319页），这恰恰就是我们在这里所说的没有在关键之处砍一刀所致。

值取向不是趋于成本不菲的建坝防水，而是事半功倍地相地赋形的挖沟导流。政府规制说即建坝论，挖沟论不同于取消政府监管的放任论，但主张因势利导政府指导说。市场本身就对经济行为进行调节；法律的调节是人为的，但只能是必要的。

梅因声称"从身份到契约"，哈耶克则惊叹"通向奴役的自由"。我们应该看到，人类社会从奴隶不为人、农奴强制性人身依附、无产者被金钱的锁链牵引到劳动力市场到当今发达国家中产阶层主导，社会控制暴力性色彩日益减退，但社会控制力在前所未有地增强，寓控制于无形。这其中的原因包括控制方式的创新、信息交流手段的发达。在创造更多自由的同时，更强大的社会控制亦被生产出来。这就是人类的"能量守恒定律"。当自由大于控制时，社会出现无政府状态；当自由等于控制时，社会趋于正态；当自由小于控制时，社会产生超政府状态。控权是双重的反锁互扣，一则对政府以自由控权，一则对自由以政府控权。当今中国的问题不在于法简网疏，无法可守。许多人强调现在中国法律不健全，似乎上厕所都要立法。说这句话时，大多是行政部门在要求更多的执法权力。事实上，许多法律制定后被严格奉行了吗？许多部门都借法争权、扩权。平心执正而论，法治的精神才是更为重要的，而不是以法治为外衣的官治。在历史上，法书徒明于帙里，冤魂犹结于狱中，这种现象比比皆是。

规则的空间维度涉及人与人之间的博弈与合作。从时间维度考察，规则存在的长短也会产生资源配置效率差异，可以保证小至个人、中至社会团体、大至国家存续得更为长久。事实上，对于制度的修补与完善是清朝上下都在绞尽脑汁的事情，这可以从浩瀚无边的清朝档案中看出。当时精明强干的人上人不知几何，所筹谋的计策不知耗费多少心力，但是，有些制度的强化、完善是无济于事的，甚至增加了时间成本。关键在于重要制度的枢纽没有建造好，易言之，以"法眼"审视必须抓住"法眼""律母"。法律经济学不能一味以诉讼当事人利益的锱铢必较为职责，其应该要做的恰恰是使法律简约化，成为一种经济的法律。这才是最大的资源节约。法律资源的稀缺性要求其使用必须符合经济原则。资源不仅是影响法律规则产生的决定性因素，而且是法律规则评价的指标。在改革开放的前三十多年中，经济发展存在高耗能的不足之处，在法律制度建设中则过分学习美国模式，大批中国传统的"无讼"理念，造成了目前"万家诉讼"压垮整个审判体系的局面。推此而论，现在行政管理的诸多粗疏、困顿是值得深刻反思的，法律也应该讲求低碳环保，市场经济是法制经济的口号折射出的对于配置型资源和权威性资源的粗放式开发。简约的制度并不在于规定得有多细密，而在于能够形成有效的激励与资源配置。法律定那么多，诉讼那么多，穷形毕露，耗尽了自己的行政资源，没有考虑持续性，很可能就是两方面都在吃子孙饭的资源高消耗。

法律必须与民彝相符合，在正常情况下可以听任民众自器其材，自蹈其常，自择其宜，自观其成，坦然以趋之至当之途，不必越俎侵民彝自由之域，荒却民彝自然之能。① 中国古代统治者即强调"顺天应民"，即顺乎天意、俯循民情。不悖逆常理人情是法治深入民心的前提。注重情、理、法三者的协调，是中国传统法律思想的宝贵遗产。传统的观点认为，法律可以改变博弈，包括当事人的选择空间、收益函数，使得原来在技术上可行的选择，在经法律规定后就不能被选择，从而改变博弈的均衡结果。但新的研究将执法者的选择也包括在博弈分析之中，表明法律只不过是一些纸上墨水，有或没有这种油墨在纸上不能改变博弈本身，并没有影响到个人或博弈的收益函数，不过却改变博弈的均衡结果。法律的这种作用是通过改变个人行动的预期来实现的。② 倘若法律

---

① 李大钊：《民彝与政治》（一九一六年五月十五日），《李大钊全集》第 2 卷，朱文通等整理编辑，河北教育出版社 1999 年版，第 335 页。

② 美国康奈尔大学印度裔经济学教授考希克·巴苏（Kaushik Basu）《在经济学中规范和法律的作用：政治的经济初论》（The Role of Norms and Law in Economics：An Essay on Political Economy）所提出的核心定理就是：任何能够通过法律来实施的行为和结果，均可以通过社会规范来实施（Whatever behavior and outcomes in society are legally enforceable are also enforceable through social norms）。也即说只要法律能做到的，社会规范一样能做到。这一定理有两个推论：任何可以通过法律实施的结果，没有法律亦能实施（What can be achieved through the law can, in principle, also be achieved without the law）。第一个推论：可以通过法律实现者，在原则上亦可无须法律而实现之（What can be achieved through the law can, in principle, also be achieved without the law）。第二个推论：设若某一个结果在经济上不是纳什均衡，那么它可以不通过任何法律得以实施（If a certain outcome is not an equilibrium of the economy, then it cannot be implemented through any law）。资料来源：http：//time. dufe. edu. cn/wencong/xzjjx/trnle. pdf，访问时间：2010 年 9 月 12 日。

规定男女进门时，女士要先行，那么，男士预期女士要先行，女士则预期男士后行，所以先走了。这就是通过改变人的预期来改变博弈的均衡结果。最坚固的法律的帝国是建立在信念基础之上的，是建立在大脑的软纤维组织上的。制度设计与人性管理，最易被忽略。在中国传统社会，礼法结合是有道理的。法律即在于准乎礼法所应然，构建价值之堤防，维系世道人心，力挽颓风；律学即心学。目前，法律一个劲猛涨，道德却大幅度贬值，这就是不经济的。苟若像施勒格尔（Friedrich von Schlegel，1772—1829）所说的那样"哪里有政治和经济，哪里就没有道德（Wo Politik ist oderökonomie，da ist keine Moral）"①，仁义礼智信晦然天地间，不知道德仁义为何物，那么法律虽多，亦何益哉！法律不是一种"自然之物"，法学的性质是人文社会科学，是价值关联的学问，不可能采取自然科学的范式。法理的澄明除了明法，还包括明德。②

第六节　对于核心概念"资源"的阐释

资源应该被法学研究纳入考察的视野。人们利用法律规则围绕资源

①　资料来源：http://www. quotez. net/german/wirtschaft. htm，访问时间：2011年 6 月 11 日。

②　韦伯致力于资本主义精神的探讨时，就将精于资本的计算、在自由市场上从事交换的经济活动时遵循理性的标准、以技术性生产的方式进行投资等形式上的合理经济行为，与新教主义的宗教伦理相联系。毛泽东在《读〈苏联政治经济学教科书〉的谈话》中其实也讲到，从世界历史来看，资产阶级工业革命，不是在资产阶级建立自己的国家之前，而是在这以后；资本主义生产关系的大发展，也不是在上层建筑革命以前，而是在这之后。都是先把上层建筑改变了，生产关系搞好了，上了轨道了，才为生产力的大发展开辟了道路，为物质基础的增强准备了条件。（毛泽东：《读〈苏联政治经济学教科书〉的谈话》，《毛泽东文集》第 8 卷，人民出版社 2006 年版，第 131—132 页。）就目前而言，制度与人心这两方面的凝练，对于中国经济理性发展中的基础作用至关重要，中国经济只有这样才能逐渐摆脱靠作伪罔利以取济一时的假冒伪劣产品充斥的局面。

进行博弈，在这种博弈过程中法律规则得以变化。中国法学界占主导地位的观点认为权利和义务是法学研究的两个基本范畴，这固然没有错，但也会造成一些缺憾。目前法理与部门法之间严重脱节即肇因于此。从全球来看，有些族群在某些特定时空中并没有西方现代法律中的权利和义务的观念，法律规定毋宁是一种资源分配方案而已。在笔者看来，再往根本处推阐，权利和义务并非法学研究的元范畴，只是法律规则内容的两个方面，起码法律规则比较起来更具有涵摄性。既然法学以法律规则为研究对象，那么就不单纯是权利和义务设置的规范内容的本体论，也包括这种规范的价值论、原因论。研究法律现象中诸如资源与规则演变之类根本性的、普遍性的问题，显然对沟通各种法学流派、各个法学部门的隔阂具有积极的作用。广而言之，规则、资源、时空这些基础性概念和问题的研究并不局限于某一学科，可以为法学、经济学、社会学乃至自然科学等对话搭建一个平台。资源的配置不尽牵涉效率问题，也关乎正义问题。法学作为一种规范性研究，具有自身的立场而不是其他学科的附庸。资源问题的研究可以作为本书所倡导的新历史法学方法打通学科之间的一个突破口。

对于法律与资源关系问题的探讨，并非笔者个人主观的臆想。与富勒（Lon Luvois Fuller，1902—1978）、罗尔斯（John Bordley Rawls，1921—2002）齐名的美国著名法哲学家德沃金（Ronald Dworkin）在《至上美德：平等的理论与实践》（*Sovereign Virtue: The Theory and Practice of Equality*，Cambridge，Mass.：Harvard University Press，2000）主张资源平等（equality of resources）理论，即是这方面的代表。这种理论结合了两个关键概念：个人（person）与环境（circumstance）。德沃金虽然始终没有严格定义和说明"资源"概念，但他一般是将其分为人格资源（personal resources）和非人格资源（impersonal resources），个人的身体健康状况、体格、技能等属于人格资源，其他一切可以私人占有和转让的财产、生产资料和合法机会都是非人格资源。个人中的因素，如嗜好、抱负和信念等属于个人责任范围；然而，非人格资源和人格资源（主要是人的生理能力与精神能力）是环境因素，属于集体责任。一般来说，第一，人类对其人生做出的选择负责任。第二，智力和才能的自然禀赋反映了我们的环境而没有反映我们的选择，不应该影响社会资源的分配。如果要一个人来对其负责，这显然是不公平的。像德沃金的其他著作一样，他的平等理论奠基于这样的核心原则，即在社会结构设计方面，每个人都享有平等的关怀和尊重。平等对待和作为平等者受到平等关心和平等尊重的权利。这一抽象的平等权利直接指向了对环境的平等和社会制度方面的平等，要求国家或社会应该尽最大努力消除在社会环境和个人境况方面的不平等。为了充分实现和享有这一抽象的平等权利，德沃金认为，一种分配正义理论必须满足两个基本原则。第一个原则是"同等重要的原则"（the principle of equal importance）①，即国家对于资源的分配应该体现社会对个人的平等关心和尊重。个人是同等重要的，这体现个人作为平等者的存在。第二个原则是"具体责任原则"（the principle of special responsibility）②，它强调每个人的资源所得应当是每个人自由选择的函数。易言之，在同等条件下，个人对因自主选择所导致的分配不平等负责。德沃金的平等理论是所谓的运气平均主义（luck egalitarianism）之变种。他以一个所谓羡慕测试作为公平分配的标准。这一测试是说，任何一个资源分配，一旦完成后，不能使任何一个人觉得别人的资源比自己的好。如果一个人因为其获得的一系列资源而羡慕别人的资源，则该分配是不理想的。这个问题是借助于一个拍卖得以解决，每个人都得到最初同样数额的钱，使他竞得这个社会所掌握的所有资源。这一程序的意义，是确保一人必须牺牲他最初的资源，以获得被他人珍视之物，更不用说如果他竞得的东西并不是那么受欢迎的。然而，只有人与人之间在他们的个人能力和人才方面没有很大的差异时，这样的拍卖才能够满足羡慕测试。由于事实并非如此，加之由于德沃金要防止任何人因为他自然的能力而出现得失盈亏，新的程序必须引入，是故，拍卖被保险所补充。

德沃金在《关于原则的问题》一书中指出："平等的自由观是自由

---

① Ronald Dworkin, *Sovereign Virtue: The Theory and Practice of Equality*, Cambridge, Mass.: Harvard University Press, 2000, p. 5.

② Ronald Dworkin, *Sovereign Virtue: The Theory and Practice of Equality*, Cambridge, Mass.: Harvard University Press, 2000, p. 6.

主义的神经。"① 德沃金相信自由主义应该关心平等，不满意诺齐克（Robert Nozick，1938—2002）的观点，认为诺齐克强调"自由就是一切，而平等什么也不是"②。另一方面，德沃金的理论是对罗尔斯理论中的一些缺点加以袪除的尝试。罗尔斯将分配正义问题归结为两个具体的正义原则，即平等原则和差别原则。德沃金表示认同于罗尔斯提出的平等原则，同时也反对差别原则，他认为，当收入的不平等是自由选择的结果而非境况左右的结果，企图消除不公平的差别原则反而会制造不公平。德沃金批评罗尔斯的差别原则在分配中根本不考虑每个个体的人生抱负、嗜好等个性特征，实质上是群体主义性质的标准。而这是自由主义的个人权利原则所绝对不容许的。与罗尔斯不同，德沃金所揭示的是一种自由主义的平等主义正义观。按照德沃金的观点，真正的平等应该是资源的平等，而不是福利的平等。资源区别于福利在于它独立于个人的偏好，具有客观的可比性。德沃金的这一理论的主要抱负是要消除不在个人控制之内因素（对财货分配）的影响，并只允许在个人控制之内因素的影响。与德沃金作为自然法学代表人物关注于平等问题不同，本书之所以力图在法学研究中引入资源这一要素，旨在考察法律规则的形成与变迁，超越于长期以来自然法学和实证法学、纸面法与活法的二元对立。在本体论上，如果说自然法学派关注"正义"、实证法学派关注"规范"，那么社会法学派关注的是"行动"。中国自古就有研究典章制度的传统，通常也强调探讨制度的嬗变，但对于现实生活中活生生的规则的运作每每重视不够，尤其对于纸面法与活法、"被规定的法律"（law as prescribed）与"被实践的法律"（law as practiced）两者之间的互动贯通、相生相引的研究可以说相当薄弱。资源问题恰恰是打通纸面法与活法的要穴。

对于资源的定义，笔者一直在思考。如果一上来就给其下一个定义，似乎是非常困难的。笔者是研究经济法的，尤其长期致力于经济法

---

① Ronald Dworkin, *A Matter of Principle*, Cambridge：Harvard University Press, 1985, p. 183.

② 布莱恩·麦基编：《思想家：与十五位杰出哲学家的对话》，周穗明、翁寒松等译，生活·读书·新知三联书店2004年版，第317页。

总论的研究，对于各种教科书乃至学术论文为了建立经济法的体系开篇即以界定经济法的概念为要务而言人人殊的弊端知之甚晰。笔者曾比况拙著《经济法学理论演变研究》是越过知识争论的雷场过来的。后来，我翻译费肯杰教授两卷本《经济法》这一经典著作时发现，一种理论体系的建立根本就不能采取这种幼稚的、错误的方法。因为一个体系中最大的元范畴本身是不能在这个体系内部被定义的，只能从体系外的基础性概念一步步加以推演，这牵涉本书在第四卷讨论的"明希豪森三重困境"。其次，学术研究不单纯是名词之争、咬文嚼字，概念的定义只具有微小的价值，讨论取向、研究方法以及问题意识等的重要性更胜于此。即便再严密的几何学也只能从大量的描述性概念展开自身的体系，而更多的学科的展开只能借助于操作性概念，权宜地暂立一名而已。这一点在拙著《经济法学理论演变研究》第二次全面修订版和本书第四卷第一章都讲得比较清楚了，读者自可覆按。对于资源之类的概念，正如马克思所说，我们"不能把它们限定在僵硬的定义中，而是要在它们的历史的或逻辑的形成过程中来加以阐明"[①]。此外，本书不是探讨"资源是什么"的本体论哲学研究，而是关注"什么是资源"，把"资源"作为研究对象中的一个因素来定义。笔者的切入点仍然是人的生存与发展这一客观现实。这种人不是抽象的、生理解剖学意义上的生物个体，而是现实社会生活中活生生的行为主体。我们可以公认的描述性经验命题是：其一，人的生存和发展是在一定的时间和空间中展开的；其二，人的生存和发展必须具备一定的物质和精神条件。从这两点出发，我们接下来可以肯定，除了人在原始状态下可以直接从大自然获取其生存和发展的物质条件外，人必须通过汉娜·阿伦特在《人的条件》中所说的劳动、工作和行动三种基本活动得以满足其成为一个真正意义上的人格主体的物质和精神条件。这种现实生活中的人必然在这三种活动过程中与其他人发生各种各样的联系，由此引申出不同范围的自发的规则和伦理道德，产生家庭、部落、公司、单位乃至国家等五花八门的将

[①] 《马克思恩格斯全集》第 25 卷，中共中央马克思恩格斯列宁斯大林著作编译局编译，人民出版社 1974 年版，第 17 页。

个体之人结合起来的组织，法律规则就是其中的一种规则。法律规则是一种历史性的遗存物，是不断发展变化的。前人的活动成果成为后人可以继承的遗产，这种绳绳相继、环环相扣的发展是人类历史长河中的普遍现象。即便福柯一度过于强调断裂，但他晚年仍然对于自己矫枉过正的偏颇予以规复。正是这样，西方有句名言，除非上帝造人，一切不可能无中生有。尽管所有学术都需要努力追求形而上的理论思考，但本书不是哲学著作，不会像黑格尔那样将自己的研究从最纯粹的"无"开始建立一座哲学大厦。

整体论和原子论的研究路径争论一直绵延不绝。这两种路径各有千秋，不可能达到一种平面意义上的调和，只有在完全遵循其中一种路径的逻辑的基础上再继续推参阐述。就本书的立足点而言，笔者不是遵循整体论的研究路径，而是从个体的人（person）出发建立自己的解释体系。笔者尽管不主张从全体之人（people）或者说人类（human）作为自己理论的前提和出发点，但并不否认单个之人在本质上是社会性的生命个体。单个之人与他人交往必然形成人际关系网络，这种人际关系网络在人与人的博弈中具有重要的作用。笔者将这种人际关系网络视为社会资源。吉登斯从社会学角度出发着眼于探讨人的主体性活动与经济基础（可以相当于其所说的配置型资源）、上层建筑（可以相当于其所说的权威型资源）的互动，其出发点仍然是整体的人，这与其偏重于理论思辨的研究取向有关。所以，这种人际关系网络的社会资源不在其考察的视野之内。科学研究表明，个体之人所具有的智商和情商虽然不尽一致，但通常都在一定区间上下波动。具有意识、情感和思想的单个之人在自身的活动中受到自己的认知水平的制约，其所拥有的既存的知识总量、信息储备、个人偏好等对于人的活动而言至关重要。笔者将人的活动中所涉及的意识形态、文化符号视为思想—文化资源。这种资源相当于汽车的发动机、电脑的 CPU，是单个之人调动其他资源的枢机所在。前人的思想资源对于后人而言是后续创造的基础，但也必须经过单个之人的个性化转换并释放出燃烧媒介的能量。按照历史唯物主义关于物质决定意识、经济基础决定上层建筑的理论，经济资源对于法律规则的变迁的决定意义毋烦多赘。虽然法律、政治制度属于上层建筑，最终取决于经济条件，但其具有自身的发展规律。法学界对于"镜子理论"的批判是不无道理的。制度经济学的研究就揭示了制度变迁的依赖路径问题。既有的规则、制度对于新的规则、制度的生发具有惯性作用，往往成为新的规则、制度的创造、改革和调整时的资源。笔者将此类资源称为制度资源。这些不同类型的资源之间是可以互补的，也是可以互相转换的。

从自身研究出发，笔者基本上把资源理解为主体在采取行动时可以有意识、有能力加以利用和依赖的积极的基础性客观存在的统称。其中包括以下构成要件：首先，资源是一种促进人的活动的积极因素。这使其与消极因素、阻力、负担等在外延上截然区分开来。其次，资源是相对于单个之人的生存和发展而言。与人的生存和发展无关的海市蜃楼之类，不可能具有使用价值。易言之，自在之物是无主体的，与人无涉的无主体资源不可思议。这基本上是一种人类中心主义的立场。再次，资源的关键在于主体的认知，即是否能够认识到一种可以利用的东西为资源，否则就不成其为资源。当乞丐拿着金饭碗讨饭的时候，金饭碗不能成为其资源。在破四旧的年代里，儒家经典著作是被熊熊烈火吞噬的毒草，根本不是今天我们所说的人类文明的瑰宝。复次，资源之主体拥有开发此种资源的技术和能力，或者说资源能够为主体的现有能力所利用。资源在于有效率的配置，即是否能够巧妙地善假于物达到收益最大化。本书研究的是法律规则的变迁，属于社会现象，不准备将诸如自然科学家那样为人类探索遥远宇宙中外星物质作为可持续发展的自然资源。正是在可以为人的活动所利用这一层意义上，正如唐韩愈《进学解》所谓牛溲马勃、败鼓之皮等，均可在资源这一并非漫无边际的框架性操作概念中被俱收并蓄，故而时间顺序、区位也可以成为一种资源。时空和资源这两个概念的内涵在这种意义上存在交集。资源的分类可以从其自身性质加以区分。这些性质包括：可分割性、可转让性、可保留性、即时交付性以及无外在性。此外，资源也可以从外部的利用方式等标准加以区分，因研究者不同的目的而定。

资源的概念与利益的概念存在密切关系，有些法理学家甚至将这两个概念等而视之。笔者对此持谨慎的态度。赫希曼（Albert Otto Hirschman）在《欲望与利益——资本主义走向胜利前的政治争论》（*The*

Passions and the Interests： Political Arguments for Capitalism before its Tri-umph，Princeton，NJ：Princeton University Press，1977）中论及利益这一概念在西方的起源时写道："在中世纪末，这个词便被用作一种委婉之词，表示债权人对利息的要求无可非议。因为长期以来人们认为这种债权人在施放高利贷，他们的要求是一种违背天意的邪恶。"[1] 按照赫希曼所述，利益或自我利益这一概念，自 16 世纪起，直到 17、18 世纪，日益得到广泛应用。利益法学（die Interessenjurisprudenz）的代表人物赫克（Philipp Heck，1858—1943）认为，利益是一个与"欲求"相互联系的概念，利益造就了"应该"的概念。和资源的定义一样，利益的定义也是极为棘手的问题，即便用了一生中大部分的学术精力阐释利益法学的赫克在为其学说奠基时也只是权宜立名，对这一核心概念加以宽泛的简单处理。就行动主体、资源与利益的三角关系而言，行动主体和资源之间是控制关系与利益关系。利益相对于行动主体而言是由需求和满足两个方面构成的，需求是本能，满足是本事。[2] 行动主体满足需求有赖于资源的占有和利用，其利益的基础是对资源的占用，必须借助资源来实现。行动主体寓于资源中的利益等于相应资源的价值。由于稀缺性往往是资源的社会特征之一，资源的这种稀缺性构成利益实现的制约，行动主体在利益的驱使下，通常为获得适当的资源展开角逐。从利益获取的竞争性来看，行动主体的利益关系可以分为弱资源限制和强资源限制两种。在这两种利益关系中，利益冲突和矛盾呈现出不同程度的紧张性。为了实现不同的利益，行动主体在社会实践中会有选择地使用资源，以期使其利益最大限度地得到满足，遂形成相应的资源配置方式，并进而形成了相应的机制和制度。首先，在行为主体控制的所有资源都对自身有利时，其肯定按照满足自身利益的方式行使对资源的控制。其次，假如行为主体 A_1 的利益存在于资源 E_2 之中，而 A_1 并不控制 E_2，相反行为主体 A_2 掌握的资源是 E_2，且 A_2 的利益置于 E_1 之中，那

---

[1]　艾伯特·奥·赫希曼：《欲望与利益——资本主义走向胜利前的政治争论》，李新华、朱进东译，上海文艺出版社 2003 年版，第 36 页。

[2]　杨宗科：《法律机制论：法哲学与法社会学研究》，西北大学出版社 2000年版，第 18 页。

么，在这种资源分布格局下，行为主体对其自身利益的追求必然驱使他与其他行为主体进行某种交易，A_1 通过放弃自己对 E_1 的控制，借以换取对 E_2 的控制而达到增加切身利益之目的。这种交易除了包括通常所说的交换，还包括贿赂、威胁、允诺和投资等其他各种行动，即广义上的交换行为。正是通过这些交易或者说社会互动，该行为主体才能使用其所控制的、对自身利益无足轻重的资源，去换取对自身利益至关重要、但处于其他行为主体控制之下的各种资源。在这一过程中，行为主体追求主观利益。[①] 再次，在该资源具有人身专属性的情况下，行为主体纵然无法直接转让该资源，但也可以采取单方转让资源的控制权，采取委托代理的方式由他人代理实施控制的变通策略。

从资源视角审视法律的研究路径与利益法学存在相似性，但是，笔者对于利益法学没有亦步亦趋的兴趣，相反认为将法学的眼光引向对于利益的考量本身就是一种自我束缚，这种欲使法学活跃起来的取向一开始就表现出静态的基本立场，利益法学之所以在法学发展史上犹如匆匆过客，原因亦在于此。赫克认为法官应该严格地遵守人尽皆知的立法者的利益评价，表现出一切唯通过立法程序确定的利益评价是从的"价值中立的"价值取向。职是之故，在变革之后，在还没有来得及对一切领域做出规定，或者新的权力所有者还没有对符合制度的完善法律给予足够重视的时候，该观点必然很快就起着限制的、"反对进步的"、"保守的"作用。[②] 利益法学的重心在于对于形而上的利益分布格局，唯法、唯上、唯形式的内瓢使其较诸社会法学派更形内敛局促，胜王败寇、胜者通吃成为这种学术流派的主宰法则。赫克的利益法学在本质上沿袭着实证法学的路数，可谓刚刚放开的裹脚。在利益法学的框架下，既不可能收纳所有活生生的规则，且发展的通道极其狭窄，虽然走出了概念法学的围城，但仍是裹足塞行。

在笔者眼里，一定时空条件下利益最大化者通过自己的各种努力综合了多种资源才建立的规则，将人的主体能动性淋漓尽致地表现出

---

① 参詹姆斯·S. 科尔曼：《社会理论的基础》上册，邓方译，社会科学文献出版社 2008 年版，第 37 页。

② 魏德士：《法理学》，丁晓春、吴越译，法律出版社 2005 年版，第 239 页。

来了。较诸利益法学，这种研究取向更具动感，更具可视空间。在这个意义上，法律与资源的视角引导研究者关注影响法律存在和生命周期的时间空间要素，提供了一种有效的寻找法律元层面的方向。资源的视角堪称是解读法律生命之钥。社会通常不会对非稀缺资源的产权进行界定和执行，但是，当某种资源变得越来越稀缺时，例如由于人口增长和技术变迁，社会必定迟早对此制定规则加以调节。资源决定了法律规则制定者的注意，推动制定者明确自己的需求，并把这种需求从私人状态推入公共生存空间中。就其本质而言，规制、制度等也是一种"稀缺资源"，必须能适应当地的情况并调动人们的积极性，充分考虑对主要参与者的激励。规则稳定性和灵活性，是资源场域中参与者角逐的结果。

第七节　体例说明

佛经中强调戒、定、慧三学，由戒而定，因定而慧。佛教中还主张修炼从凡身修息、修气、修脉、修心到修最细微心。常言俗语亦谓：闲慢处要都周匝，细微处方见功力。学问的增益是一项聚沙成塔的事业，不过规模宏远的同时必须法相庄严，必须修最细微心。我们学法律的人更应该在做学问时具有森严的法度，不可拆污烂，当立准绳而硁硁自为守之。朱熹在《大学章句序》中所说的"外有以极其规模之大""内有以尽其节目之详"[①] 的境界，可以说是做学问的一种极致状态。纵观历史，古之成大事者，须是有大规模又有细工夫。规模远大与综理密微二者阙一不可。朱子论为学曰："愈细密愈广大，愈谨确愈高明。"[②] 大本

---

① 引自《戎政刍言序》，国家图书馆分馆编：《清代军政资料选粹》（三），全国图书馆文献缩微复制中心 2002 年版，第 110 页。亦可参见朱熹：《四书章句集注》，中华书局 1983 年版，第 2 页。

② 黎靖德编：《朱子语类》卷第八，王星贤点校，中华书局 1986 年版，第 144 页。

不立，小规不正；小规不正，大事不立。这是一种相反相成、相异相维的辩证关系。众所周知，旁观责人则易，亲身任事则难。每每年数小差，掇为巨谬，遗脱纤微，指为大尤。这种学术江湖上的风波使笔者不得不加意慎重，匆遽迁就。事实上，遇人轻己必是自身无可重处；致令他人有懈可击，往往就是由于自己的怠懈所致。笔者尽管不同意某些敌意昭昭的指责，不过，反观自己难全是，细论人家未尽非，笔者对此非常感谢，使笔者有机会将书稿打磨得更加完善一些。在技术层面，殊应申明的有如下问题：

第一，考虑到中国人名均有便利条件查阅，大凡外国人名第一次出现（不包括引文涉及的外国人名①）时，除非确是文献无征，一般均标注全名、生年和卒年。在世的学者不标注生年。这是从笔者作为中国人的一种趋避心理而如此处理的。这种标注需要极为细心的工作，否则特别容易出现讹误，转贻议者以口实，但为了方便读者，为了确保史料的准确，笔者仍然选择了这种有可能出力不讨好的笨办法。例如，许多著作在论及上海会审公廨设立问题都会提及当时的驻沪英国领事温斯达（Charles Alexander Winchester，1820—1883），但此人的英文姓名和生卒年均难以查找。宋慈《洗冤集录》英译本的翻译者哈兰医生（William Aurelius Harland，1822—1858）在许多著述中都被提及，但其英文全名、生卒年俱无，笔者最后查证了这些疑难。为梅森的《中国的刑罚》一书铜版画雕版的英国画家和雕版家戴德利在国外文献几乎都写作 J. Dadley，但其中 J 究竟何指不得而知，笔者是通过查阅大量资料才获悉其全名应为 James Dadley。诸如此类，不一而足。正如崔述在《考信录》中说："凡无从考证者，辄以不知置之，宁缺所疑，不敢妄言以惑世也。"② 全书十余处无法确定外国人外文原名、生卒年月或外文原著书名的地方，按照司马光编纂《资治通鉴》时采取的考异方法，直接

---

① 在这种情况下，笔者尽量在页下注中予以标示。

② 崔述：《考信录提要》卷上，《崔东壁遗书》，台北河洛图书出版社 1975 年版，第 23 页。亦见张舜徽选编：《文献学论著辑要》，陕西人民出版社 1985 年版，第 236 页。

在注文标明阙疑待考。① 第二，诸如马克思、莎士比亚等国人非常熟悉的人物不予以标注，以避免繁复。第三，由于篇幅过长，例如第二卷中出现的外国人物虽然已经予以标注，但在第四卷再次出现且容易引起误解时，酌情予以简略标注，但不出现生年和卒年。第四，藏文采用的是威利转写系统（the Wylie System）②。对于满文、蒙文等，笔者一窍不通，所以基本上对于这方面的材料加以回避。对于论述不得不牵涉的个别地方（四五处），笔者尽量按照原文转抄，并使用字典加以核对。第五，笔者也曾翻译过一些外文著作，深知其中的艰辛，对于一些著作使用中译本却在注释中对于翻译者略而不提感到惋惜。在本书中，外文中译本和古籍校注本均标注翻译者或者校注者。第六，本书史料涉及方志、小说、明信片、照片、绘画等。在可以使用的文字资料中，所谓"所见异辞，所闻异辞，所传闻又异辞"者，不可胜数也，很容易造成"一指蔽前，则泰山不见；十步易辙，则日景不分"③ 的结局。例如，段光清的字在一些著作中作"俊明"，在另一些文献中又作"明俊"。这两者在不同著作中所占比例几乎旗鼓相当，令人无所适从，属于考异的范畴。最后笔者采纳的是中华书局 1997 年版《镜湖自撰年谱》的记载，认为应为"俊明"。笔者尽量使用中华书局、上海古籍出版社等出版的一些可靠本子，苟遇一些有文字出入处，在注释中则标注了可以参见的若干本子，希望不要引起误解，以之为烦琐。如果有简体校点本且笔者认为与该线装书文字没有出入、与笔者的断句等基本一致，笔者尽量使用那些容易查找得到的版本。第七，对于书中所涉及的年代，笔者在最后统稿、校对时主要依据的是沈起炜编著《中国历史大事年表》（上海辞书出版社 1983 年版）、冯君实主编《中国历

① 笔者在多年来研究考据学方法过程中曾经专门关注司马光《资治通鉴考异》的方法，因此在本书中借鉴了其方法。参见张世明：《历史事实与法律事实：司马光〈资治通鉴考异〉的方法、地位及其镜鉴》，《史学月刊》2010 年第 2 期。

② Turrell V. Wylie, A Standard System of Tibetan Transcription, *Harvard Journal of Asiatic Studies*. 22：261 – 67，1959.

③ 顾祖禹：《〈读史方舆纪要〉总叙》，张世明译注，张晓虎、丁放主编：《名将韬略》，华夏出版社 1992 年版，第 488 页。

史大事年表》（辽宁人民出版社 1985 年版），遇到此前标注年代有疑问时再核对相关档案、年谱、实录以及碑刻资料。第八，导论卷中的"主要参考书目"秉承挈名索实的原则，以书中本身已经征引过的文献为主，并且除潘世宪教授一部油印本（因为此书稿是该领域开山之作，成就昭著）之外，其余均为正式公开发表的著作。有多个版本的，不一一胪列，而是各卷写作时采用何种版本便标注该版本。书中所征引的其他未公开发行的资料、学位论文、中外期刊论文、全国各地文史资料、家谱以及许多比较偏僻的资料尽管对于本书极为重要，但限于篇幅，未能一一胪列。第九，除后记之外，书中对人物均直书姓名，不加"先生""同志"等礼貌词，以免厚此薄彼，引起误解。但是，本书没有避讳"教授"和"博士""博士生"之类客观表示身份的学衔。第十，本书涉及英、德、法、日诸语种征引文献，分别按照其本国学者习惯的注释方式。

　　玄奘西天取经，诚重劳轻，求深愿达。法国科学家昂利·彭加勒（Jules Henri Poincaré，1854—1912）有句名言："怀疑一切或相信一切，这都是极其权宜的解决方法。两者都只能让我们对自己的研究工作偷工减料。"① 学术讨论的作用在于任何流行话语或权威话语都应该而且可以受到批评和挑战。现在的中国学者老是过多做出结论，对于前人的成果轻相非议。这种靠着一腔热血作的批判缺乏对于前贤的应有尊重，未必尽确。其实，结论并不是主要的。学术公器，惟百家争鸣，仁者见仁，智者见智，乃能有进，应该毋意、毋必、毋固、毋我，如切、如磋、如琢、如磨。正如王夫之所言，既不敢自任私知，"执一以贼道"，更不愿"强天下以必从其独见"。② 过去人们常说板凳要坐十年冷，文章不写半句空。笔者坐冷板凳的时间自然远远不止十年，但自未敢托大妄言"文章不写半句空"。虽说工多艺精是一般规律，然而，才由天授，非关人力。做学问其实是一种罪过，即便你力图坐穿牢底，你结束

---

　　① 转引自大木雅夫：《东西方的法观念比较》，华夏、战宪斌译，北京大学出版社 2004 年版，第 168 页。

　　② 王夫之：《读通鉴论》卷末，"叙论四"，上海商务印书馆 1936 年版，第 667 页。

这一漫长时期的炼狱之后，发现自己还是罪恶难赎。因为很可能在此期间已经造下笔孽，后人的评论乃是历史的审判，所以此时的作者没有成就感觉，倒是如履薄冰、诚恐诚惶的畏惧。文章千古事，得失寸心知。知我者谓我心忧，不知我者谓我何求。见仁见智，功过是非任评说，唯有对于学术追求的一腔热血，自可掬以示人。正如鲁迅所言："虽然明知道过去已经过去，神魂是无法追蹑的，但总不能那么决绝，还想将糟粕收敛起来，造成一座小小的新坟，一面是埋藏，一面也是留恋。"①区区素抱，如是而已。登高山复有高山，出瀛海更有瀛海。为学如《中庸》所云系"道问学"，这就"道"的精神所在。所有的学问都只会"在途中"（auf-dem-Wege-sein）。这里仅仅画了一个逗号，没有句号，需要侯外庐所说的"韧的追求"。

① 刘运峰编：《鲁迅序跋集》上，山东画报出版社 2004 年版，第 33 页。

Introduction

For a scholar, academic pursuit means life. This proposition implies two connotations: on one hand, academic pursuit for a scholar is a life-time devotion to that career, as the theme for that life. On the other hand, life offers inspirations for academic pursuit, rolling out the frontiers of his dimensions beyond in interpretations as in discourse. The contemporary argumentation for academic efforts frequently opens with a rundown of points of academic and actual significance. As a matter of fact, if there is no actual significance, then the academic significance can go nowhere, the two can never be divided as separate parts, we can even claim that the two are proportionate to some extent. The social science researches fall into the traditional scope of "*li yan*" (preservation of one's word). Although in the Chinese tradition "*li yan*" is a term coexisting with "*li de*" (preservation of one's virtues) and "*li gong*" (preservation of one's meritorious deeds), we can still interpret "*li yan*" as a kind of deeds, just as what ancient thinkers called "great undertaking in the mountain of fame" (*ming shan da ye*). In modern linguistics, speech as a action has gained wide recognition. Theoretical pursuit cannot stay aloof, but plunge into the actual world. The "truth" in a theory never lies in a neutral judgment in a world of abstract concepts, but a practical matter of the identification of it with the real world. Aristotle divides man's thinking modes (ways for acquiring knowledge) into armchair metaphysical speculation (Σοφία, sophia), theoretical (scientific) thinking (ἐπιστήμη, epist*ē* m*ē*) and practical thinking (φρόνησις *Phronēsis*). [1] Nevertheless,

---

[1] Christopher Rickey, *Revolutionary Saints: Heidegger, National Socialism, and Antinomian Politics*, University Park: Pennsylvania State Press, 2004, p. 47.

Aristotle also saw that thinking in itself cannot move anything, and only "thinking for action" is practical. Ancient Chinese scholars deemed that learning is the body of tactics, and tactics is the application of learning, thus "academics" (*xue*) and "tactics" (*shu*) are different. Learning must aim at applications, and its merits must resort to the practice before it can properly deserve the name of learning. Only something practical, and proved by one's personal experience is qualified as an "*xue shu*" (academic tactics). Social science classics passed down through centuries must subject to the test of real life to that extent, they are definitely not those carefree works by escapist hermits, which certainly never last long. Learning aims at practical events rather than empty words. Ancient people held the idea of "conveying tao with writing", and worshiped "benefit the world with writing" as a motto. As far as the studies of law are concerned, the theoretical interest does not lie in seeking "pure knowledge", "theoretical knowledge" or pure truth. In other words, thinking about laws is not a "pure thinking", but a target-oriented thinking, it is always transitive mental effort. Practicality constitutes the character of law studies as a discipline. Oliver Wendell Holmes (1841 – 1935), a U. S. judge, has a famous remark: "The life of the law has not been logic it has been experience."[1] Shen Jiaben, a law scholar in late Qing dynasty also remark: "without an insight into academic principles, fragments of experience cannot be brought together in a whole, without an intimate understanding of experience the theoretical principle cannot prove its truth. Experience and theoretical principle are in mutual need of each other."[2] Gray theory has its sources in ever-growing practice. Since the reform and opening up of China, a large team of economic law researchers have

---

① Oliver Wendell Holmes, *The Common Law*, foreword by Stephen L. Carter, Chicago: American Bar Association, 2010, p. 1.

② Shen Jiaben, *Writings Preserved in a Closet*, vol. 6, "Preface to *Wuyuanlu* Annotated by Wang Mubo*", in Shen Jiaben, *A Survey of Criminal Law Through History*, Beijing: China Bookstore Press, 1985, p. 2217.

grown up, this is closely related with the social reality of China's economic development and transformations. The rich experience in economic and legal practice provides a fertile soil as unexhausted resources for our researches. This also builds our advantage in the local resources for such studies. Chinese intellectuals should not only making empty theories as criticized by Mao Zedong as "hermits hidden above the roof", they must root in the local environment, and face the practice in our economic and legal reform. Only the national can be universal. If China's economic law wants a sound system for our own, besides diligent learning of current theories from abroad, we should also closely examine the reality of economic and legal reform in China, and make economic law research a discipline focusing on both the public and private factors to care about big psychological, political and civil events. Theoretical research can be very challenging, not seconding to empirical case studies. Both have their own difficulties, both needs a sound bases in reality, through repeated rushing and filtering, to harvest gold from sands, with great scrutiny and insight a humble amount of truth undiscovered can be made plain. Ancient laws and current laws can hardly meet in abutment just as traditional Chinese books in four categories can hardly correspond to modern western book categories. But problems remain as hazy as clear. We should select those problems with a good match, trace them up and down in time, to find a platform for dialogue for laws in the world. This is just the way out for new historical law studies.

A complex variety of influences has been impacted on me by previous scholar research results, adding to the fact that I have been working on it for too long a time, this book is not simply an annotation to one particular theory, but an attempt to reach beyond my own research road, therefore should someone ask me which theory I adhere to, I will find myself at a loss. I pay more attention to my own standpoint and my own road map. The discussion on the relation between law studies and resources, is certainly not my personal illusion. As famous as Lon Luvois Fuller (1902 – 1978) and John Bordley

Rawls (1921 – 2002) , as a U. S. law philosopher, Ronald Dworkin, in his *Sovereign Virtue: The Theory and Practice of Equality* (Cambridge, Mass. : Harvard University Press, 2000) advocates the equality of resources. He is a representative in this theory. Differing from Dworkin's emphasis on equality as a representative of the natural law school, the present book tries to introduce resources as a key element into law studies, in order to examine the formation and transformation of legal rules, a departure from the age-old binary oppositions between natural law and empirical law, paper law and living law. On the ontological level, if the natural law school focuses on "justice", while the empirical law school focuses on "norm", then the social law school focuses on "act". The Chinese have a tradition of studying classical canons, usually with a emphasis on the transformations, but the attention to the living rules in their life is far from enough, and the communication and dynamic interactions between paper laws and living laws, law as prescribed and law as practiced are rather weak in researches. The resource issue is just a keystone for the connecting of paper laws with living laws.

As a matter of fact, my mind has been dwelt on the definition of resources. If I give a definition abruptly, the difficulty seems big. This book is not an ontological philosophical research on "resource is what?" but on "what is resource?" where "resource" is defined as an element in the research objects. My cut-in point is still man's survival and development as an objective fact. Holistic and atomic approaches have been under debate for a long time. Both approaches have their own strengths and weaknesses, a planar compromise of the two is impossible, since the exclusive obeying of the logic of one approach is a premise for further inferences and interpretations. As far as I am concerned in this book, I do not follow the holistic approach, but from an individual person I start out to build my own interpretation system. From my own research, I mainly understand resource as the general name for positive basic physical existence that the agent takes actions to exploit or rely on consciously within his capacity. It includes the following elements: first, resource is a *positive factor* promoting a person's activities. This differs it from negative factors, resistance, burden etc. in the extent. Secondly, *resource corresponds to the survival and development of a single person* . Illusionary scenes like mirage have nothing to do with a person's survival and development, therefore useless in utility. In other words, a thing-in-itself has no subjects, it is insensible to talk about non-subject resource having nothing to do with a person. This is basically a man-centered standpoint. Thirdly, *the resource pivot on the awareness of the subject, i. e. , whether the usable thing is recognized as a resource*, otherwise it is not a resource. When a beggar begs with a gold bowl, the gold bowl cannot become a resource for him. In the years of destroying four old traditions (*po si jiu*), Confucian classics were deemed as poisonous weeds and food for fire rather than what we now see as treasures of human civilization. Fourthly, *the owner of the resource has the capacity and technology for exploiting this resource*, or the resource can be exploited by the owner within his current capacity. Distribution of resources is important, i. e. , whether the return can be maximized by making the best use of the things. This book studies the transformation of legal rules through time, as a social phenomena, not as natural scientists do in searching for extraterrestrial substances as natural resources for sustainable development of mankind. It is on this level of meaning that the resources can be exploited by man's activities that temporal sequence and location can also be a kind of resources. Time and space has an intersection of connotation with resources in this sense as two concepts.

Before the western powers invaded China, the knowledge of large middle empire stagnant as a mummy has been proved false by more and more researches. China's ancient canons, duty rules, tax laws, salt laws, money laws have many precious treasures worthy of our examination and research. From the 16th century to the 19th century, with the market economy development in the Ming dynasty and the Qing dynasty, for example, some partnership firms had rules for capital division, transfer contracts, red lifeboat （红船） arrangement etc. , which represent meaningful and creative systems. We do not make the argument simply by the gross theory that the economic basis determines the superstructure and the latter reacts to the former, but that from the perspective of resources that legal rules in daily life transform through time, and such microeconomic gradual changes has a contribution to the vicissitude in Pre-modern China's prosperity for three centuries. The Chinese people today do not have an accurate positioning for their history, or it is rather complex and contradictory. On the one hand, they feel humiliation for the national abasement in the past, and so they strongly blame forefathers' mistakes, absolutism, physiocratic and commerce-inhibiting practice, on the other hand, China's prosperity in the ancient time gives them a sense of pride, as if the western world was composed of uncivilized barbarians. The sense of cultural equality is the key to correcting the faulty recognition. On this point, Wolfgang Fikentscher offers an illuminating method for the interpretation of this mentality. Some scholars themselves represent typical modernism, they put the Chinese society in a western pigeonhole, while they blatantly criticize the efforts to excavate cultural resources in traditional Chinese laws as west-centered mentality. Modern law and ancient law are certainly not on the same horizon, but taking them entirely as separate things probably will make modern Chinese law a tree without roots. My research herein is an expansion of the discussion about the local resources for Chinese law, I try to follow what Zhang Xuecheng's advocated: "contribute your unique thinking, build extraordinary interpretations" [1].

According to the structuration theory proposed by Anthony Giddens, human interactions consist of communication of meaning, manipulation of power (use of resources) and standard punishment modes (including using or threats to using corporal punishment) . In the process of interactive produc-

---

[1] Zhang Xuecheng, *Common Principles of Social History*, vol. 5. , see Zhao Min-li, Yin Xiaolin ed. Domestic Academics: A Comprehensive Compilation, vol. 6. , *Shoudu Normal University Press*, 2006, p. 311.

tion or reproduction the agents incorporate structural elements matching that social system, including signification, domination and legitimation. Hence, Giddens classifies the systems according to the elements in the table below:

Signification – domination – legitimacy（S – D – L）

··Symbolic orders/modes of discourse

Domination via authority – signification – legitimacy（D – S – L）

··Political institutions

Domination via configuration – signification – legitimacy（D – S – L）

··Economic institutions

Legitimacy – domination – signification（L – D – S）

··Legal institutions ①

We learn from the structuralist theory that economy, politics and ideology are entwined, as a pieces of wood hooped in a wooden bucket, any short piece may cause the limitation to the room for overall development, and become an unbearable burden for the Chinese society. Wang Fuzi remarks that, the legal systems for all dynasties are established to cope with their own situations and demands, they are reasonable and self-sufficient systems for their times, and they are consistent with the political and moral principles, they are of the same principles and complementary in delivering the governance. Therefore, the legal system design must consider the overall reality, and start from the basics, make legal system and laws by demolition of contradictions and modifications to key laws and traditional laws, to accommodate law with the administration, the moral and the economic system, to establish the norm for a dynasty, to form a complete system with a purity and balanced checks. Making laws on a case-to-case ground, or a gross mixture of laws is to be pro-

---

① Anthony Giddens, *The Constitution of Society: Outline of the Theory of Structuration*, Cambridge: Polity Press, 1984, p. 33.

hibited. If the ruler vainly a certain admire achievement by other rulers, and establish a law on that basis, mistaking laws for daily routines in governance, then it appears that "if legal ruling is no longer legal, and forceful ruling no longer forceful, and disorder must be prohibited"[1]. Dworkin also asserts that the life of law lies in its integrity. What Dworkin means by the term "integrity of law" is that an ideal society must achieve the justice in political structures, equality in resource distribution and opportunity, and the justice in execution procedures for law enforcement.

In the past people usually get an overview of modern transformations of law on three levels, i. e. , instrument, system and thinking. Thinking differently, I regard the changes in the Chinese system not only as a historical matter, in a long view there are at least three reforms: the first one is the reform of the legal system. Since the Opium War, limited by exterritoriality, there was a top-down pursuit of prosperity and independence of judicatory sovereignty, since 1860s changes and amendments to laws had been in discussion, until Shen Jiaben modified laws in the late Qing dynasty, the solution to this problem was finally settled, since then the traditional Chinese law had embarked a ship of irrevocable westernization. The merits and faults of this transformation are open to criticism. The second reform is the reform of the economic system. Now people pay attention to the countryside economic reform started in 1978. There is nothing wrong in this, but we should view it in a long range of time, regarding this as a key point in the long period. After the Opium War the Chinese economic system construction went through the economic system conception of land equality and capital control advocated by Sun Zhongshan and the approach to the soviet planning economic system tried by Mao Zedong before the final adoption of market economy, this evolutionary process has two other landmarks worthy of our attention in historical studies,

---

[1] Wang Fuzhi, *Chuanshan's Complete Collection*, book 10, *Reflections on Zizhi-tongjian*, ed. By Chuanshan's Complete Collection Editing Commission, Beijing: Yuelu Press, 1988, p. 798.

i. e. , in 1993 the 3rd plenary session of CCP 14th congress made *The Decision on Issues of Building Socialist Market Economy by CCP Central Committee* and China entered WTO, the "Economic UN" in December 2001 after 13 years of hard work. These landmarks are certainly key times for establishing the legal status for China's market economy. The third reform is the reform of socialist democratic political institutions; this is a gradual progress for the Chinese in a complex international environment. Early in the 19th century, Guo Songtao asserted: "western countries established primary and secondary systems, the primary system is the court and the church, the secondary is the business, ship-building and industries promote the prosperity, which is another sector of the secondary system. "[1] Good political system is the key. The follower countries of western developed countries learn advanced technology and management technology from the west, this really helped to some extent make the developed countries' achievement under certain systems. But, for this reason, policy makers and elites of the follower countries may give up efforts in reforming their systems, and this approach certainly causes big disasters. The governments on different levels in China now often regard the rapid growth of economy as a catholicon for solving social conflicts, therefore GDP growth is a priority, and this trend should be guarded against. According to some Chinese officials, China now outruns Japan in GDP. This message has caused much response home and abroad. GDP is certainly a basic index for evaluating a country's economic capacity, but this does not mean that the bigger the GDP is, the more powerful the country is. The growth of GDP cannot hide all drawbacks. If this trend last for long, how long can the growth sustain? Sustainable development is absolutely not a trifle issue worthy of little attention. Both environment and law contribute to the overall power of a country. It is necessary for China to reflect on the present development mode,

---

① China History Society, *Modern Chinese History Materials: Westernization Movement (1)* , Shanghai: Shanghai People's Press, 1961, p. 142.

and rethink the emphasis on GDP. Study of the GDP before Opium War to prove the power of the Qing Empire is certainly a partial recognition background. Confucius seldom talks about interests, because interests are a natural interests, people know this without education, over-emphasis on this may cause troubles, so he seldom talks about it. Market economy has started individual persons' competition for private interests, the Chinese economy will certainly "take on a new look and become splendid for its diversity; like the light of the sun and the moon, the new trend gains force day by day"①, but, the rationalization and the perfection of legal rules is harder than the start of economic development, otherwise the Chinese economy may fall sharply at the peak like rolling a stone up a mountain. In recent years, there are policies limiting the exclusive pursuit of GDP, but GDP remains at the central place. The system construction loses the game to the GDP growth; this may become a bottleneck for the evolution of China to be a real big power, an obstacle for system construction and sustainable development. In late Qing dynasty what Zheng Guanying warned in his book *Warnings in a Prosperous Society* (*sheng shi wei yan*) reminds us that familiarity with the sad history of China from the prosperity in Tongzhi's reign to Jiawu Sea War (1904 Sea War) can be illuminating. If even intellectuals do not worry in a time of seeming prosperity, then that is a real worry. More computer viruses may lead to breakdowns of the system.

Rational constructionism exaggerated the limitless power of man's reason, and man's self-confidence became a self-conceit fully developed②This school of thinkers worships the panacea of law; they want to regulate infinite things with limited laws. In the Chinese history, Qinshihuang believed that through

---

① In Chinese, the original poem is: 卿云灿兮，纠缦缦兮；日月光华，旦复旦兮。It is often translated as: What a brilliant day! From the mountains clouds fluid in shape. In the sky the sun and the moon full of splendor. Hail ye. Another sunrise!

② Frederich von Hayek, *Principle of Liberal Order*, Deng Zhenlai (translate), Beijing: Sanlian Bookstore Press, 1997, p. 62.

legislature "various industries will work well, with norms to follow"①, "clear laws are implemented widely to administer the whole land"②, he constructed a perfect law system, and therefore he asked successors to "keep them forever as norms"③. But, ex-law room (rechtsfreier Raum) exists at any time, the phenomena of exploiting advantages in laws (durch eine Lücke des Gesetzes schlüpfen) coexists with the validity of legal influences. Some systems cannot get rid of some "chronic illness" during certain period, because the backward social infrastructure like contemporary technology and a person's knowledge level is limited by the comprehensive basis of the society (not only based on social economy). Wang Mingde, a law scholar in Qing dynasty pointed out that the precise drafting of laws is impossible. "Even if you take all the papers in the market, you cannot finish writing laws. Laws can never be complete, and exhaustive even with perfect wisdom"④, Laws cannot exhaust all social issues, therefore a feasible way out is not making a canon answering all social issues, but a concise canon as a basic guidance.

Maine claims that a transition "from identity to contract", while Hayek exclaims that "a freedom that leads to slavery". We should see that human society has underwent great changes, in the past, slaves were not man, serfs were under compulsory personal attachment, proletarians were led to the labor market by a gold chain, while nowadays the middle class dominates in developed countries, the forceful control of society fades, but the control of society is ever-stronger, yet invisible in form. The reasons for this include the innovations in the control mode and the advanced means of information ex-

---

① Si Maqian, *Shiji*, vol. 6. , Qinshihuang Benji, Beijing: China Bookstore, 1999, p. 173.

② Si Maqian, *Shiji*, vol. 6. , Qinshihuang Benji, Beijing: China Bookstore, 1999, p. 177.

③ Si Maqian, *Shiji*, vol. 6. , Qinshihuang Benji, Beijing: China Bookstore, 1999, p. 177.

④ Wang Mingde, *Reading Law with a Bodkin*, He Qinhua (ed.), Beijing: Law Press, 2001, p. 20.

change. In creating a larger room of freedom, a stronger social control is also produced. This is man's "law of conservation of energy". When freedom is bigger than control, the society represents anarchism; when freedom equals control, the society tends to be normal; when freedom is smaller than control, the society produces a super-government status. The control power is a double interlock, one is the freedom's control power over the government, and the other is the governmental control power over freedom. Now China's problem does not lie in the sparse control by limited laws, or no laws to regulate. Many people stressed that China's laws are not complete; they seem to believe that even going to W. C. needs laws. By saying this, they are mostly for more law-executing power for officials, but in fact do the officials observe many of the laws established? Many departments crave power or the expansion of power in name of laws. The spirit of law is more important, rather than the official governance under the cover of legal governance. Laws clearly exist in volumes in vain, while wronged spirits are still killed in prisons. The scarcity of legal resources requires that their applications must follow the principle of economy. Resources are not only a determinant factor for generating legal rules, but also an index for the evaluation of legal rules. In the 30 years of reform and opening up, high energy consumption has been a drawback in the economic growth, in the building of a legal system people rely to much on the U. S. mode, the traditional Chinese idea of "no lawsuits" has been under severe attacks, hence now the judicial system was overburdened with "numerous lawsuits". Law should also seek the ideal of low-carbon and environment protection.

The Glossators School used to generalize principles from articles, the value is a science-oriented, but today many law studies weaves from articles to articles, without a gallant trend for theoretical innovations, they are even inferior to the glossators. There is a clear necessity for expanding the horizon of law studies. Law exists in a temporal structure and it is formed and developed in a certain space. Wu Jingxiong, a Chinese legist, stressed in his article

"Three Dimensions of Law" that each specific law has three dimensions: the dimension of time, the dimension of space, and the dimension of fact. ① Boaventura De Sousa Santos, a Portuguese legist, under post-modernist influence, asserts that laws are maps; Written laws are cartographic maps; customary informal laws are mental maps. ② There is a French proverb that goes like this: law belongs to land. ③ While Clifford Geertz, an anthropologist believes that: law is a local knowledge, it is a technique with local meanings. In 1988, a report delivered by an investigation team from China's State Organization System Reform Commission proposes the transplant of Hong Kong economic laws and administration systems to Shenzhen Special Economic District, to built the first "Hong Kong" in the inland. The report attracted the attention of an American legist couple who were on an academic visit to China right then. Ann Seidman and Robert B. Seidman published an article "Comments on Shenzhen's Transplant of Hong Kong Law" in 1989. They analyzed concepts and functions of law, and the contrast between Hong Kong and Shenzhen in terms of social, political and economic restrictions and resources, the actual difficulty in the transplant and the economic results etc. , and they expressed their disagreement about the transplant. They believe that the success of the law transplant does not depend on the law itself, but on the restrictions and resources in the environment of law, "when a country 'accept' a law existing in a different time and place, people should consider the new law, its restrictions and resources in its environment, before they make the new choice. The final actions taken depend on the new law and those re-

---

① Wu Jingxiong, *Law in Three Dimensions*, see Pan Weihe (ed.), *Papers on Law*, Zhonghua Academics and Modern Culture Series, book 9, Taibei: Huagang Press, 1977, pp. 1 - 4.

② Boaventura de Sousa Santos, *Toward a New Common Sense: Law, Science and Politics in the Paradigmatic Transition*, New York: Routledge, 1995, p. 458.

③ On the Inconsistency of Extraterritoriality in International law, *Dongfang Magazine*, No. 9. , Oct. 12, 1906, from *Beiyang Journal* No. 14, p. 81.

strictions and environment. Therefore an action arise in a certain time and place, can be activated in another time and place only by accident"①. In Japan, Prof. Chibamasaji (1919 – 2009), former president of Japanese Law Society published *Law and Time* (Shinzansha Publisher Co. , Ltd. , 2003), and honorary Prof. Tanakashigeaki at Kyoto University published his *Space of Law: Between Compulsion and Acceptability* (University of Tokyo Press, 1993) based on his former claim to divide laws into three categories, i. e. , universal laws, administrative laws, self-disciplinary laws, he is concerned about the expansion of the power law exerts on people's life in modern society (i. e. , the legitimatization phenomena), he believes that law should not only focus on the negative restrain = safeguard functions, but the positive function in resource distribution for social justice, therefore law theories need to accommodate the expansion of legal domains and the changes in its internal structure. In this book Prof. Tanakashigeaki mainly tackles the position of the legal space and its function modes of "compulsion" and "acceptability". ②

The social dimension is being dug up and explored. In the overwhelming influence of globalization, the international connection becomes closer day by day, international communication mechanism is stronger. Now Internet has formed an information highway which breaks through physical restrictions and penetrates time and space, the distance of which is compressed to nothing. A brand new social environment and life space is shaped in this way, a new virtual social dimension and a new social structure is on the horizon. Not only do people start to use the word "cyberspace" William Gibson invented in a science fiction *Neuromancer* (New York: Ace Science Fiction, 1984) to mean the network space woven by Internet, but giving it more meanings and

① Ann Seidman and Robert B. Seidman, Comments on Shenzhen's Transplant of Hong Kong Law, Zhao Qingpei, Pan Handian (translated), *Comparative Law Review*, 1989, No. 4.

② Tanakashigeaki, *Space of Law: Between Compulsion and Acceptability*, Tokyo: University of Tokyo Press, 1993, p. 40.

perspectives in describing the wholly new space for people's life and interactions during the network age. Internet space is different from traditional social space, geographic restrictions are no longer there, and there are some fundamental changes in the structure. In the recent financial crisis broken out in the U. S. , the traditional Spillover Effects, or contact spread, were escalated into Monsoonal Effects and Pure Contagion, the contagion speed is higher to worsen the hazard. If only spillover effects takes effect in international contagion, other countries that do not involve in it may escape from the crisis, but now it causes common disaster. With unprecedented development in global legal collaboration, reference, unification and conflict, the legal space issue has to be brought to our focus. In ancient China, we have the saying that orange becomes trifoliate orange when it is grown beyond Huaihe River. Germany has a deep influence on modern Chinese law, when orange from China was introduced in Germany it is called "Chinese apple". The transplant of law may also run into the problem of climate sickness. In contrastive law the existence of a legal system in common is only a preliminary proof of "whatever is, is right", justification is still needed for the rationality of the legal system in its original country, this is a deeper and further issue to tackle. If we want to go further, we need Prof. Fikentscher's method of "Synepeik" to trace the cause, interpret the articles, examine the phenomena, research the principle, to establish the body and system of law.

Qian Mu suggests in his *Classics of Chinese Historical Works* that after a devoted scholar get a degree and a professional title, he should select and focus on a couple of questions for research. He said: "it is an ordinary duty for a scholar to spend 10 or 20 years or his lifetime to solve one question." What Qian Mu said is absolutely true for the academic society. In academic circles, some scholars are often called "experts in some field", and they also conceive themselves as such. This is certainly right for them, but there is a question we cannot avoid: this is a division by the "field" of researches, rather than the "question" in them. After all, "field" and "question" are two different concepts. We can say that someone is "an expert in a field", but we should ask a further question: what is the question you focus on in your research? Probably on this question, many people can give no answers. Maybe we have made researches on many things, but when a researcher in his old age is summing up his academic career and find that he has not perfectly solve one or two questions, then that career should be seen as a sheer failure. The target of an academic career is not how many books published, but whether there is one or two classics that may stand the test of time, to be precise, the solution of a couple of questions. If we just devote ourselves to one or two questions, we may establish a steadfast foothold which others cannot go around in the course of academic development. This is the value of our lifelong commitment. In libraries, books are voluminous in thickness and huge in number. Libraries are cities built by books as bricks. Among the numerous books, we probably will not find many books by Ronald Harry Coase, a Nobel Prize winner for economics, but we know in economics there is the "Coase theorem". Even if our math is shabby, we may not know what books Yang Le as a mathematician has written, but we certainly know that there is the "Yang Le – Zhang Guanghou theorem". Seen from perspective of intellectual property law, the copyright requires lowest level of innovations, it is simply a "personal intellectual creation", rather than a creation deserving a "height" in arts or science, therefore copyrighted creations may be tailored more or less in terms of composition, the property in them are far less than that for intellectual property in inventions or practical innovations. This is just for this reason that our age is an age of information explosion represented by a bewildering number of books. Therefore we should be satisfied not only by publishing one or two books, but high level creations for our age. Ordinary apple trees may bear fruit, we can even appreciate them as fertile, this is not rare; but if an apple tree bears only one apple, as long as that apple is a rare one, then it is more valuable than numerous apples sitting on another apple tree. It is scholars' commitment to create, and make innovations, but we claim the target should be wonders of creation. When people are tending to precision examinations on trifle questions, tackling trivial things while leaving out big ones, the academic fashion is sure to be graceful and restrained. A very narrow view produces no penetrating insights. Other equivalents for big academic pursuits include sitting on a cold bench, chewing cabbage roots, and biting from a hard bone.

The practical rational thinking of the Chinese has a preference for Zen, therefore we have intelligent sparks of inspiration in our thinking, but westerners approach academic field with a large array of fortifications behind. For example, Karl Marx's *Capital* has a large structure for all chapters, if you want to refute it by one blow, that is far from easy. Hu Shi also remarks: "our old theories have only bibliographical support but no proofs or whatever". Only the knowledge tested and proved can be qualified as scientific, the certainty in scientific knowledge is based on demonstrations. The evolution of a vision into a theoretical system demands an arduous long march like an ant burdening with food on its back, it is never an immediate success. Seen from great western scholars' academic experiences, they always pay much attention to the construction of their own systems. Karl Marx's *Capital* is such, Hegel and Kant are no exceptions. In our country we have the abbreviated translation version of Toynbee's *A Study of History* in three volumes, but the complete English version is in 12 volumes, when heaped up it is almost one meter high, the thick and thin in academic efforts is plainly shown even before come to read it. Another British historian, Eric Hobsbawm, wrote his *The Age of Revolution: Europe 1789 – 1848*, *The Age of Capital: 1848 – 1875*, *The Age of Empire: 1875 – 1914*, *The Age of Extremes: The Short Twentieth Century, 1914 – 1991* are all great popular works. As a world-class scholar, Wolfgang Fikentscher's *Methods of Law in Comparative Studies* (*Methoden des Rechts in vergleichender Darstellung*, Tubingen: Paul Siebeck, 1975 – 1977) is really a masterpiece, which is praised by Karl

Larenz (1903 – 1993) as a "monumentalen Werk", Chinese scholars marvel at this! Καλλίμαχος (Callimachus, 310/305B. C. – 240B. C.) actually had a famous saying that "Big book, big bore", however, the foreign scholars devote 10 years, 20 years or their whole life to researches on only one question as Qian Mu describes, and this is a necessary precondition for the solution of some questions that they take academic pursuits as a kind of belief, and the researches as a lifelong pilgrimage, otherwise efforts may end in vain.

People follow fashions and innovations, but they seldom look back on history. For scholars specialized in modern section laws, researches on the history of law is a waste of time. Western legal proverb has it that new law should provide for future actions, not for the past (omnis nova constitutio futuris formam imponere debet, non praeteritis). Law definitely set its aim at future, but how can history be an exception? George Orwell[1] (1903 – 1950) says that "He who controls the past, controls the future. He who controls the present, controls the past. " History gains most of its meanings from the past, but history exists for today. *Daxue*, a Chinese classic, says that things have big features and details, events have points of departure and endings, if we know the come and go of them, then we are approaching tao. Sometimes, tracing all the way back is also a strong march forward. Historical researches take the strategy of falling back before taking a step forward, analyzing the past to predict the future, when our spirit is liberated from a routine life, a transcendental and tolerant mentality emerges for us to examine the appearances and inner secrets of a question, its causes and its influence. "When Confucius was old he returned to Lu Kingdom and compiled six classics, this anecdote demonstrates the meaning of 'falling back'. Toynbee in *The Growths of Civilizations* has proposed 'withdrawal and return', which

---

[1] This is Eric Arthur Blair's penname.

can illuminate the meaning of 'withdrawal and setting the net', or 'retreat for more insights'."[1] Si Maqian's historical studies was a totally "new history" in his lifetime, not only did he established a stronghold for jizhuanti (纪传体) in traditional historical studies, but he advocates "penetrating changes through the past and the present, and fuse them in a doctrine of your own" as a guiding principle for historical studies, which fits well with the current French almanac school. Although Fernand Braudel's "global history" breaks down disciplinary barriers, but it is not a comprehensive history that includes politics, economy, military actions etc., but another platform closely related with a long-period theory, it also targets the perspective of time, therefore it is a historical view involving an interaction of the past and the present. The founding father of the almanac school, Bloch proposed a famous formula "understand the past through the present, understand the present through the past" (Comprendre le présent par le passé, comprendre le passé par le présent), following that short description of "general historical studies", which is a precise explanation of the tenet of "general historical studies", most people do not understand the significance due to their neglect. Now current studies of China are often influenced by west-centralism either consciously or subconsciously, and there is a risk of losing the true characteristics of Chinese historical tradition; and people often worship Benedetto Croce (1866 – 1952) and his doctrine that "All history is contemporary history", most historical works approach is a retrospection of people in modern society, this is a "rewinding of movies" involving the argumentation based on reversed inferences, rather than a "normal play of the movies", therefore over-generalized views of historical evolution abound, ignoring various possibilities for evolution right there and then, taking the present conjectures for the original intensions in the past, either consciously or unconsciously result in

---

[1]　Yu Yingshi, *Modern Notes on Traditional Chinese Thinking*, Nanjing: Jiangsu People's Press, 1995, p. 62.

incompatible judgments by views and values far removed from the right there and then. What I mean here by the term general history is a *bi-directional, interactive, interviewing approach of historical examination in terms of time and space, it is aimed at discovery of history from inside China while maintaining a global view, which sees the past from the present while approaching the present from the past, both " seeing each other without detest and rejection"* . Isaiah Berlin (1909 – 1997) is very wise expression of this: to see the past in the future and the future in the past.

Early in late 1990s, I started collecting materials and writing the five-volume book *Law, Social Economic Resources and Time-space Constructing: Chiua in 1644 – 1945*, now 17 years has passed, I hope with a strong commitment in forging a lifetime masterpiece by years of hard work. The writing of this book follows the traditional Chinese academic approach of "they are separate articles if divided, a book if compiled together", I want to formulate a complete theoretical system gradually based on papers I wrote, rather than the practice of many who first wrote their books before they publish their papers in a piecemealed way, I hope each and every chapter and section has a true insight for itself. Among the preliminary achievements, "A Historical and Jurisprudential Analysis of the Suzerain-Vassal State Relationships in the Qing Dynasty" was published in *Selected Publications of Chinese Universities* (2005, Vol. 1); and later reprinted in *Frontiers of History in China* published by Springer Press, a world famous academic press; "An Examination of Gaols in Qing Dynasty" was reprinted in *China Social Sciences Digest* (2006, Vol. 6). I can safely say that each step is an arduous adventure for myself. Through a commitment of 17 years, this research comes near to a conclusion, the first draft amounts to 2. 50 million characters, in four volumes, respectively, Frontier Nationality (0. 79 million characters), Military System (0. 51 million characters), Judicatory Field (0. 68 million characters), Economic Development (0. 51 million characters). Liu Xie says in the *Zhangju* chapter of his *Wenxindiaolong* that: "each chapter works

on one topic, when all the ideas are exhausted there emerges a system. "①
This book is different from ordinary historical works, it aims to gather many
materials and being consistent with the theoretical principles, it emphasizes
the historical research based on questions, the four volumes intimately evolves
around the core question of the relation of three factors, i. e. , resources, le-
gal systems, and construction of time and space. The topic of each volume
may be different, but the main ideas are identical and interdependent. The
book involves the fields of nationality, economy, law, and military, the
time range is mainly centered on the Qing Dynasty, based on the guiding
principle that "all histories are modern" some sections may reach up to the
year 1945, to some extent the volumes constitute a "new history of Qing"
written completely by myself. In fact, since the time span of writing is a
rather long period, there might be transformations unfamiliar to others in my
writing style and mentality, but the central question for argumentation re-
mains the same all along the way. The central idea unites the four historical
pictures into a panorama. New perspectives and scopes are usually the high-
lights I want to emphasize as my own academic contributions. However, this
is not a top concern for the author, since this book tends to make positive ex-
plorations into the building of a system for thinking, the four volumes focus on
the triangular connections among legal specifications, resources and time-
space institutions. This boos connects the three dimensions in one panorama,
which is the deep coherence embedded in the volumes.

*The first volume mainly focus on the formation of political space from the mid
17th century to the 18th century, aiming at a serious academic examination of
the proposition that" Qing dynasty established the domain of the People's Repub-
lic of China", this is not only an analysis from the historical view, but also
from a perspective of international law, in addition, I especially hope to reveal*

---

① Liu Xie, *Wenxindiaolong*, Qi Liangde ed. , Zhengzhou: Henan University
Press, 2008, pp. 259 – 260.

the construction and distribution of the theoretical discourse in time-space rela-
tion theory for modern China during the formation of a national state, and
make an in-depth scrutiny of the complexity and specialty in the concept of do-
main for Qing dynasty, the history of thinking and the history of institutions
merge in one. Therefore, this volume can be seen as a foundation for the fol-
lowing volumes. The Qing dynasty is the last feudal dynasty in Chinese histo-
ry, the basic national situation as what we today describe as "a large land
rich in resources and a large population" was formed in Qing dynasty. This
can be shown by two facts, one is that Qing dynasty is nearest to the present,
the other is that its influence on modern China is the greatest. The details can
be found as follows: (1) in the 27th year of Qianlong's reign, the Chinese
population was over 200 million for the first time, which doubled to 400 mil-
lion during Daoguang's reign, which gives the saying that "we have 400 mil-
lion compatriots", "a large population" as an internationally recognized na-
tional fact is closely related with Qing dynasty; (2) During the reigns of
Kangxi, Yongzheng and Qianlong feudal separatist regimes were removed by
force and a united nation state was formed. The national situation of "a large
land rich in resources" has much to do with the settled historical domain
formed in Qing dynasty. We have a theoretical reason for not saying that the
domain of the People's Republic is inherited from the National Republic. Al-
though many scholars of our frontier historical geography believe that the Qing
domain is legitimate, few have established a sound framework for such a be-
lief. If a theory true to historical facts, the significance is self-evidently
great. In addition, scholars and common people long relate Confucian cul-
ture as our traditional culture, but 60% of the territory of modern China are
inhabited by frontier minorities. In terms of space, besides the Confucian
culture circle, we must acknowledge the co-existence of Tibetan Buddhist
cultural circles and Islamic cultural circles. The "cultural China" is diverse.
Especially under the policy of "keep the religious beliefs and customs intact,
keep the politics consistent without changes to the appropriate measures" of

the Qing empire, the diversity in culture and politics is a self-evident fact. Similar to Paul A. Cohen who advocates a "China-centered history" while opposing to a "Europe-centered history", the Chinese law history circle used to be more vulnerable to the influence of "central land Han nationality-centered history", the so-called "Zhonghua legal system" usually did not mention the existence of the Islamic legal system in China, and what Shimadamasao calls as "Mongolian legal system" was also ignored. Modern scholars living in industrial civilization find it hard to review the traditional Chinese agricultural society; their understanding of frontier nomadic societies is even harder. In most cases, frontier society was special beyond our wild dreams, having what Owen Lattimore (1900 – 1989) called "frontier customs", this society often remains "a world of darkness" for us. Now, the introduction of western post-colonialism in China should not be deemed as a discourse of nationalism, to stress the binary antithetical discourse mode of "Chinese VS Western", according to that logic, the deconstruction of Han-centeredness from a peripheral standpoint is just the meaning for that theory.

The second volume mainly exhibits a contrast analysis of the military power of the western countries and China from the 18th century till the mid 19th century, to show that whether the passive defeats of China after losing the Opium War are really caused by the" strong ships and powerful cannons" of the western countries? If this is true, the how strong were the western ships and how powerful are their cannons? I reach a conclusion quite contrary to the popular belief of "strong ships and powerful cannons". For example, in the past scholars mostly say that Kangxi, Yongzheng, Qianlong in the 18th century could not see the great changes caused by the modernization in western countries, Emperor Daoguang even did not know the geographic location of Great Britain during the wars, to blame the authoritarian Qing rulers' blind pride in ignoring the advantages of modernization. As a matter of fact, this involves a interview in a space, for example, in the social arena, the unknown public knows the big names, while the big names usually will not stoop to contact grass-root commoners, China at that time is a big country with a enormous territory. When Voltaire promoted an "enthusiasm for China" in the western countries, China knows little about the distant small western countries. This volume has a sound basis, as I have a manuscript of 160-thousand characters in length in my collaboration with Prof. Daiyi in writing *China and the World in 18ᵗʰ Century-the Military Volume*, and this book won the second prize for social sciences research in Beijing and the first prize for research results of Wu Yuzhang foundation, through years of continuous efforts, it is expanded into 0. 51 million characters. *The question for this volume is that, how to share a common principle with other volumes.* Although I have read many works by Foucault, yet over a long period, the question in the military volume and the question in the judicatory volume are still a far cry, like "two separate masks". However, in a re-reading of his *Discipline and Punish: The Birth of the Prison* (trans. Alan Sheridan, Harmondsworth: Penguin, 1979), the connection between the two questions became transparent all of a sudden. In this book, Foucault demonstrates changes in western execution methods, providing us with a reference framework in time for examining judicatory reforms in China and western countries, and we can know actually during which period the western criminal law civilization that modern western countries take pride in went ahead of China. In essence, In *Discipline and Punish* Foucault involves the research herein on the relation between legal rules and social resources, except that Foucault frequently uses the term "economics of power" in his work. Foucault proposed such a basic premise: in our society today, the punishment institutions shall be examined in connection with the corporeal "political economy". In this book Foucault made an analysis of the "panoramic open view" mechanism in the Benthamic circular prison, which is included in the third volume of the present book. But what especially interested me is that the judicatory question discussed by Foucault is closely related with the military history of this volume. In his book Foucault gives a detailed description of the military developments in western countries in the 18ᵗʰ century.

The reason why Foucault in that book puts hospitals, prisons, military camps and factories together in one examination, and combines the judicatory question and the military question in one view, is due to the fact that he intends to forge a common history interpreted between the power relation and the object relation from the power technology connected with corporeal matters. While Foucault excavates a mechanism for modern social organization from trifle details, he also reveals to us the bottleneck challenge that was unsolvable in Qing dynasty for China in the 18th century, or what Huang Renyu calls "management by numbers". In my view, although Foucault and Huang Renyu have different theoretical motives and interests, and their concerns are drastically different, however what Foucault reveals in *Discipline and Punish* the technical developments of special power in the 18th century in western countries, and the question of what Huang Renyu calls "management by numbers" can be connected, to demonstrate the key to the transformations. Law and military matters are really interconnected closely. Ancient Chinese made the assertion that "criminal law originates from military matters" and that "the military and the criminal law are not separate things". With advancement in time, criminal law matters were gradually separated from "the two-in-one status for military matters and criminal law matters", but the nature of "violence" in the two remains unchanged. *There is a saying that " big criminal matters need military actions, and then hawks; common criminal matters use knives and saws, then drills and chisels; minor criminal matters use whips and batons", the idea is very clear. In this volume this question is interwoven with the third volume, in addition to Giddens' analysis of the military forces and the national state, so that this volume can be connected with the first volume and the fourth volume.*

The time range for the third volume is from mid-18th century till early 20th century, the game in the judicatory field constitutes the main body of this volume. The abrupt separation of the history of Qing dynasty before and after the 1840 Opium War with modern history tends to cause many popular drawbacks. In terms of time, the academic circle of mainland and even Taiwan constructed two concepts of "Qing history" and "modern Chinese history", whose time limits are very interesting. No matter in books or in papers, the Qing judicial system is always described as a copy of the system formed before Kangxi, Yongzhen and Qianlong, with a reform of law near the end of Qing dynasty, thus the ever-evolving judicial system of Qing is not a panoramic picture. This is actually a shallow idea in the research of the evolution of the judicial system in Qing dynasty. I always stick to a complete and consistent view of the evolution of the judicial system in Qing dynasty as a whole, for which an examination of the internal logic for changes in that system, especially the continuous changes after Qianlong, I believe that *from the maturation of the judicial system in Qianlong's reign to the changes of laws in late Qing, the changes still come in succession, to sum up there are six big changes : 1. Banfang emerged in the late Qianlong period; 2. The opening of capital appeals early in Jiaqing's reign; 3. The consular jurisdiction was established during Daoguang's reign; 4. The execution on the spot was started in Daoguang and Xianfeng periods; 5. The introduction of fashenju (a interrogatory court) happened during Tongzhi's reign; 6. Late in Guangxu's reign, banishment was abolished and reforms were made for prisons. Continuous changes happened in the judicial system after Qianlong's reign, case reviews and transfers were regular in the past, but Jiaqing opened capital appeals, which shows an extension of the central government, Daoguang started execution on the spot, this is a transfer of power from the central government to local governments, this shows that a disorder in the judicial system itself, moving out of the framework of Qianlong's reign.* Fashenju is also called "general bureau" (*zongju*) or "case report bureau" (*yanju*), it is specialized in reviewing cases in a province, the fall interrogations and other judicial affairs, very similar to modern "provincial high court", it is a demonstration of modernization and professionalization of the judicial system. In the reform of the judicial system in late Qing, provincial courts were established suddenly,

Fashenju naturally became a judicial resource for local governments. In the past people did not have a comprehensive understanding of these big changes. This volume is expected to be an individual academic contribution to the discussion of the internal logic for the evolution of the judicial system in Qing dynasty. This volume regards resources as a key variant in the research of legal space, answering to the question of territory in the first volume and the question of resource development in the fourth volume. I believe that since the mid 18th century, due to population inflation and scarcity in resources, the establishment of heir only existed in form, but the true meaning was different, to a large extent it became a necessary measure for retirement of the aged, while maintaining sacrifice to ancestors became less important, so that combination of ancestors was stipulated in Qing Law (*daqinglv*) during Qianlong's reign. After the middle part of Qing dynasty, according to the natural extension of the logic for the judicial field, the population growth leads to a lack of resources, an increase of cases, and then long-delayed cases, the prisons are certainly crowded. Local prisons were usually small in Qing dynasty, during Qianlong and Jiaqing periods, whether the criminals for fall interrogations should be detained in provincial prisons or turning back to county prisons was a difficult decision, it is obvious that limitations of authoritarian resources and collocation resources became a real problem. Prisons were not enough so that public buildings were gradually used for detainment. Law scholars home and abroad often criticize traditional Chinese law focuses on criminal law while ignores civil law in terms of legal culture, they do not know that in pre-modern period western countries also did not have a strict separation of criminal law and civil law, this situation can be explained in part by the insufficiency of allocation resources and authoritarian resources in traditional societies. According to Anthony Giddens, traditional society lies in existential contradiction. The limitations in the capacity for drawing up under a rigid fiscal system and the scarcity of authoritarian resources made Qing empire's judicial resource allocation deem only murders and criminal cases as key cases while civil affairs like marriage, land and debt disputes as trifles, and unconsciously favor low-cost criminal case measures in dealing with civil cases, which leads to the criminalization of civil cases or broadening of criminal cases, just as Terada pointed out, in order to peacefully coexist with limited resources, sometimes there were no way out but by the tolerance of the social members themselves. In Qing dynasty, a county magistrate had limited resources available; he could not frequently use the state power for a population of hundreds of thousands. Since magistrates come and go, while local gentry always stays with the local people. Magistrates see things in a distance, while local gentry know things intimately. Gentry has its local authority, in addition they have a familiarity with local affairs, so they gained control of organizations like clans, local armed forces, schools and public departments etc., therefore a social power (soziale Macht) came into being based on actual reputation rather than on legitimacy. County government must rely on the power network of local gentry to rule the county; local business must rely on the participation and cooperation of local gentry, sometimes gentry substitute county magistrates in administration. Since it is a long-term custom, besides the emphasis on key cases like murders and criminal cases due to a lack of judicial resources and the neglect of civil cases as trifles, district and county magistrates usually did not have enough people and resources to investigate all cases, many civil cases like marriages, land and debt disputes were delivered to local gentry for treatment, only when both the plaintiff and the defendant were not satisfied would the cases be re-interrogated, to save the administrative and judicial resources. Especially after the middle period of Qing dynasty, large number of cases overwhelmed the county yamen, since the county yamen was limited in the capacity for dealing with cases, although delay of lawsuit settlement was required to be settled within deadlines, the basic situation remained, the existing lawsuit system faced a structural risk of falling invalid. Settlements of cases were usually far away, which could not provide any remedy for the suffered, but raising the costs for court decisions, the legal actions became a nightmare. In this situation, transfer of civil cases to local gentry obviously outsourced and the delay is shortened. One of the key features of the traditional Chinese law lies in the well-developed collective responsibility (or related responsibility system). One is the system to implicate others related to the one charged or found guilty; the other is the neighborhood administrative system. China is rightly deemed as the country that relied most on this instrument with the widest range, longest time, harshest in the measure of the collective responsibility system. Guan Zhong and Shang Yang carried out reforms to overcome the bottleneck challenge of the lack of control power and information asymmetry in an integrated country. In traditional agricultural societies, relatives and neighbors sees each other everyday, the asymmetry in the distribution of information is obvious for insiders and outsiders, the frequent communication of insiders makes the interpersonal distance in terms of time and place very small, while the government as an outsider controller cannot get much information. The neighborhood administrative system and the implicating system became effective measures for a small government with limited information to control a large country, the supervising power executed by people who have low costs in getting information saves much costs, therefore slack and unorganized people can be precisely organized in a certain number and form, they observe each other when they are at home or going out together, thus a systematic political institution is built for a supervision by the people, to realize an effective social control, the information costs caused by the large territory, small government scale, small number of officials can be reduced. The Qing government continued using this efficient social control network, promoting "the patriarchal management of a large family", to save limited administrative resources. Magistrates in Qing dynasty positively advocated various kinds of mediations, the principle of "having more mediations to reduce lawsuits" was constantly held, not only due to the moral instructions by the Confucian ideal of simple administration and light criminal punishment, but also out of lack of judicial and administrative resources. In local communities, disputes concerning marriages, land, debts were not investigated by officials if not accused, folk self-adjustments and mediations were encouraged, even if charges were brought to the government, the government would ask clansmen to mediate and save lawsuits. Therefore, in practice, most disputes were solved in big families or neighborhood before carrying out legal procedures, the disputes brought to the government were a small portion of the disputes, and the official judicial resources were greatly saved, and the costs for solution of disputes were reduced.

The time span for the fourth volume is between mid 19th century and mid 20th century, the development of economic resources, the construction of a nation state and the evolution in the framework of time and space are topics for the volume. The issue of time and space is usually neglected. Su Yongqin, a Taiwan scholar, emphasizes the compatibility between territory and the design of legal system in his study of economic laws. I deeply agree to this point. According to Henri Lefebvr, social reality does not become a space by accident, it does not exist "in" it, it is a space as a precondition and in an ontological sense, there is never a social reality which is not spatial, and there is never a social process which is non-spatial. I have a deep feeling that in studying Chinese laws and economic issues, *the space of China as a "big country" is usually neglected, only as a background without a close examination, its deep influence on various social levels are not treated well.* This is due to the fact that China had a "united" political picture very early in history, China was a super-large country in ancient world history, this situation was quite different from west Europe then with many small countries, but the administration of a big country is different from that of a small one. There is an ancient Chinese saying: "rule a big country the way you cook small fish". Since a big country is large in space, the coverage and radiating area of its political and legal influence is much bigger than that of a small country. The "magnification effect" is very strong, a small and inconsiderate change or stir in the law may smash the small fish in the wok, therefore Chinese rulers of all dynasties were trying to apply an ideal rule focusing on stability and consistency, the key social aim is to keep " the world peaceful, and the administration long and stable". A stable and harmonious society has been the target rulers of all dynasties tried to realize, the feats and faults of the rulers can be judged by the stability or the disorder they produced. The production and maintenance of the political space for a big country certainly has obvious returns, and probably the social costs can be reduced in some degree or to some extent, but the costs for it is also quite large, since there was not enough economic resources available, so ancient Chinese laws usually exhibited a feature of "repression" defined by Philip Selznick, the extension of criminal cases is very common, civil cases were punished as criminal ones, the distinction between the two are difficult, this constitutes what people usually criticize as having the impression of dictatorship or power concentration; on the other hand, since social resources were short for maintaining of big country institutions, the politics had to be simple and succinct, it was hard to reach the large society of commoners, therefore the impression of free rule is formed. Just as Lin Gang points out, "the social transformations of a super-large country has its unique process, the historical circle did not pay due attention to this point. The super-large scale of a country may lead to a series of problems, for example today we are certain that this process took a very long time. If the modernization of Japan had a timetable measured in the unit of a year, the timetable for the Chinese modernization should be measured in terms of decades". In the modernization process, it was easy for small countries to make the shift. The modernization of China went through a very difficult and long process in the transformation due to the large size. Prof. Gibert Rozman at Princeton University collaborated with Thomas P. Bernstein and Cyril Edwin Black etc. in writing the book *The Modernization of China* (New York: The Free Press, 1962), in which the authors believe that the pride of the Chinese people in its national culture and the leading position of Chinese civilization in the world development, the large territory and a large population, and the tradition of a united and relatively concentrated administration etc. is good for its modernization. However, we should also see that on the other hand the super-large space requires more time for the Chinese modernization. Yin Haiguang, in his *Prospect of Chinese Culture*, carried out an analysis of the reasons for the failure of the Political Reform (*bian fa wei xin*) movement propelled by Kang Youwei: "Kang Youwei craved for an immediate success, he lacked a historical sense, and regarded things as too simple. He said to Emperor Guangxu: 'the charter and regulations for the change of law have been complete. If your majesty is determined, you can adopt them, only the promotion of them takes time. Western countries pursued this for 300 years and they achieved a stable rule by them, Japan took 30 years to realize its strength, our country is large in territory and population, if we change the rule of law in 3 years, we can be independent; later we will grow stronger day by day and prosperous enough to dominate many countries. ' I don't know what is Kang Youwei's reasoning. A smaller country like Japan needs a change of ' 30 years to be strong', while China only takes 3 years. Not to mention that Guangxu was not a strong emperor, even if he was strong as Kangxi, the Great Emperor William, he is an Emperor Peter, having such an ' old and large empire', in 3 years'time the reform cannot be made. The longer is the train, the harder can it start running"[1]. As Yin Haiguang is good at logic and empirically analytical philosophy, he thinks the time for reform proposed by Kang Youwei is short and impossible. It is exactly due to the large territory of China, after 1840s, China became a target of predators by European and American countries in their far east policies, the countries that were modernized earlier regarded China as a profitable interest to be shared by them, thus Japan received a relatively smaller pressure of invasion for its smaller territory; there-

---

① Yin Haiguang, *Prospect of Chinese Culture*, Shanghai: Shanghai Sanlian Bookstore, 2002, p. 422.

fore many diplomatic historians reach a conclusion that Japan realized its independence and modernization at the cost of India and China. Yodayoshiie (よだよしいえ), a Japanese scholar thinks that since Japan had a much smaller territory than China, and it was surrounded by oceans, the means of transportation during the mid-Edo period facilitated the formation of a unified market. While China is a large inland territory, the means of transportation then was hard to form a unified market, therefore China lacked a key precondition for modernization. The weakening of the Qing central government and the strengthening of local governments led to wars between local warlords after the Xinhai revolution. After World War I, the shipping in coastal areas and inland rivers and the railways were developed in China, thus a unified market was formed in China, as an key precondition of modernization. ① From this, we can see that the modernization of a large country takes a much longer time that that of a small country. The basic materials of the fourth volume is a 170,000-character introduction to *West Development and the Modernization of China*, the introduction is now expanded into 500,000 characters. The former introduction also considered the legal issues in the development of resources, for example, the special characteristics of immigrant communities was interpreted from the perspective of legal sociology, in this book in order to coordinate with the other three volumes, this trend is made more obvious, for example, the analysis of water cases etc, largely takes a case study analysis method.

Resources should be taken into legal studies. People use legal rules in the game of access to resources, and the legal rules change in the process of the game. The dominant Chinese circle of law regards rights and obligations are two basic categories for legal studies, of course there is nothing wrong in this view, but some drawbacks are also thus caused. The present serious disjoint between legal theories and departmental laws is caused by this. In a global

---

① Yoshiie Yoda, *Modern Japan and China: The Comparative Study of Japanese and Chinese Modernization*, Bian Liqiang (translated), Shanghai: Yuandong Press, 2003, pp. 342 – 343, 412.

view, the concepts of rights and obligations in modern western law are not developed in some communities in some special dimensions of time and space; legal regulations are but a plan for the distribution of resources. In my view, to explore deeper, rights and obligations are not meta-categories for legal studies, but two aspects of the legal regulations, at least legal regulations are relatively more inclusive. Since law studies have legal regulations as the target of examination, then they do not only include the ontology of the content for regulations for the configuration of rights and obligations, but also the values and reasons for such norms. Researches on legal phenomena in terms of more basic and universal issues such as the evolution of resources and regulations certainly facilitate the communication among separate schools of law theories and departments of law. To be general, the basic concepts like rules, resources, time and space are issues not only restricted in a certain discipline, but they can form a platform for dialogue among law, economics, sociology and even natural sciences. The configuration of resources concerns not only efficiency, but also justice. As a study of norms the study of law is an independent discipline rather than a supplement to other disciplines. The research on resources can be a breakthrough for the new historical law methodology advocated in this book.

Seemingly, the concern for law and resources is similar to legal economics. In parts of the book I quote discoveries made by D. North, I cannot deny this. However, the emergence of my own question orientation is just a result from my own exploration in Qing history and my living environment, which have nothing to do with legal economics. In fact, even if this is also taken into a large framework, historical studies are relatively underdeveloped as compared with the dimensions of legal economics and institutional economics. The elements of culture etc. are not capable of being incorporated into the framework of legal economics. This book actually regards the legal system and the cultural system as sources that generate productivity. If I must stand in a line, I will select the school of historical law that I devote to, and I pursue the expansion of its methodology. Certainly, my concern on issues such as resources etc. also distances myself with the German school of historical law which emphasizes its national spirit. Custom, reason and law are unique and interesting concepts accumulated in the long Chinese cultural history. This is a native resource worthy of our scrutiny. I do not deny that the pursuit for the balance of custom（情）and law is the primary concern for rulers in the process of making regulations in Qing dynasty, but such a question remains unsolved: not only the contemporaries had a very general recognition of custom, reason and law（情理法）, but that even modern scholars studying the issue of custom, reason and law cannot deepen that recognition. Since the National Republic period, we have many scholars who believe that the reason in the complex of custom, reason and law is an equivalent to natural law in the western law studies. This view is not unreasonable. In the modern times, in the western law studies, a big show is put on the stage by three schools of law studies, i. e., natural law, empirical law and social law, which are actually three approaches developed out of what Chinese call reason, law and custom. After World War II, the so-called comprehensive school emerged in the western law studies, Bodenheimer is one of its representatives. In the first chapter of the third volume of this book I made an examination into this, so I will not repeat it here. In my view, the attempt to transcend the opposition of natural law and empirical law is not only made by Bodenheimer, for example, Fuller's study of the moralization of constitutes, Prof. Fikentscher's legal anthropology attempting a solution for the communication of legal justice for diverse values in different cultural thinking modes, all these attempts aim at the integration of natural law and empirical law. We can say that this is a common aim pursued diligently by many modern western legists. Many schools with great commitments and numerous classical masterpieces have made contributions to that cause, the study level has been greatly improved in that way, we can say much "scientific content" has been accumulated. If we take western law theories in interpreting Chinese history and make a seemingly identical but actually cooked version of Chinese history, maybe it is not perfect in that effort, but we do not have to "close the door" for introducing western theories for that reason. Intellectual isolationism produces "prisoners of Babylon". Pure historical studies are only half knowledge, without knowledge of western countries, the studies can account for one fourth of the knowledge. In addition to the proficiency both in Chinese and in western wisdom, I also attempt a unique and comprehensive approach to the three schools of natural law, empirical law and social law, I do not hope to flow above a superficial ambivalent discourse of concepts of custom, reason and law. If you want to "speak about law" you must have an insight of "the meaning of law outside law". The domain of legal history should be magnified to gain a clear map for transformations in law.

After the approach of structure-functionalism was frustrated, disciplines of sociology etc. also attempt a perfect combination of individual persons and the social structure. In this book, my research route is a combination of law and history, to make what is seen as too much normalized discipline of law to be historicalized, the focus is shifted from institutions to the motivation in the establishment of institutions, to persons in the institutions, the operators of the institutions, in an opener and more cautious historical scrutiny over a long period, having this as a joint road connecting individual persons to social structures, connecting a micro view to a macro view, and shed light on the manipulation of hidden regulations. Seen from an individual, we can find that both Chinese and western laws deem the image of a person mainly as a "middle person" (a normal person on the middle level) as a stereotype in the design of law, he is not a perfect moral person, he is usually not a purely "bad guy" (or a little person) in opposition to a man of honor, or a mentally disabled person (therefore incompetent in legal terms). Chinese usually say law must be constant according to normal conditions of a person. From this individual person, various regulations are formed, recognized, applied and created when he is in contact with another person. For example, in a traditional acquaintance society, in addition to family laws, a person enters into economic transactions with a person outside the family or a relatively stranger in the same family, in China traditionally there is a "middleman" (a mediator person) as a transitional institutional arrangement for the person to enter a wider social space. In addition to the amateur mediators for civil contracts, the existence of many broker houses (*ya hang*) is another arrangement for mediations and deputy in the institutions, they are only more professional, more conventional. The Chinese Government focuses on the administration of such broker houses due to the fact that this institutional arrangement is key to the gradual spread of an individual person into the market as a space for his activities. Therefore, in this sense, new historical law has the tendency towards an overall history. As to law, this kind of research is a of subversion of the traditional mode that sees law as an embodiment and a tool of the ruling class, and replace it with a new two-way interactive mode based on inter-personal interactions. In addition to this, this great revolution makes what has been seen as a dynamic law (living law) in a constant personal condition, a personal living style (mode of living) both commonplace and sacred, having an appeal to attempts to re-establish the values of law. That is to say, law acquires its legitimacy only when it embodies the interests of the commoners. The various representation parliamentary systems have the basis here for the framework arrangement, the reason for the integration of the values of law, the norms of law, and the practice of law lies in this.

Xuanzang's long pilgrim to get Buddhist bibles from West Paradise shows that a deep faith outweighs adversities on the journey, and a profound pursuit makes a dream true. Jules Henri Poincaré, a French scientist (1854 – 1912) has a famous saying: "Doubt everything or believe everything, these are all very expedient solutions. Both tempt us only to jerry-build the edifice of our research."[1] Academic discussions expose any popular discourse or pundits to criticism and challenges they deserve. Scholars ever want to make

---

[1]　Quote from Masao Ooki, *Comparation of Legal Ideas East and West*, Hua Xia, Zhan Xianbin (translated), Beijing: Beijing University Press, 2004, p. 168.

their conclusions "ultimately fixed conclusions", this is a inclination for "despotism". In fact, conclusions are not the most important. Academic affairs are of public interests, only when we have the coexistence of different schools, adopting approaches from different perspectives, can we make academic progress, we should have no illusions, no rejections, no bigotry, no self-concerns, and we should do discussions like cutting, grinding, carving and polishing to make them gradually perfect. Just as Wang Fuzhi says, one's own view should not be trusted by oneself, "and taken it as the one single view and become a thief of Tao", no more than "importune people to follow one's own view". ① Hou Wailu's academic method is worthy of our observance. He always stays away from making ultimate judgments of ancient people, for the achievements of precursors, he does not agree or disagree without serious second thoughts, he pursues his own new conclusions in the mentality of "challenge one's own view like attacking a heresy". People used to say it takes ten years of hard work on a cold stool to make any achievement, an article is no good with half a sentence empty. Of course I have been learning in quiet for far more than ten years, but I am not so proud to say "there is no empty words in my articles". Doing academic work is actually paying a debt for a crime, even if you want to sit the prison floor out, but after you finish this long term in the purgatory, you still find it impossible to pay off that debt. Because during this period you make new pen crimes, the historical judgment on the way is to be made by scholars to come, therefore you have nothing like the feeling of achievement, but rather a sense of awe that makes you feel you are treading on thin ice, full of awe and trepidations. Writings are to subject to test in a long history, the merits and demerits are held in the author's small heart. A friend that appreciate me keenly knows what awe I have in my heart, others do not know what I am after. The under-

---

① Wang Fuzhi, *Reflections on Zizhitongjian*, the last volume, general comment 4, Shanghai: Commercial Press, 1936, p. 667.

standings may be varied, the appreciation and the depreciations are just beyond my concerns. This book is actually a summary for my personal endeavor over seventeen years. During the seventeen years, I spared no time for leisure, I wrote in sultry heat and freezing cold, the adversity is hard to express. This book may have ideas that are abrupt, thinking that is careless, expressions that are intricate, or exposing to censures, but I must admit I value the masterpiece of my own on the way to maturation, I want to add the light of a light of a firefly to make it shine more brightly. Scholars doing academic work may be diverse in the views they admire, certainly it is right for them not to give in when they find no good reasons to do so. While I feel hesitant, I am also full of self-respect and self-confidence. So readers may make their comments at will, I will not take such comments as offence, I feel no regret and shame to acknowledge them. When you climb a high mountain, you will find a still higher mountain, when you sail to a big sea you will find an even bigger ocean. Doing academic work is like what says in *The Doctrine of the Mean*: "ask questions and learn on your journey", this is the gist of "tao". All academic achievements are but "on the way" (auf-dem-wege-Sein). Here I just want to put a comma, rather than a period, we should expect what Hou Wailu calls "a resilient pursuit".

主要参考文献

马列主义、毛泽东思想经典文献

《列宁选集》，中共中央马克思恩格斯列宁斯大林著作编译局编译，人民出版社1984年版。

《马克思恩格斯全集》，中共中央马克思恩格斯列宁斯大林著作编译局编译，人民出版社1972年版。

《马克思恩格斯选集》，中共中央马克思恩格斯列宁斯大林著作编译局编译，人民出版社1972年版。

《毛泽东选集》，人民出版社1991年版。

《斯大林全集》，中共中央马克思恩格斯列宁斯大林著作编译局编译，人民出版社1953年版。

基础性古籍资料

阿桂等撰：《平定两金川方略》，纪昀、永瑢等编纂：《景印文渊阁四库全书》第三百六十至三百六十一册，台北商务印书馆2008年版。

班固：《汉书》，中华书局1962年版。

陈寿：《三国志》，中华书局1959年版。

陈忠倚辑：《皇朝经世文三编》，沈云龙主编：《近代中国史料丛刊》第七十六辑，751，台北文海出版社1972年版。

《大清十朝圣训》，台北文海出版社1965年版。

杜佑：《通典》，王云锦、王永兴、刘俊文等点校，中华书局1988年版。

范晔：《后汉书》，中华书局1965年版。

房玄龄等撰：《晋书》，中华书局1974年版。

葛士浚辑：《皇朝经世文续编》，沈云龙主编：《近代中国史料丛刊》第七十五辑，741，台北文海出版社 1972 年版。

光绪朝《钦定大清会典》，台北新文丰出版公司 1976 年依据光绪二十五年原刻本影印版。

何良栋辑：《皇朝经世文四编》，沈云龙主编：《近代中国史料丛刊》第七十七辑，761，台北文海出版社 1972 年版。

贺长龄辑：《皇朝经世文编》，沈云龙主编：《近代中国史料丛刊》第七十四辑，731，台北文海出版社 1972 年版。

江灏、钱宗武译注：《今古文尚书全译》，贵州人民出版社 1991 年版。

来保等撰：《钦定平定金川方略》，纪昀、永瑢等编纂：《景印文渊阁四库全书》第三百五十六册，史部，一一四，纪事本末类，台北商务印书馆 2008 年版。

勒德洪等撰：《平定三逆方略》，纪昀、永瑢等编纂：《景印文渊阁四库全书》第三百五十四册，史部，一一二，纪事本末类，台北商务印书馆 1983 年版。

刘锦藻：《皇朝续文献通考》，上海古籍出版社 1996 年版。

刘昫等撰：《旧唐书》，中华书局 1975 年版。

马端临：《文献通考》，中华书局 1986 年版。

乾隆五十三年敕撰：《钦定平定台湾纪略》，纪昀、永瑢等编纂：《景印文渊阁四库全书》第三百六十三册，史部，一二一，纪事本末类，台北商务印书馆 2008 年版。

《钦定巴勒布纪略》，季垣垣点校，中国藏学出版社 2006 年版。

《清朝通典》，《万有文库》第二集，十通第三种，商务印书馆 1935 年版。

《清朝通志》，《万有文库》第二集，十通第六种，商务印书馆 1935 年版。

《清朝文献通考》，《万有文库》第二辑，十通第十种，商务印书馆 1936 年版。

《清德宗景皇帝实录》，台北华文书局股份有限公司 1960—1970

年版。

《清高宗纯皇帝实录》，台北华文书局股份有限公司 1960—1970 年版。

《清穆宗毅皇帝实录》，台北华文书局股份有限公司 1960—1970 年版。

《清仁宗睿皇帝实录》，台北华文书局股份有限公司 1960—1970 年版。

《清圣祖仁皇帝实录》，台北华文书局股份有限公司 1960—1970 年版。

《清世宗宪皇帝实录》，台北华文书局股份有限公司 1960—1970 年版。

《清太宗文皇帝实录》，台北华文书局股份有限公司 1960—1970 年版。

《清文宗显皇帝实录》，台北华文书局股份有限公司 1960—1970 年版。

《清宣宗成皇帝实录》，台北华文书局股份有限公司 1960—1970 年版。

邵之棠辑：《皇朝经世文统编》，沈云龙主编：《近代中国史料丛刊续编》第七十二辑，711—720，台北文海出版社 1980 年版。

盛康辑：《皇朝经世文编续编》，沈云龙主编：《近代中国史料丛刊》第八十四至八十五辑，831—850，台北文海出版社 1972 年版。

司马光：《资治通鉴》，中华书局 1956 年版。

司马迁：《史记》，中华书局 1959 年版。

宋濂等撰：《元史》，中华书局 1976 年版。

脱脱等撰：《辽史》，中华书局 1974 年版。

王锡祺辑：《小方壶斋舆地丛钞》，杭州古籍书店 1985 年版。

王彦威、王亮编：《清季外交史料》，沈云龙主编：《近代中国史料丛刊三编》第二辑，11—19，台北文海出版社 1985 年版。

魏征、令狐德棻：《隋书》，中华书局 1973 年版。

徐子宏译注：《周易全译》，贵州人民出版社 1991 年版。

《宣统政记》，台北华文书局股份有限公司 1960—1970 年版。

杨伯峻译注：《论语译注》，中华书局 2008 年版。

杨伯峻译注：《孟子译注》，中华书局 2008 年版。

奕訢等撰：《钦定剿平粤匪方略》，《续修四库全书》编纂委员会编：《续修四库全书》403—412，史部·纪事本末类，上海古籍出版社 2002 年版。

张廷玉等撰：《明史》，中华书局 1974 年版。

张曜编：《山东军兴纪略》，沈云龙主编：《近代中国史料丛刊》第五十五辑，543，台北文海出版社 1970 年版。

赵尔巽等撰：《清史稿》，中华书局 1977 年版。

中国人民解放军军事科学院战争理论研究部《孙子》注释小组：《孙子兵法新注》，中华书局 2008 年版。

一般古籍资料

巴那比、克理撰：《英国水师考》，傅兰雅、钟天纬译，江南制造局所刻本。

白曾焯：《庚辛提牢笔记》，沈云龙主编：《近代中国史料丛刊续编》第三十七辑，365—366，台北文海出版社 1977 年版。

包世臣：《安吴四种》，泾县包氏注经堂同治十一年刻本。

包世臣：《齐民四术》，潘竟翰点校，中华书局 2001 年版。

蔡锷辑录，蒋介石增补：《曾胡治兵语录》，陈志学译注，巴蜀书社 1995 年版。

陈朝龙纂：《新竹县采访册》（与《新竹县制度考》合订本），《台湾文献史料丛刊》第二辑，37，台北大通书局 1984 年版。

陈灜一：《睇向斋秘录》，中华书局 2007 年版。

陈恒庆：《谏书稀庵笔记》，沈云龙主编：《近代中国史料丛刊》第四十一辑，406，台北文海出版社 1969 年版。

陈宏谋：《培远堂偶存稿》，光绪二十二年湖北藩署刊本。

陈康祺：《郎潜纪闻初笔二笔三笔》，晋石点校，中华书局 1984

年版。

陈亮：《陈亮集》（增订本），邓广铭点校，中华书局1987年版。

陈奇猷释：《吕氏春秋新校释》，上海古籍出版社2002年。

陈渠珍：《艽野尘梦》，西藏人民出版社2009年版。

陈盛韶：《问俗录》（与邓传安著，杨犁夫标点《蠡测汇抄》合订本），刘卓英标点，书目文献出版社1983年版。

程穆衡：《金川记略》，《中国野史集成》编委会、四川大学图书馆：《中国野史集成》第40册，巴蜀书社1993年版。

程瑞礼：《程氏家塾读书分年日程》，姜汉椿校注，黄山书社1992年版。

崇彝：《道咸以来朝野杂记》，北京古籍出版社1982年版。

褚瑛：《州县初仕小补》，《官箴书集成》编纂委员会编：《官箴书集成》第8册，黄山书社1997年版。

崔述：《崔东壁遗书》，台北河洛图书出版社1975年版。

丁宝桢：《四川盐法志》，《续修四库全书》编纂委员会编：《续修四库全书》842，史部·政书类，上海古籍出版社2002年版。

丁日昌：《抚吴公牍》，《中华文史丛书》之四十七，台北华文书局股份有限公司1969年版。

丁曰健等：《治台必告录》，沈云龙主编：《近代中国史料丛刊续编》第七十六辑，757—758，台北文海出版社1980年版。

丁治棠：《仕隐斋涉笔》，四川人民出版社1985年版。

董诰等编：《全唐文》，上海古籍出版社1990年版。

董沛：《吴平赘言》，光绪七年刊本。

段光清：《镜湖自撰年谱》，中华书局1997年版。

鄂尔泰等：《八旗通志》，李洵、赵德贵主点校，东北师范大学出版社1985年版。

法式善：《陶庐杂录》，涂雨公点校，中华书局1959年版。

樊增祥：《樊山政书》，那思陆、孙家红点校，中华书局2007年版。

方大湜：《平平言》，光绪十八年资州官廨刊本。

方逢时：《大隐楼集》，《四库未收书辑刊》编纂委员会编：《四库未收书辑刊》第5辑，第19册，北京出版社2000年版。

方孝孺：《逊志斋集》，宁波出版社2000年版。

冯桂芬：《校邠庐抗议》，戴扬本评注，中州古籍出版社1998年版。

冯时可：《冯元成选集》，《四库禁毁书丛刊》编纂委员会编：《四库禁毁书丛刊补编》61—64，北京出版社2005年版。

冯煦主修，陈师礼总纂：《皖政辑要》，黄山书社2005年版。

富察敦崇：《燕京岁时记》（与潘荣陛《帝京岁时纪胜》等合刊本），北京古籍出版社1981年版。

甘厚慈辑：《北洋公牍类纂》，《项城袁世凯有关资料汇刊》，台北文海出版社1966年版。

刚毅修，安熙纂：《晋政辑要》，《续修四库全书》编纂委员会编：《续修四库全书》883—884，史部·政书类，上海古籍出版社2002年版。

高士奇：《松亭行记》，《丛书集成续编》239，台北新文丰出版社1985年版。

葛虚存编，琴石山人校订：《清代名人轶事》，马蓉点校，书目文献出版社1994年版。

顾炎武著，黄汝成集释：《日知录集释》，栾保群、吕宗力校点，花山文艺出版社1990年版。

桂超万：《宦游纪略》，沈云龙主编：《近代中国史料丛刊》第八十一辑，810，台北文海出版社1966年版。

郭嵩焘：《郭嵩焘日记》，湖南人民出版社1981年版。

韩世琦：《抚吴疏草》，《四库未收书辑刊》编纂委员会：《四库未收书辑刊》第8辑，第5册，北京出版社2000年版。

何刚德：《话梦集·春明梦录》，北京古籍出版社1995年版。

何耿绳：《学治一得编》，崇文书局同治十三年刻本。

何秋涛：《朔方备乘》，沈云龙主编：《中国边疆丛书》第二辑，17，台北文海出版社1966年版。

何绍基：《东洲草堂诗集》，曹旭校点，上海古籍出版社2006年版。

弘历：《清高宗（乾隆）御制诗文全集》，中国人民大学出版社

1993 年版。

洪亮吉:《洪北江诗文集》,上海商务印书馆 1935 年版。

胡思敬:《国闻备乘》,中华书局 2007 年版。

胡寅:《读史管见》,《四库全书存目丛书》编纂委员会编:《四库全书存目丛书》279,史部,齐鲁书社 1996 年版。

胡兆鸾:《西学通考》,光绪丁酉年长沙刻本。

黄浚:《花随人圣庵摭忆》,上海古籍出版社 1983 年版。

黄六鸿:《福惠全书》,《官箴书集成》编纂委员会编:《官箴书集成》第 3 册,黄山书社 1997 年版。

黄彭年:《陶楼文抄·杂著》,沈云龙主编:《近代中国史料丛刊》第三十六辑,356,台北文海出版社 1968 年版。

黄式权:《淞南梦影录》(与《沪游杂记》合订本),郑祖安标点,上海古籍出版社 1989 年版。

纪昀:《阅微草堂笔记》,董国超标点,重庆出版社 2000 年版。

简朝亮:《尚书集注述疏》,《续修四库全书》编纂委员会编:《续修四库全书》52,经部·书类,上海古籍出版社 2002 年版。

江标:《沅湘通艺录》,光绪二十三年长沙使院刊本。

江藩:《国朝汉学师承记》,钟哲整理,中华书局 1983 年版。

江永:《周礼疑义举要》,纪昀、永瑢等编纂:《景印文渊阁四库全书》第一百零一册,经部,九五,礼类,台北商务印书馆股份有限公司 2008 年版。

金梁编纂:《雍和宫志略》,牛力耕校订,中国藏学出版社 1994 年版。

柯悟迟:《漏网喁鱼集》,祁龙威校注,中华书局 1959 年版。

孔宪彝:《对岳楼诗续录》,咸丰六年刻本。

蓝鼎元:《东征集》,《台湾文献丛刊》第十二种,台湾银行经济研究室 1958 年版。

蓝鼎元:《平台纪略附鹿洲奏疏》,沈云龙主编:《近代中国史料丛刊续编》第四十一辑,405,台北文海出版社社 1977 年版。

黎承礼编:《黎肃公(培敬)遗书》,沈云龙主编:《近代中国史料丛刊》第三十七辑，361—364，台北文海出版社 1966 年版。

黎靖德编：《朱子语类》，王星贤点校，中华书局 1986 年版。

李伯元：《南亭四话》，薛正兴校点，江苏古籍出版社 2000 年版。

李慈铭：《越缦堂日记补》，李德龙、俞冰主编：《历代日记丛抄》第 55 册，学苑出版社 2006 年版。

李焘：《续资治通鉴长编》，中华书局 1986 年版。

李斗：《扬州画舫录》，汪北平、涂雨公点校，中华书局 1960 年版。

李方赤：《视已成事斋官书》，道光二十八年刻本。

李昉等纂：《太平御览》，中华书局 1960 年据上海涵芬楼影印宋本复制重印版。

李圭：《环游地球新录》，钟叔河主编：《走向世界丛书》，岳麓书社 1985 年版。

李桓等编纂：《国朝耆献类征选编》，沈云龙主编：《近代中国史料丛刊三编》第一辑，5—7，台北文海出版社 1985 年版。

李心衡：《金川琐记》，上海商务印书馆 1941 年版。

李元度：《国朝先正事略》，沈云龙主编：《近代中国史料丛刊》第十二辑，111，台北文海出版社 1967 年版。

李岳瑞：《春冰室野乘》，沈云龙主编：《近代中国史料丛刊》第六辑，60，台北文海出版社 1967 年版。

李兆洛：《养一斋文集》，光绪戊寅年夏重刊本。

郦道元：《水经注》，谭属春、陈爱平点校，岳麓书社 1995 年版。

梁份：《秦边纪略》，王德毅等编：《丛书集成续编》244，史地类，防务、西域地理、世界地理、亚洲地理，台北新文丰出版公司 1989 年版。

梁济：《梁巨川遗书》，黄曙辉编校，华东师范大学出版社 2008 年版。

梁章钜、朱智：《枢垣纪略》，何英芳点校，中华书局 1984 年版。

梁章钜：《称谓录》（校注本），王释非、许振轩点校，福建人民出版社 2003 年版。

梁章钜：《退庵随笔》，沈云龙主编：《近代中国史料丛刊》第四十四辑，438，台北文海出版社 1969 年版。

林棨：《国际公法精义》，东京闽学会，光绪三十年。

林尹编：《两汉三国文汇》，台北中华丛书编审委员会 1960 年版。

刘衡：《庸吏庸言》，《官箴书集成》编纂委员会编：《官箴书集成》第 6 册，黄山书社 1997 年版。

刘如玉：《勤慎堂自治官书》，沈云龙主编：《近代中国史料丛刊》第七十七辑，764—765，台北文海出版社 1972 年版。

刘声木：《苌楚斋随笔续笔三笔四笔五笔》，中华书局 1998 年版。

刘体智：《异辞录》，刘笃龄点校，中华书局 1988 年版。

刘天佑等编辑：《法律名辞通释》，四川法政学堂绅班，光绪三十四年铅印本。

刘献廷：《广阳杂记》，汪北平、夏志和点校，中华书局 1957 年版。

刘勰：《文心雕龙》，戚良德注说，河南大学出版社 2008 年版。

龙顾山人纂：《十朝诗乘》，卞孝萱、姚松点校，福建人民出版社 2000 年版。

卢坤等：《广东海防汇览》，王宏斌等点校，河北人民出版社 2009 年版。

陆世仪：《思辨录辑要》，纪昀、永瑢等编纂：《景印文渊阁四库全书》第七百二十四册，子部，三十，儒家类，台北商务印书馆 1983 年版。

罗信北：《公余拾唾》，光绪二十年家刊本。

罗养儒：《云南掌故》，王樵等点校，云南民族出版社 1996 年版。

罗振玉辑印：《高邮王氏遗书》，江苏古籍出版社 2000 年据上虞罗氏辑本影印版。

茅元仪：《武备志》，《故宫珍本丛刊》353，海南出版社 2001 年版。

闵尔昌：《碑传集补》，沈云龙主编：《近代中国史料丛刊》第一百辑，991—1000，台北文海出版社 1973 年版。

那彦成纂：《阿文成公（桂）年谱》，沈云龙主编：《近代中国史料丛刊》第七十辑，691—698，台北文海出版社 1971 年版。

潘耒：《遂初堂集》，《续修四库全书》编纂委员会编：《续修四库全书》1417，集部·别集类，上海古籍出版社 2002 年版。

裴景福：《河海昆仑录》，杨晓霭点校，甘肃人民出版社 2002 年版。

彭元瑞：《恩余堂经进初稿》，清乾隆刻本。

平步青：《霞外攟屑》，中华书局 1959 年版。

戚继光：《纪效新书》，盛冬铃点校，中华书局 1996 年版。

戚继光：《止止堂集》，山东书局光绪十四年刻本。

祁韵士：《皇朝藩部要略》，道光筠渌山房刻本。

钱大昕：《潜研堂文集》，《续修四库全书》编纂委员会编：《续修四库全书》1439，集部·别集类，上海古籍出版社 2002 年版。

钱谦益：《国初群雄事略》，中华书局 1982 年版。

钱恂编：《金盖樵话》，致之校点，辽宁教育出版社 2001 年版。

钱仪吉纂：《碑传集》，靳斯标点，中华书局 1993 年版。

邱浚：《大学衍义补》，林冠群、周济夫点校，京华出版社 1999 年版。

阮述：《往津日记》，陈荆和编注，香港中文大学出版社 1980 年版。

阮元：《揅经室集》，中华书局 1985 年版。

上海师范大学历史系中国近代史组编注：《林则徐诗文选注》，上海古籍出版社 1978 年版。

佘健吾：《治谱》，《续修四库全书》编纂委员会编：《续修四库全书》753，史部·职官类，上海古籍出版社 2002 年版。

沈家本：《历代刑法考》，邓经元、骈宇骞点校，中华书局 1985 年版。

沈家本等编订：《大清现行刑律案语》，《续修四库全书》编纂委员会编：《续修四库全书》864，史部·政书类，上海古籍出版社 1996 年版。

沈垚：《落颿楼文集》，王德毅等编：《丛书集成续编》78，台北新文丰出版公司 1985 年版。

司马光：《司马文正公传家集》，《万有文库》第二集，第七〇〇种，商务印书馆 1937 年版。

松筠：《钦定新疆识略》，沈云龙主编：《中国边疆丛书》第一辑，11，台北文海出版社1966年版。

孙承泽：《春明梦余录》，王剑英点校，北京古籍出版社1992年版。

孙承泽等：《台湾关系文献集零》，沈云龙主编：《近代中国史料丛刊续编》第五十一辑，503，台北文海出版社1978年版。

孙静庵：《栖霞阁野乘》，重庆出版社1998年版。

孙武撰，曹操等注，杨丙安校理：《十一家注孙子校理》，中华书局1999年版。

孙星衍：《尚书今古文注疏》，中华书局1986年版。

孙星衍：《问字堂集》（与《岱南阁集》合刊），骈宇骞点校，中华书局1996年版。

陶葆廉：《辛卯侍行记》，刘满点校，甘肃人民出版社2002年版。

田文镜：《钦颁州县事宜》，同治戊辰江苏书局重刊本。

汪绂：《戊笈谈兵》，光绪二十年刻本。

汪辉祖：《学治臆说》，商务印书馆1960年补印版。

汪辉祖：《佐治药言》，中华书局1985年版。

汪士铎：《乙丙日记》，李德龙、俞冰主编：《历代日记丛抄》第57册，学苑出版社2006年版。

王昶：《蜀徼纪闻》，王德毅等编：《丛书集成续编》28，台北新文丰出版公司1989年依据吴江沈氏世楷堂刻本影印版。

王夫之：《读通鉴论》，中华书局1975年版。

王符：《潜夫论笺校正》，中华书局1985年版。

王国维：《观堂集林》，《民国丛书》第四编，综合类，92—93，上海书店1992年版。

王明德：《读律佩觽》，何勤华等点校，法律出版社2001年版。

王鸣盛：《蛾术编》，商务印书馆1958年版。

王念孙：《读书杂志》，中国书店1985年版。

王培荀：《听雨楼随笔》，魏尧西点校，巴蜀书社1987年版。

王庆云：《石渠余记》，北京古籍出版社1985年版。

王韬：《弢园文录外编》，中华书局1959年版。

王先谦：《东华录》，《续修四库全书》编纂委员会：《续修四库全书》371，史部·编年类，上海古籍出版社 2002 年版。

王先谦：《东华续录》，《续修四库全书》编纂委员会编：《续修四库全书》376—382，史部·编年类，上海古籍出版社 2002 年版。

王应麟：《困学纪闻》，孙通海校点，辽宁教育出版社 1998 年版。

王用臣辑：《斯陶说林》，《海王村古籍丛刊》，中国书店 1991 年版。

王有光：《吴下谚联》（与李光庭《乡言解颐》合订本），石继昌点校，中华书局 1982 年版。

王玉树：《经史杂记》，《续修四库全书》编纂委员会编：《续修四库全书》1156，子部·杂家类，上海古籍出版社 2002 年版。

王云五主编：《周礼今注今译》，台北商务印书馆股份有限公司 1972 年版。

王之春：《清朝柔远记》，赵春晨点校，中华书局 1989 年版。

魏源：《海国图志》，古微堂道光二十七年刻本。

魏源：《圣武记》，韩锡铎、孙文良点校，中华书局 1984 年版。

温廷敬辑：《茶阳三家文钞》，沈云龙主编：《近代中国史料丛刊》第三辑，23，台北文海出版社 1967 年版。

文海：《自历言》，光绪五年延莆轩刻本。

翁同龢：《翁同龢日记》，中华书局 1998 年版。

吴邦庆辑：《畿辅河道水利丛书》，许道龄校，农业出版社 1964 年版。

吴丰培：《赵尔丰川边奏牍》，四川民族出版社 1984 年版。

吴兢：《贞观政要》，上海古籍出版社 1978 年版。

吴禄贞：《延吉边务报告》，李澍田主编：《长白丛书》初集，吉林文史出版社 1986 年版。

吴起：《吴子兵法》，邱崇丙译注，中国社会出版社 2005 年版。

吴振棫：《养吉斋丛录》，北京古籍出版社 1983 年版。

吴忠匡校订：《满汉名臣传》，黑龙江人民出版社 1991 年版。

伍承乔编：《清代吏治丛谈》，沈云龙主编：《近代中国史料丛刊》

第二辑，12，台北文海出版社 1966 年版。

西清：《黑龙江外记》，光绪二十年刊本。

希元、祥亨纂：《荆州驻防八旗志》，辽宁大学出版社 1990 年版。

锡良：《锡清弼制军奏稿》，沈云龙主编：《近代中国史料丛刊续编》第十一辑，101，台北文海出版社 1974 年版。

席裕福、沈师徐辑：《皇朝政典类纂》，沈云龙主编：《近代中国史料丛刊续编》第八十八辑，871，台北文海出版社 1982 年版。

萧奭：《永宪录》，朱南铣点校，中华书局 1959 年版。

新柱等纂修：《福州驻防志》，乾隆九年刊本。

徐栋：《牧令书》，道光二十八年刊本。

徐珂：《清稗类钞》，中华书局 1984 年版。

徐世昌：《东三省政略》，沈云龙主编：《中国边疆丛书》第一辑，4，台北文海出版社 1965 年版。

徐世昌：《晚晴簃诗汇》，中国书店 1988 年版。

徐兆昺：《四明谈助》，桂心仪、周冠明、卢学恕、何敏求点校，宁波出版社 2003 年版。

徐鼒：《小腆纪年附考》，王崇武校点，中华书局 1957 年版。

徐宗亮：《黑龙江述略》，李兴盛、张杰点校，黑龙江人民出版社 1985 年版。

许葭村：《秋水轩尺牍》，萧屏东校注，湖南文艺出版社 1987 年版。

薛福成：《庸庵笔记》，南山点校，江苏古籍出版社 2000 年版。

薛允升：《读例存疑》，光绪三十一年京师刊本。

严如煜辑：《洋防辑要》，《中国史学丛书续编》35，《中国南海诸群岛文献汇编》之四，台北学生书局 1975 年版。

颜希琛：《闽政领要》，陈支平主编：《台湾文献汇刊》第 4 辑，第 15 册，厦门大学出版社、九州出版社 2004 年版。

杨伯峻编著：《春秋左传注》，中华书局 1981 年版。

杨昌濬：《五好山房诗稿》，光绪乙巳刻本。

杨捷：《平闽纪》，《四库全书存目丛书》编纂委员会编：《四库全书存目丛书》56，史部·杂史类，齐鲁书社 1997 年版。

姚廷璘：《历年记》（稿本），上海人民出版社编：《清代日记汇抄》，上海人民出版社 1982 年版。

姚锡光：《筹藏刍言》，沈云龙主编：《近代中国史料丛刊》第三十九辑，390，台北文海出版社 1969 年版。

姚莹：《东槎纪略》，《台湾文献丛刊》第七种，台湾银行经济研究所 1957 年版。

姚莹：《康輶纪行》，黄山书社 1990 年版。

叶澐：《纲鉴会编》，《四库未收书辑刊》编纂委员会编：《四库未收书辑刊》第 2 辑，第 17 册，北京出版社 2000 年版。

贻谷：《垦务奏议》，沈云龙主编：《近代中国史料丛刊续编》第十一辑，102，台北文海出版社 1974 年版。

贻谷：《蒙垦陈诉供状》，内蒙古自治区图书馆藏铅印本。

贻谷：《蒙垦续供》，沈云龙主编：《近代中国史料丛刊续编》第十一辑，104，台北文海出版社 1974 年版。

贻谷：《绥远奏议》，沈云龙主编：《近代中国史料丛刊续编》第十一辑，103，台北文海出版社 1974 年版。

殷化行：《西征纪略》，王德毅等编：《丛书集成续编》280，台北新文丰出版公司 1989 年版。

银雀山汉墓竹简整理小组编：《孙膑兵法》，文物出版社 1975 年版。

印鸾章：《清鉴纲目》，邓球柏、钟楚楚标点，岳麓书社 1987 年版。

于敏中等编纂：《日下旧闻考》，北京古籍出版社 1981 年版。

余金：《熙朝新语》，顾静标校，上海书店出版社 2009 年版。

俞樾：《春在堂随笔》，江苏古籍出版社 2000 年版。

俞正燮：《癸巳类稿》，涂小马等校点，辽宁教育出版社 2001 年版。

虞山襟霞阁主编、衡阳秋痕楼主评：《刀笔菁华》，王有林、史鸿雯校注，中华工商联合出版社 2001 年版。

裕谦：《裕忠节公（鲁山）遗书》，沈云龙主编：《近代中国史料丛刊》第四十三辑，423，台北文海出版社 1969 年版。

袁枚：《小仓山房诗文集》，《四部备要》，集部，清别集，中华书局 1936 年版。

袁中道：《珂雪斋集》，钱伯城点校，上海古籍出版社 1989 年版。

恽毓鼎：《恽毓鼎澄斋日记》，浙江古籍出版社 2004 年版。

载泽：《考察政治日记》，钟叔河主编：《走向世界丛书》，张玄浩等校点，岳麓书社 1986 年版。

曾纪泽：《曾纪泽遗集》，喻岳衡点校，岳麓书社 1983 年版。

曾七如：《小豆棚》，南山点校，荆楚书社 1989 年版。

张潮：《幽梦影》，罗刚、张铁弓译注，中央文献出版社 2001 年版。

张大昌辑：《杭州八旗驻防营志略》，沈云龙主编：《近代中国史料丛刊》第六十三辑，622，台北文海出版社 1971 年版。

张集馨：《道咸宦海见闻录》，杜春和、张秀清整理，中华书局 1981 年版。

张穆：《蒙古游牧记》，张正明、宋举成点校，山西人民出版社 1991 年版。

张其勤原稿，吴丰培增辑，《西藏研究》编辑部编：《清代藏事辑要》，西藏人民出版社 1983 年版。

张廷骧编：《入幕须知五种》，沈云龙主编：《近代中国史料丛刊》第二十七辑，269，台北文海出版社 1968 年版。

张廷玉：《张廷玉年谱》，戴鸿义点校，中华书局 1992 年版。

张我观：《覆瓮集刑名》，《续修四库全书》编纂委员会编：《续修四库全书》974，子部·法家类，上海古籍出版社 2002 年版。

章炳麟著，徐复注：《訄书详注》，上海古籍出版社 2000 年版。

章镛：《海防经略纂要》，乾隆十八年会稽章氏锄经堂刻本。

章学诚：《文史通义》，上海书店 1988 年据商务印书馆旧版本影印版。

昭梿：《啸亭杂录》，何英芳点校，中华书局 1980 年版。

赵慎畛：《榆巢杂识》，徐怀宝点校，中华书局 2001 年版。

赵舒翘：《慎斋文集》，王步瀛编，长安赵氏民国 13 年版。

赵翼：《陔余丛考》，栾保群、吕宗力校点，河北人民出版社 1990 年版。

赵翼：《皇朝武功纪盛》，《丛书集成续编》120，史地类，台北新文丰出版公司 1985 年版。

赵翼：《廿二史札记》，中华书局 1984 年版。

赵翼：《簷曝杂记》，李解民点校，中华书局 1982 年版。

震钧：《天咫偶闻》，北京古籍出版社 1982 年版。

钟庆熙：《四川通饬章程》，沈云龙主编：《近代中国史料丛刊续编》第四十八辑，480，台北文海出版社有限公司 1977 年版。

周炳麟辑：《公门惩劝录》，王德毅等编：《丛书集成续编》54，台北新文丰出版公司 1989 年版。

周寿昌：《思益堂日札》，中华书局 1987 年版。

周询：《蜀海丛谈》，巴蜀书社 1986 年版。

朱克敬：《瞑庵二识》（与《瞑庵杂识》合刊本），杨坚点校，岳麓书社 1983 年版。

朱孔彰：《中兴将帅别传》，《四库未收书辑刊》编纂委员会：《四库未收书辑刊》第 2 辑，第 23 册，北京出版社 2000 年版。

朱彭寿：《安乐康平室随笔》，何双生点校，中华书局 1982 年版。

朱寿朋编：《光绪朝东华录》，中华书局 1958 年版。

朱寿朋辑：《杨乃武冤狱》，陈尚风整理，岳麓书社 1986 年版。

朱熹：《四书章句集注》，中华书局 1983 年版。

朱熹：《朱子全书》，朱杰人、严佐之、刘永翔主编，上海古籍出版社、安徽教育出版社 2002 年版。

朱熹编：《河南程氏遗书》，王德毅等编：《丛书集成三编》14，哲学类，道家哲学——老庄理学，台北新文丰出版公司 1997 年版。

朱彧：《萍洲可谈》，李伟国点校，中华书局 1985 年版。

左丘明著，杜预集解：《春秋左传集解》，上海人民出版社 1977 年版。

档案汇编资料

楚雄彝族文化研究所编：《清代武定彝族那氏土司档案史料校编》，王梅堂、黄建明、陆裕民校注，中央民族学院出版社 1993 年版。

故宫博物院明清档案部编：《清末筹备立宪档案史料》，中华书局 1979 年版。

静吾、仲丁编：《吴煦档案中的太平天国史料选辑》，生活·读 书·新知三联书店 1958 年版。

刘芳辑：《葡萄牙东波塔档案馆藏清代澳门中文档案汇编》，澳门 基金会 1999 年版。

马大正、吴丰培主编：《清代新疆稀见奏牍汇编》（道光朝卷），新 疆人民出版社 1996 年版。

内蒙古档案馆主编：《清末内蒙古垦务档案汇编》，内蒙古人民出 版社 1999 年版。

全国图书馆文献缩微复制中心：《清臬署珍存档案》，全国图书馆 文献缩微复制中心 2004 年版。

四川省档案馆、四川大学历史系主编：《清代乾嘉道巴县档案选 编》上册，四川大学出版社 1989 年版。

四川省档案馆编：《清代巴县档案汇编》（乾隆卷），档案出版社 1991 年版。

台北"故宫博物院"编辑：《宫中档乾隆朝奏折》，台北"故宫博 物院"1984 年版。

台北"故宫博物院"故宫文献编辑委员会编辑：《年羹尧奏折专 辑》，台北"故宫博物院"1971 年版。

台北"中央研究院"历史语言研究所编：《明清史料》，台北维新 书局股份有限公司 1972 年版。

中国第二历史档案馆、中国社会科学院近代史研究所编：《中国海 关密档：赫德、金登干函电汇编：1874—1907》，中华书局 1990 年版。

中国第二历史档案馆编：《中华民国史档案资料汇编》，江苏古籍 出版社 1997 年版。

中国第一历史档案馆编：《嘉庆道光两朝上谕档》，广西师范大学 出版社 2000 年版。

中国第一历史档案馆编：《康熙朝汉文朱批奏折汇编》，档案出版 社 1985 年版。

中国第一历史档案馆编：《乾隆朝上谕档》，档案出版社 1991 年版。

中国第一历史档案馆编：《清政府镇压太平天国档案史料》，社会科学文献出版社 1995 年版。

中国第一历史档案馆编：《咸丰同治两朝上谕档》，广西师范大学出版社 1998 年版。

中国第一历史档案馆编：《鸦片战争档案史料》，天津古籍出版社 1992 年版。

中国第一历史档案馆编：《雍正朝汉文朱批奏折汇编》，江苏古籍出版社 1991 年版。

中国第一历史档案馆编：《雍正朝内阁六科史书·吏科》，广西师范大学出版社 2002 年版。

中国第一历史档案馆等编：《明清时期澳门问题档案文献汇编》，人民出版社 1999 年版。

中国第一历史档案馆满文部、黑龙江省社会科学院历史研究所编：《清代黑龙江历史档案选编》，黑龙江人民出版社 1986 年版。

自贡市档案馆等编：《自贡盐业契约档案选辑：1732—1949》，中国社会科学出版社 1985 年版。

方　志

陈文纬修，屠继善纂：《恒春县志》，《中国地方志集成》，台湾府县志辑，5，上海书店出版社 1999 年版。

村上玉吉：《南部台湾志》，台南共荣会昭和 9 年排印本。

戴炎辉、蔡章麟、陈世荣等原修，张雄潮整修：《台湾省通志》，台湾省文献委员会 1972 年版。

丁锡奎修，白翰章、辛居乾纂：光绪《靖边志稿》，光绪二十五年刻本。

福伦修，胡元翔、唐毓彤纂：《南溪县志》，同治十三年刻本。

傅恒、刘统勋、于敏中等：《钦定皇舆西域图志》，纪昀、永瑢等编纂：《景印文渊阁四库全书》第五百册，史部，二五八，地理类，台北商务印书馆 2008 年版。

高季良总纂：《中华民国创修临泽县志》，张志纯等校点，甘肃文化出版社 2001 年版。

广西壮族自治区地方志编纂委员会编：《广西通志》，广西人民出版社 2006 年版。

和宁：《回疆通志》，沈云龙主编：《中国边疆丛书》第二辑，24，台北文海出版社 1966 年版。

和珅、梁国治等：《钦定热河志》，纪昀、永瑢等编纂：《景印文渊阁四库全书》第四百九十五至四百九十六册，史部，二五三至二五四，地理类，台北商务印书馆股份有限公司 2008 年版。

胡联恩修，陈钱梅纂：《桦甸县志》，1932 年铅印本。

胡之富修，韩国琳纂：《南溪县志》，嘉庆十八年刻本。

黄文炜纂修：《重修肃州新志》，《中国地方志集成》48，凤凰出版社、上海书店、巴蜀书社 2007 年版。

廖兆骏：《绥远志略》，南京正中书局 1937 年版。

刘鸿逵、沈潜等修纂：《归化城厅志》，光绪年间手抄本。

齐翀纂修：乾隆《南澳志》，《中国地方志集成》，广东府县志辑，27，上海书店出版社 2003 年版。

任瀛翰等纂：《崇信县志》全一册，《中国方志丛书》第 336 号，台北成文出版社 1970 年版。

阮元等修，陈昌齐等纂：《广东通志》，《续修四库全书》编纂委员会编：《续修四库全书》669—675，史部·地理类，上海古籍出版社 2002 年版。

沈鸣诗等：《朝阳县志》，1920 年版。

松筠：《西陲总统事略》，沈云龙主编：《中国边疆丛书》第一辑，12，台北文海出版社 1965 年版。

绥远通志馆编纂：《绥远通志稿》，内蒙古人民出版社 2007 年版。

唐景崧修，蒋师辙、薛绍元纂：《光绪台湾通志》，《中国地方志集成》，台湾府县志辑，1，上海书店出版社 1999 年版。

王果纂修：道光《内江县志要》，光绪十三年补刻本。

王文墀：《绥远省临河县志》，《中国方志丛书》，塞北地方，台北成文出版社 1968 年版。

王学伊修，锡麒纂：宣统《新修固原直隶州志》，《中国地方志集成》，宁夏府县志辑，9，凤凰出版社 2008 年版。

吴章祁等修，顾士英等纂：道光《蓬溪县志》，道光二十五年刻本。

夏敬颐纂：光绪《浔州府志》，光绪二十三年刻本。

徐傅钧修，张著常纂：《东乐县志》，民国 12 年兢业石印馆刻本。

徐家瑞纂修：民国《新纂高台县志》，《中国地方志集成》，47，凤凰出版社、上海书店、巴蜀书社 2007 年版。

徐品山修、陆元鏸纂：《介休县志》，《中国地方志集成》，山西府县志辑，24，凤凰出版社 2005 年据嘉庆二十四年刻本影印版。

许容监修：民国《甘肃通志稿》，《中国西北文献丛书》第一辑，《西北稀见方志文献》第二十九卷，29，兰州古籍书店 1990 年版。

许协：《镇番县志》，道光五年刻本。

严如煜修，郑炳然纂：《汉南续修郡志》，嘉庆十九年刻本。

杨应琚：《西宁府新志》，乾隆十二年刊本。

印光任、张汝霖著，赵春晨校注：《澳门纪略校注》，澳门文化司署 1992 年版。

袁大化修，王树楠、王学曾纂：《新疆图志》，《续修四库全书》编纂委员会编：《续修四库全书》649—650，史部·地理类，上海古籍出版社 1996 年版。

允升、安维峻：《甘肃新通志》，宣统元年刻本。

张珏美修，曾钧等纂：乾隆《五凉全志·武威县志》，《中国方志丛书》，华北地方，台北成文出版社 1976 年版。

张应麒修：（民国）《鼎新县志》，《中国西北文献丛书》第一辑，《西北稀见方志文献》第四十八卷，48，兰州古籍书店 1990 年版。

赵全兵、朝克主编：《内蒙古中西部垦务志》，内蒙古大学出版社 2008 年版。

钟赓起原著，张志纯等校注：《甘州府志校注》，甘肃文化出版社

2008 年版。

钟广生：《新疆志稿》，台北成文书局 1968 年据民国 19 年铅印本影印版。

周家楣、缪荃孙等编纂：《光绪顺天府志》，北京古籍出版社 1987 年版。

周钟瑄修：《诸罗县志》卷十二，杂记志，康熙五十六年刻本，《中国地方志集成》，台湾府县志辑，1，上海书店出版社 1999 年版。

朱奎扬等修，吴廷华纂：（乾隆）《天津县志》，南开大学出版社 2001 年版。

朱世镛、黄葆初修，刘贞安等纂：《民国云阳县志》卷十，盐法，《中国地方志集成》，四川府县志辑，53，巴蜀书社 1992 年版。

社会科学方法

波普尔：《客观知识：一个进化论的研究》，舒炜光等译，上海译文出版社 1987 年版。

杜松柏：《国学治学方法》，中国人民大学出版社 2005 年版。

方汉文：《比较文化学》，广西师范大学出版社 2003 年版。

沟口雄三：《日本人视野中的中国学》，李甦平等译，中国人民大学出版社 1996 年版。

华勒斯坦等：《学科·知识·权力》，刘健芝等编译，生活·读书·新知三联书店 1999 年版。

梁启超：《中国近三百年学术史》，中国书店 1985 年版。

马克斯·韦伯：《社会科学方法论》，杨富斌译，华夏出版社 1999 年版。

钱穆：《中国学术通义》，台北学生书局 1976 年版。

魏宏森：《系统科学与社会系统》，吉林教育出版社 1990 年版。

约翰·齐曼：《元科学导论》，刘珺珺等译，湖南人民出版社 1988 年版。

张岱年、成中英等：《中国思维偏见》，中国社会科学出版社 1991

年版。

哲　学

奥古斯丁：《忏悔录》，周士良译，商务印书馆 1963 年版。

北京大学《欧洲哲学史》编写组：《欧洲哲学史》，商务印书馆 1977 年版。

北京大学哲学系外国哲学史教研室编译：《古希腊罗马哲学》，生活·读书·新知三联书店 1957 年版。

北京大学哲学系外国哲学史教研室编译：《十八世纪法国哲学》，商务印书馆 1963 年版。

布迪厄等：《实践与反思》，李康、李猛译，中央编译出版社 1998 年版。

布莱恩·麦基编：《思想家：与十五位杰出哲学家的对话》，周穗明、翁寒松等译，生活·读书·新知三联书店 2004 年版。

陈嘉明等：《现代性与后现代性》，人民出版社 2001 年版。

L. 斯维德勒：《全球对话的时代》，刘利华译，中国社会科学出版社 2006 年版。

杜威：《确定性的寻求：关于知行关系的研究》，傅统先译，上海人民出版社 2005 年版。

杜威：《我们怎样思维：经验与教育》，姜文闵译，人民教育出版社 1991 年版。

恩斯特·卡西尔：《人论》，甘阳译，上海译文出版社 1985 年版。

冯友兰：《中国哲学史》，中华书局 1961 年版。

弗朗索瓦·于连：《圣人无意——或哲学的他者》，闫素伟译，商务印书馆 2004 年版。

哈贝马斯：《现代性的地平线：哈贝马斯访谈录》，李安东、段怀清译，上海人民出版社 1997 年版。

汉娜·阿伦特：《黑暗时代的人们》，王凌云译，江苏教育出版社 2006 年版。

汉娜·阿伦特：《人的条件》，竺乾威等译，上海人民出版社1999年版。

贺麟：《哲学与哲学史论文集》，商务印书馆1990年版。

黑格尔：《历史哲学》，王造时译，上海书店书出版1999年版。

黑格尔：《哲学史讲演录》第1—4卷，贺麟、王太庆译，商务印书馆1981年版。

侯外庐等：《中国思想通史》第1—5卷，人民出版社1980年版。

胡适：《中国哲学史大纲》，耿云志等导读，上海古籍出版社1997年版。

华勒斯坦等：《开放社会科学：重建社会科学报告书》，刘锋译，生活·读书·新知三联书店1997年版。

黄煜文：《傅柯的思维取向——另类的历史书写》，台湾大学文学院1990年版。

吉尔·德勒兹：《福柯褶子》，于奇智、杨洁译，湖南文艺出版社2001年版。

卡尔·波普尔：《开放社会及其敌人》，陆衡等译，中国社会科学出版社1999年版。

康德：《纯粹理性批判》，韦卓民译，华中师范大学出版社1991年版。

拉卡托斯、马斯格雷夫编：《批判与知识的增长：1965年伦敦国际科学哲学会议论文汇编》第4卷，周寄中译，华夏出版社1987年版。

赖欣巴赫：《科学哲学的兴起》，伯尼译，商务印书馆1983年版。

刘北成编著：《福柯思想肖像》，上海人民出版社2001年版。

刘放桐：《新编现代西方哲学》，人民出版社2000年版。

卢卡西维茨：《亚里士多德的三段论》，李真、李先焜译，商务印书馆1991年版。

陆扬：《后现代性的文本阐释：福柯与德里达》，上海三联书店2000年版。

曼弗雷德·库恩：《康德传》，黄添盛译，上海人民出版社2008年版。

米歇尔·福柯：《权利的眼睛：福柯访谈录》，严锋译，上海人民出版社 1997 年版。

纳尔逊·古德曼：《构造世界的多种方式》，姬志闯译，上海译文出版社 2008 年版。

佘碧平：《现代性的意义与局限》，上海三联书店 2000 年版。

孙周兴编：《海德格尔选集》，上海三联书店 1996 年版。

汪民安：《福柯的界线》，中国社会科学出版社 2002 年版。

汪民安等主编：《后现代性的哲学话语：从福柯到赛义德》，浙江人民出版社 2000 年版。

王治河：《福柯》，湖南教育出版社 1999 年版。

威廉·詹姆斯：《实用主义》，陈羽纶、孙瑞禾译，商务印书馆 1979 年版。

辛冠洁等主编：《中国近代著名哲学家评传》，齐鲁书社 1983 年版。

休谟：《人性论》，关文运译，商务印书馆 1991 年版。

杨雁斌等编选：《重写现代性——当代西方学术话语》，社会科学文献出版社 2001 年版。

杨增新：《补过斋读老子日记》，《民国时期哲学思想丛书》第一编，31，台北文听阁图书有限公司 2010 年版。

殷海光：《中国文化的展望》，上海三联书店 2002 年版。

余英时：《中国思想传统的现代诠释》，江苏人民出版社 1995 年版。

张君劢：《中西印哲学文集》，台北学生书局 1981 年版。

张志伟、欧阳谦主编：《西方哲学智慧》，中国人民大学出版社 2000 年版。

朱立安·巴吉尼、杰里米·斯唐鲁姆编：《哲学家在想什么?》，王婧译，上海三联书店 2006 年版。

政 治 学

阿克顿：《自由与权力：阿克顿勋爵论说文集》，侯健、范亚峰译，商务印书馆 2001 年版。

陈志让：《军绅政权——近代中国的军阀时期》，生活·读书·新知三联书店1980年版。

高毅：《法兰西风格：大革命的政治文化》，浙江人民出版社1991年版。

郭建：《帝国缩影：中国历史上的衙门》，学林出版社1999年版。

侯宜杰：《二十世纪初中国政治改革风潮：清末立宪运动史》，人民出版社1993年版。

霍布豪斯：《自由主义》，朱曾汶译，商务印书馆1996年版。

家近亮子：《蒋介石与南京国民政府》，王士花译，社会科学文献出版社2005年版。

李剑农：《中国近百年政治史》，复旦大学出版社2002年版。

李普森：《政治学的重大问题》（第10版），刘晓等译，华夏出版社2001年版。

李义中：《从托利主义到自由主义：格拉斯顿宗教、政治观的演讲》，中国社会科学出版社2005年版。

李智勇：《陕甘宁边区政权形态与社会发展（1937—1945）》，中国社会科学出版社2001年版。

罗伯特·柯白：《四川军阀与国民政府》，殷钟崃、李维健译，四川人民出版社1985年版。

罗纳德·H. 奇尔科特：《比较政治学理论：新范式的探索》，高铦、潘世强译，社会科学文献出版社1998年版。

玛莎·费丽英：《国际社会中的国家利益》，袁正清译，浙江人民出版社2001年版。

邱昌渭：《广西县政》，桂林文化供应社1941年版。

萨孟武：《中国社会政治史》（增订第四版），台北三民书局1975年版。

塞缪尔·P. 亨廷顿：《变化社会中的政治秩序》，王冠华等译，生活·读书·新知三联书店1989年版。

宋金寿主编：《抗日战争时期的陕甘宁边区》，北京出版社1995年版。

王健文：《奉天承运：古代中国的"国家"概念及其正当性基础》，台北东大图书股份有限公司 1995 年版。

沃尔金等：《论空想社会主义》中卷，郭一民等译，商务印书馆 1980 年版。

乌·贝克、哈贝马斯等：《全球化与政治》，王学东等译，中央编译出版社 2000 年版。

吴惕安、俞可平主编：《当代西方国家理论评析》，陕西人民出版社 1994 年版。

萧公权：《中国政治思想史》，新星出版社 2005 年版。

熊玠：《无政府状态与世界秩序》，余逊达、张铁军译，浙江人民出版社 2001 年版。

亚里士多德：《政治学》，吴寿彭译，商务印书馆 1965 年版。

詹姆斯·罗西瑙：《没有政府的治理》，张胜军、刘小林等译，江西人民出版社 2001 年版。

张学仁、陈宁生主编：《20 世纪之中国宪政》，武汉大学出版社 2002 年版。

张益弘：《三民主义之考证与补遗》，台北恬然书舍 1984 年版。

法　学

阿·菲德罗斯等：《国际法》（上册），李浩培译，商务印书馆 1981 年版。

阿图尔·考夫曼、温弗里德·哈斯默尔主编：《当代法哲学和法律理论导论》，郑永流译，法律出版社 2002 年版。

阿图尔·考夫曼：《古斯塔夫·拉德布鲁赫传》，舒国滢译，法律出版社 2004 年版。

北京市高级人民法院行政审判庭编：《北京行政诉讼案例研究》，中国审计出版社 2000 年版。

波斯纳：《法理学问题》，苏力译，中国政法大学出版社 2002 年版。

伯纳德·施瓦茨：《美国法律史》，王军等译，中国政法大学出版社 1989 年版。

布特罗斯·加利：《非洲边界争端》，仓友衡译，商务印书馆 1979 年版。

步德茂：《过失杀人、市场与道德经济：十八世纪中国的财产权暴力纠纷》，张世明、刘亚丛、陈兆肆译，社会科学文献出版社 2008 年版。

步伦：《公法会通》，丁韪良等译，上海华美书馆 1899 年版。

蔡乐渭：《土地征收中的公共利益问题研究》，首都师范大学出版社 2011 年版。

曹明德：《生态法原理》，人民出版社 2002 年版。

长孙无忌等撰：《唐律疏议》，刘俊文点校，中华书局 1983 年版。

陈顾远：《中国固有法系与中国文化：陈顾远法律史论集》，中国政法大学出版社 2006 年版。

陈顾远：《中国国际法溯源》，商务印书馆 1931 年版。

陈隆丰：《国家继承与不平等条约》，台北三民书局股份有限公司 2003 年版。

陈全伦等主编：《徐公谳词》，齐鲁书社 2001 年版。

茨威格特、克茨：《比较法总论》，潘汉典等译，贵州人民出版社 1992 年版。

丛文胜：《战争法原理与实用》，军事科学出版社 2005 年版。

崔书琴：《国际法》，商务印书馆 1948 年版。

大木雅夫：《比较法》，范愉译，法律出版社 1999 年版。

大木雅夫：《东西方的法观念比较》，华夏、战宪斌译，北京大学出版社 2004 年版。

大卫·弗里德曼：《经济学语境下的法律规则》，杨欣欣译，法律出版社 2004 年版。

戴雪：《英宪精义》，雷宾南译，中国法制出版社 2001 年版。

戴炎辉：《中国法制史概要》，台北三民书局 1966 年版。

德沃金：《法律帝国》，李常青等译，中国大百科全书出版社 1996 年版。

邓正来编：《王铁崖文集》，中国政法大学出版社 1993 年版。

丁韪良：《万国公法》，上海书店出版社 2002 年版。

董必武：《法学文集》，法律出版社 2001 年版。

范忠信选编：《梁启超法学文集》，中国政法大学出版社 2000 年版。

费肯杰：《经济法》第 1 卷，张世明、袁剑、梁君译，中国民主法制出版社 2009 年版。

费肯杰：《经济法》第 2 卷，张世明译，中国民主法制出版社 2009 年版。

高道蕴等编：《美国学者论中国法律传统》，清华大学出版社 2004 年版。

龚汝富：《明清讼学研究》，商务印书馆 2008 年版。

顾维钧：《外人在华之地位》，中华民国外交部图书处 1925 年刊本。

郭明：《学术转型与话语重构——走向监狱学的新视线》，中国方正出版社 2003 年版。

郭润涛：《官府、幕友与书生："绍兴师爷"研究》，中国社会科学出版社 1996 年版。

哈罗德·J. 伯尔曼：《法律与革命》，贺卫方等译，中国大百科全书出版社 1996 年版。

哈特：《法律的概念》，张文显等译，中国大百科全书出版社 1996 年版。

韩延龙主编：《中国近代警察制度》，中国人民公安大学 1993 年版。

韩兆藩：《考察监狱记》，商务印书馆 1907 年版。

何勤华、魏琼编：《董康法学文集》，中国政法大学出版社 2005 年版。

贺卫方：《司法的理念与制度》，中国政法大学出版社 1998 年版。

贺卫方：《运送正义的方式》，上海三联书店 2002 年版。

贺卫方编：《中国法律教育之路》，中国政法大学出版社 1997 年版。

黄宗智：《民事审判与民间调解：清代的表达与实践》，中国社会科学出版社 1998 年版。

黄宗智：《清代的法律、社会与文化：民法的表达与实践》，上海书店出版社 2007 年版。

霍贝尔：《初民的法律》，周勇译，中国社会科学出版社 1993 年版。

J. M. 凯利：《西方法律思想简史》，王笑红译，法律出版社 2002年版。

季卫东：《法治秩序的建构》，中国政法大学出版社 1999 年版。

柯提斯·J. 米尔霍普、卡塔琳娜·皮斯托：《法律与资本主义：全球公司危机揭示的法律制度与经济发展的关系》，罗培新译，北京大学出版社 2010 年版。

孔慈：《变动中之国际法》，王学理译，台北商务印书馆 1971 年版。

拉德布鲁赫：《法律智慧警句集》，舒国滢译，中国法制出版社2001 年版。

拉德布鲁赫：《法哲学》，王朴译，法律出版社 2005 年版。

拉伦茨：《德国民法通论》，王晓晔等译，法律出版社 2003 年版。

拉伦茨：《法学方法论》，陈爱娥译，台北五南图书出版公司 1999年版。

劳伦斯·弗里德曼：《法律制度：从社会科学角度观察》，李琼英、林欣译，中国政法大学出版社 1994 年版。

劳特派特修订：《奥本海国际法》（上卷，第 1 分册），王铁崖、陈体强译，商务印书馆 1989 年版。

雷梦麟：《读律琐言》，怀效锋、李俊点校，法律出版社 2000 年版。

李浩培：《国际法的概念和渊源》，贵州人民出版社 1994 年版。

李浩培：《李浩培法学文集》，法律出版社 2006 年版。

李浩培：《条约法概论》，法律出版社 2003 年版。

李家善：《国际法学史新论》，法律出版社 1987 年版。

李圣五：《国际公法论》，上海商务印书馆 1935 年版。

理查德·A. 爱波斯坦：《简约法律的力量》，刘星译，中国政法大学出版社 2004 年版。

梁慧星：《民法解释学》，中国政法大学出版社 2000 年版。

梁敬錞：《在华领事裁判权论》，商务印书馆 1930 年版。

梁西：《国际组织法（总论）》（修订版），武汉大学出版社 2001

年版。

梁治平主编：《法律的文化解释》，生活·读书·新知三联书店1994 年版。

刘达人、袁国钦：《国际法发达史》，商务印书馆 1936 年版。

柳炳华：《国际法》（上），朴国哲、朴永姬译，中国政法大学出版社 1995 年版。

吕世伦主编：《西方法律思潮源流论》，中国人民公安大学出版社1993 年版。

罗尔夫·克尼佩尔：《法律与历史：论〈德国民法典〉的形成与变迁》，朱岩译，法律出版社 2003 年版。

罗志渊：《近代中国法制演变研究》，台北中正书局 1981 年版。

梅仲协：《民法要义》，中国政法大学出版社 1998 年版。

孟德斯鸠：《论法的精神》，张雁深译，商务印书馆 1993 年版。

孟罗·斯密：《欧陆法律发达史》，姚梅镇译，中国政法大学出版社 1999 年版。

穆罕默德·贝贾维：《争取建立国际经济新秩序》，欣华、任达译，中国对外翻译出版公司 1982 年版。

那思陆：《清代州县衙门审判制度》，中国政法大学出版社 2006年版。

诺·库尔森：《伊斯兰教法律史》，吴云贵译，中国社会科学出版社 1986 年版。

潘华仿主编：《外国监狱史》，社会科学文献出版社 1995 年版。

潘世宪：《蒙古民族地方法制史概要》，油印本，内蒙古大学蒙古史研究所 1983 年版。

潘维和等：《中西法律思想论集》，台北汉林出版社 1984 年版。

千贺鹤太郎：《国际公法》，卢弼、黄炳言译，上海昌明公司 1908年版。

千叶正士：《法律多元——从日本法律文化迈向一般理论》，强世功等译，中国政法大学出版社 1997 年版。

邱澎生：《法律遇上经济：明清中国的商业法律》，台北五南图书出版股份有限公司 2009 年版。

邱远猷等：《中华民国开国法制史——辛亥革命法律制度研究》，首都师范大学出版社 1997 年版。

瞿同祖：《瞿同祖法学论著集》，中国政法大学出版社 2004 年版。

瞿同祖：《中国法律与中国社会》，台北里仁书局 1982 年版。

曲可伸：《罗马法原理》，南开大学出版社 1988 年版。

日本国际法学会编：《国际法辞典》，世界知识出版社 1985 年版。

沈克勤编著：《国际法》（增订第五版），台北学生书局 1970 年版。

沈满洪：《水权交易制度研究：中国的案例分析》，浙江大学出版社 2006 年版。

沈敏荣：《法律限度》，法律出版社 2003 年版。

沈之奇：《大清律辑注》，怀效锋、李俊点校，法律出版社 2000 年版。

沈宗灵：《现代西方法理学》，北京大学出版社 1992 年版。

史际春主编：《公司法教程》，中国政法大学出版社 1995 年版。

斯普林克尔：《清代法制导论：从社会学角度加以分析》，张守东译，中国政法大学出版社 2000 年版。

斯塔克：《国际法导论》（第 8 版），赵维田译，法律出版社 1984 年版。

寺泽一、山本草主编：《国际法基础》，朱奇武、刘丁等译，中国人民大学出版社 1983 年版。

宋功备：《法学的坦白》，法律出版社 2001 年版。

孙国华主编：《法理学教程》，中国人民大学出版社 1994 年版。

孙笑侠：《程序的法理》，商务印书馆 2005 年版。

谭焯宏：《国际公法原论》，中华书局 1934 年版。

唐·布莱克：《社会学视野中的司法》，郭星华等译，法律出版社 2002 年版。

陶希圣：《清代州县衙门刑事审判制度及程序》，台北食货出版社 1972 年版。

田成有主编：《西儒论语：西方法律思想中的智慧》，法律出版社

2007 年版。

田涛、许传玺、王宏治主编：《黄岩诉讼档案及调查报告：传统与现实之间——寻法下乡》，法律出版社 2004 年版。

图们主编：《军事法学教程》，法律出版社 1992 年版。

汪劲：《环境法律的理念与价值追求》，法律出版社 2000 年版。

王伯琦：《民法总则》，台北编译馆 1963 年版。

王健：《沟通两个世界的法律意义——晚清西方法律的输入与法律新词初探》，中国政法大学出版社 2001 年版。

王人博：《中国近代的宪政思潮》，法律出版社 2003 年版。

王树义：《俄罗斯生态法》，武汉大学出版社 2001 年版。

王又槐：《办案要略》，《官箴书集成》编纂委员会编：《官箴书集成》第 4 册，黄山书社 1997 年版。

王宗武：《委任统治问题》，上海商务印书馆 1936 年版。

沃尔夫刚·格拉夫·魏智通：《国际法》，吴越等译，法律出版社 2002 年版。

吴嘉生：《国际法与国内法关系之研析》，台北五南图书出版公司 1998 年版。

吴经熊：《法律哲学研究》，清华大学出版社 2004 年版。

吴云贵：《伊斯兰教法概略》，中国社会科学出版社 1993 年版。

徐爱国：《分析法学》，法律出版社 2004 年版。

徐公喜：《朱熹理学法律思想研究》，江西人民出版社 2004 年版。

许文濬：《塔景亭案牍》，北京大学出版社 2007 年版。

许章润：《说法、活法、立法：关于法律之为一种人世生活方式及其意义》（增订版），清华大学出版社 2004 年版。

杨鸿烈：《中国法律思想史》，范忠信、何鹏勘校，中国政法大学出版社 2004 年版。

杨一凡总主编：《中国法制史考证》甲、乙、丙编，中国社会科学出版社 2003 年版。

杨泽伟：《宏观国际法史》，武汉大学出版社 2001 年版。

伊恩·布朗利：《国际公法原理》，曾令良等译，法律出版社 2003

年版。

曾友豪：《国际公法例案》，上海法学书局 1934 年版。

詹姆斯·马奇、马丁·舒尔茨等：《规则的动态演变》，童根兴译，世纪出版集团 2005 年版。

张德美：《探索与抉择——晚清法律移植研究》，清华大学出版社 2003 年版。

张纪孙：《军法纵横》，长征出版社 2003 年版。

张建智：《中国神秘的狱神庙》，上海三联书店 2000 年版。

张晋藩、郭成康：《清入关前国家法律制度史》，辽宁人民出版社 1988 年版。

张乃根：《西方法哲学史纲》，中国政法大学出版社 1993 年版。

张荣铮等点校：《大清律例》，天津古籍出版社 1993 年版。

张荣铮等点校：《钦定理藩部则例》，天津古籍出版社 1998 年版。

张世明、步德茂、娜鹤雅主编：《世界学者论中国传统法律文化（1644—1911）》，法律出版社 2009 年版。

张世明：《经济法学理论演变研究》（第二次全面修订版），中国民主法制出版社 2009 年版。

张世明：《中国经济法历史渊源原论》，中国民主法制出版社 2002 年版。

张文彬：《论私法对国际法的影响》，法律出版社 2001 年版。

赵绘宇：《生态系统管理法律研究》，上海交通大学出版社 2006 年版。

赵舒翘：《提牢备考译注》，张秀夫主编，法律出版社 1997 年版。

赵晓华：《晚清讼狱制度的社会考察》，中国人民大学出版社 2001 年版。

郑秦：《清代法律制度研究》，中国政法大学出版社 2000 年版。

郑秦：《清代司法审判制度研究》，湖南教育出版社 1988 年版。

郑玉波：《民商法问题研究》，台北三民书局 1980 年版。

中国社会科学院历史研究所宋辽金元史研究室点校：《名公书判清明集》，中华书局 1987 年版。

周鲠生：《国际法》，武汉大学出版社 2007 年版。

周润年、喜饶尼玛译注：《西藏古代法典选编》，中央民族大学出版社 1994 年版。

周忠海：《国际法学述评》，法律出版社 2001 年版。

朱景文：《比较法社会学的框架和方法——法制化、本土化和信息化》，中国人民大学出版社 2001 年版。

朱景文主编：《当代西方后现代法学》，法律出版社 2002 年版。

朱奇武：《中国国际法的理论与实践》，法律出版社 1998 年版。

祝庆祺等编：《刑案汇览三编》，北京古籍出版社 2004 年版。

滋贺秀三、寺田浩明等：《明清时期的民事审判与民间契约》，王亚新等译，法律出版社 1998 年版。

经 济 学

艾萨德：《区域科学导论》，陈宗兴等译，高等教育出版社 1991 年版。

奥古斯特·勒施：《经济空间秩序——经济财货与地理间的关系》，王守礼译，商务印书馆 1995 年版。

保尔·芒图：《十八世纪产业革命——英国近代大工业初期的概况》，杨人楩译，商务印书馆 1983 年版。

曹刚：《中国西藏地方货币》，四川民族出版社 1999 年版。

曹凯风：《大盛魁：零到亿万的奇迹》，西南财经大学出版社 2002 年版。

陈嵘：《中国森林史料》，中国林业出版社 1983 年版。

陈绍闻主编：《中国近代经济文选》，上海人民出版社 1984 年版。

陈秀夔：《中国财政制度史》，台北正中书局 1973 年版。

陈真、姚洛合编：《中国近代工业史资料》第 1—4 辑，生活·读书·新知三联书店 1957—1961 年版。

陈征平：《云南早期工业化进程研究（1840—1949）》，民族出版社 2002 年版。

程民生：《宋代地域经济》，河南大学出版社1992年版。

董长芝等：《中国现代经济史》，东北师范大学出版社1988年版。

费孝通：《江村经济》，上海人民出版社2006年版。

冯和法编：《中国农村经济资料》，《中国经济史资料丛书》第1辑第2种，台北华世出版社1978年版。

弗里德利希·冯·哈耶克：《自由秩序原理》，邓正来译，生活·读书·新知三联书店1997年版。

傅衣凌：《明清社会经济史论文集》，中华书局2008年版。

傅筑夫：《中国封建社会经济史》，人民出版社1986年版。

甘霖：《变局——前11世纪以来至21世纪中国区域发展与社会变迁》，上海人民出版社1999年版。

甘鹏云编述：《调查归绥垦务报告书》，中华民国五年八月晋北镇守使署石印本，国家图书馆古籍馆编：《国家图书馆藏清代民国调查报告丛刊》影印本第22册，北京燕山出版社2007年版。

贺扬灵：《察绥蒙民经济的解剖》，商务印书馆1935年版。

黄金树：《中国大陆经济空间与空间发展状况之估测》，台北中华经济研究院1986年版。

黄立人：《抗战时期大后方经济史研究》，中国档案出版社1998年版。

黄宗智：《长江三角洲小农家庭与乡村发展》，中华书局2000年版。

冀朝鼎：《中国历史上的基本经济区与水利事业的发展》，朱诗鳌译，中国社会科学出版社1981年版。

金士宣、徐文述编著：《中国铁路发展史：1876—1949》，中国铁道出版社1986年版。

卡洛·奇波拉主编：《欧洲经济史》第1—6卷，王铁生等译，商务印书馆1988—1991年版。

李必樟编译：《上海近代贸易经济发展概况：1854—1898年英国驻上海领事馆贸易报告汇编》，上海社会科学院出版社1993年版。

李伯重：《江南的早期工业化（1550—1850）》，社会科学文献出版社2000年版。

李刚：《陕西商帮史》，西北大学出版社 1997 年版。

李平生：《烽火映方舟：抗战时期大后方经济》，广西师范大学出版社 1995 年版。

李宗仁等：《广西之建设》，广西建设研究会 1939 年版。

厉声：《新疆对苏（俄）贸易史：1600—1990》，新疆人民出版社 1993 年版。

梁冰：《伊克昭盟的土地开垦》，内蒙古大学出版社 1991 年版。

梁嘉彬：《广东十三行考》，广东人民出版社 1999 年版。

林继庸：《民营工厂内迁纪略》，中国工业经济研究所 1945 年版。

刘易斯·芒福德：《城市发展史——起源、演变和前景》，倪文彦、宋俊岭译，中国建筑工业出版社 1982 年版。

卢明辉、刘衍坤：《旅蒙商：17 世纪至 20 世纪中原与蒙古地区的贸易关系》，中国商业出版社 1995 年版。

陆大道：《区位论及区域研究方法》，科学出版社 1988 年版。

陆亭林：《青海省帐幕经济与农村经济之研究》，萧铮主编：《民国二十年代中国大陆土地问题资料丛书》第 41 辑，台北成文出版社 1977 年版。

陆仰渊、方庆秋主编：《民国社会经济史》，中国经济出版社 1991 年版。

罗伯特·吉尔平：《全球资本主义的挑战：21 世纪的世界经济》，杨宇光、杨炯译，上海人民出版社 2001 年版。

罗纳德·科斯：《企业、市场与法律》，盛洪、陈郁译，上海三联书店 2009 年版。

马克斯·韦伯：《经济与社会》，林荣远译，商务印书馆 1997 年版。

马士：《东印度公司对华贸易编年史：1635—1834 年》，中国海关史研究中心组译，中山大学出版社 1991 年版。

宓汝成：《帝国主义与中国铁路：1847—1949》，上海人民出版社 1980 年版。

宓汝成编：《中国近代铁路史资料：1863—1911》，中华书局 1984 年版。

彭泽益编：《中国近代手工业史资料：1840—1949》第 1 卷，中华书局 1962 年版。

斯波义信：《宋代江南经济史研究》，方健、何忠礼译，虞云国校，江苏人民出版社 2001 年版。

孙果达：《民族工业大迁徙：抗日战争时期民营工厂的内迁》，中国文史出版社 1991 年版。

谭熙鸿编：《十年来之中国经济》上，中华书局 1948 年版。

王国斌：《转变的中国——历史变迁与欧洲经验的局限》，李伯重等译，江苏人民出版社 1998 年版。

王立显主编：《四川公路交通史》，四川人民出版社 1989 年版。

王绍荃主编：《四川内河航运史》（古近代部分），四川人民出版社 1989 年版。

巫宝三等编：《中国近代经济思想与经济政策资料选辑（1840—1864）》，科学出版社 1959 年版。

小罗伯特·B. 埃克伦德、罗伯特·F·赫伯特：《经济理论和方法史》，杨玉生、张凤林译，中国人民大学出版社 2001 年版。

杨国桢：《东溟水土：东南中国的海洋环境与经济开发》，江西高校出版社 2003 年版。

姚贤镐编：《中国近代对外贸易史资料：1840—1895》，《中国近代经济史参考资料丛刊》第五种，中华书局 1962 年版。

叶显恩主编：《广东航运史》（古代部分），人民交通出版社 1989 年版。

尹铁：《晚清铁路与晚清社会变迁研究》，经济科学出版社 2005 年版。

玉门石油管理局史志编纂委员会编：《玉门油矿史（1939—1949）》，西北大学出版社 1988 年版。

曾鲲化：《中国铁路史》，沈云龙主编：《近代中国史料丛刊》第九十八辑，973，台北文海出版社 1973 年版。

张波：《西北农牧史》，陕西科学技术出版社 1989 年版。

张公权等：《抗战与交通》，重庆独立出版社 1940 年版。

张培刚：《农业与工业化（上卷）——农业国工业化问题初探》，曾启贤、万典武译，华中科技大学出版社 2002 年版。

张培刚：《农业与工业化（中下合卷）：农业国工业化问题再论》，华中科技大学出版社 2002 年版。

张世明：《清代西藏开发研究》，北京燕山出版社 1996 年版。

张学君、冉光荣：《明清四川井盐史稿》，四川人民出版社 1984 年版。

张学君、张莉红：《四川近代工业史》，四川人民出版社 1990 年版。

张琢：《九死一生：中国现代化的坎坷历程和中长期预测》，中国社会科学出版社 1992 年版。

章有义编：《中国近代农业史资料》，生活·读书·新知三联书店 1957 年版。

赵靖、易梦虹主编：《中国近代经济思想史》，中华书局 1982 年版。

郑学檬：《中国古代经济空间南移和唐宋江南经济研究》，岳麓书社 2003 年版。

中国人民银行总行参事室金融史料组编：《中国近代货币史资料》，中华书局 1964 年版。

钟文典主编：《广西近代圩镇研究》，广西师范大学出版社 1998 年版。

周一士：《中国公路史》，沈云龙主编：《近代中国史料丛刊续编》第九十三辑，926，台北文海出版社 1982 年版。

祝慈寿：《中国古代工业史》，学林出版社 1988 年版。

军 事 学

A. H. 若米尼：《战争艺术概论》，刘聪译，解放军出版社 1991 年版。

阿伦·米利特、彼得·马斯洛斯金：《美国军事史》，军事科学院外国军事研究部译，军事科学出版社 1989 年版。

安德鲁·兰伯特：《风帆时代的海上战争》，郑振清、向静译，上海人民出版社 2005 年版。

陈访友主编：《海军战役与教程》，国防大学出版社 1991 年版。

陈锋：《清代军费研究》，武汉大学出版社 1992 年版。

陈海宏：《美国军事力量的崛起：美国军事改革的回顾与反思》，内蒙古大学出版社 1995 年版。

陈志让：《军绅政权——近代中国的军阀时期》，生活·读书·新知三联书店 1980 年版。

达林太：《蒙古兵学研究》，军事科学出版社 1990 年版。

丹尼尔·奥·格雷厄姆：《高边疆——新的国家战略》，张健志等译，军事科学出版社 1988 年版。

定宜庄：《清代八旗驻防制度研究》，天津古籍出版社 1992 年版。

富勒：《西洋世界军事史》，钮先钟译，中国人民解放军军事科学院 1981 年内部发行。

富勒：《战争指导》，李磊、尚玉卿译，广西人民出版社 2008 年版。

郭其侨主编：《军队建设学》，国防大学出版社 1989 年版。

海军军事学术研究所编：《甲午海战与中国近代海军》，中国社会科学出版社 1990 年版。

惠普尔：《英法海战》，秦祖祥、李安林译，海洋出版社 1986 年版。

姜鲁鸿：《中国国防经济历史形态》，国防大学出版社 1995 年版。

金玉图：《中国战术史》，解放军出版社 2008 年版。

卡尔·冯·克劳塞维茨：《战争论》，中国人民解放军军事科学院译，商务印书馆 1995 年版。

康念德：《李鸿章与中国军事工业近代化》，杨天宏译，四川大学出版社 1992 年版。

拉塞尔·韦格利：《美国军事战略与政策史》，张孝林等译，解放军出版社 1986 年版。

拉塞尔·韦格利：《美国陆军史》，丁志源等译，解放军出版社 1989 年版。

赖福顺：《乾隆重要战争之军需研究》，台北"故宫博物院" 1984 年版。

兰州军区司令部作战部编：《中国西北历代战争例评》，甘肃人民出版社 1993 年版。

雷海宗：《中国的兵》，中华书局 2005 年版。

李文祥：《军事后勤理论比较研究》，国防大学出版社 1997 年版。

李震：《中国军事教育史》，台北"中央文物供应社"1983 年版。

利德尔·哈特：《战略论》，中国人民解放军军事科学院译，战士出版社 1981 年版。

刘鸿基：《战争动员学》，国防大学出版社 1992 年版。

刘展主编：《中国古代军制史》，军事科学出版社 1992 年版。

卢林：《战术史纲要》，解放军出版社 1987 年版。

罗尔纲：《绿营兵志》，中华书局 1984 年版。

罗辛斯基：《海军思想的发展》，钮先钟译，台北黎明文化事业公司 1987 年版。

罗云编著：《细说清代国防》，台北祥云出版社 1987 年版。

马书珂：《军事技术发展纵横史略》，兵器工业出版社 1988 年版。

麦克雷·贝安：《军队与武器》，李继红、何方明译，北京体育学院出版社 1992 年版。

麦尼尔：《竞逐富强：西方军事的现代化历程》，倪大昕、杨润殷译，刘锋校，学林出版社 1996 年版。

米勒：《美国海军史》，卢如春译，海洋出版社 1985 年版。

《拿破仑文选》，陈太先译，商务印书馆 1980 年版。

内维尔·马克斯卫尔：《印度对华战争》，香港南粤出版社 1976 年版。

钮先钟：《战略思想与历史教训》，台北军事译粹出版社 1979 年版。

钮先钟：《战略研究与军事思想》，台北黎明文化事业公司 1982 年版。

浅野祐吾：《军事思想史入门——近代西方与中国》，赵志民、李苑译，解放军出版社 1988 年版。

乔治·C. 索普：《理论后勤学：战争准备的科学》，张焱译，解放军出版社 1989 年版。

秦树才：《清代云南绿营兵研究——以汛塘为中心》，云南教育出版社 2004 年版。

任桂淳：《清朝八旗驻防兴衰史》，生活·读书·新知三联书店 1993 年版。

日本陆上自卫队干部学校修亲会：《作战理论入门》，军事科学院外国军事研究部译，战士出版社 1982 年版。

施治：《中外军制和指挥参谋体系的演进》，台北"中央文物供应社" 1981 年版。

宋宜昌：《火与剑的海洋》，海洋出版社 1982 年版。

苏沃洛夫：《制胜的科学》，李让译，解放军出版社 1986 年版。

孙秀德主编：《军事后勤学》，国防大学出版社 1990 年版。

T. N. 杜普伊：《武器和战争的演变》，王建华等译，军事科学出版社 1985 年版。

台湾三军大学编著：《中国历代战争史》，军事译文出版社 1983 年版。

唐纳德·W. 米切尔：《俄国与苏联海上力量史》，朱协译，商务印书馆 1983 年版。

唐宁：《古代战争中的攻防战术》，人民出版社 1992 年版。

唐志拔：《中国舰船史》，海军出版社 1989 年版。

田震亚：《中国近代军事思想》，台北商务印书馆 1992 年版。

王厚卿主编：《中国军事思想论纲》，国防大学出版社 2000 年版。

王家俭：《中国近代海军史论集》，台北文史哲出版社 1984 年版。

王普丰主编：《现代军事学》，重庆出版社 1990 年版。

威廉·西摩：《世界上二十次重大战役中的决定因素》，军事科学院外国军事研究部译，军事科学出版社 1992 年版。

魏汝霖：《读史兵略补编——清史兵略》，台北"国防研究所" 1961 年版。

吴春秋编著：《俄国军事史略》，知识出版社 1983 年版。

熊志勇：《从边缘走向中心：晚清社会变迁中的军人集团》，天津人民出版社 1998 年版。

许雪姬：《清代台湾的绿营》，台北"中央研究院"近代史研究所专刊（54），台北"中央研究院"近代史研究所 1987 年版。

阎勤民：《孙子神术》，山西高校联合出版社 1993 年版。

约翰·柯林斯：《大战略》，中国人民解放军军事科学院译，战士出版社 1978 年版。

詹姆斯·A. 休斯敦：《美国陆军后勤史》，王军等译，解放军出版社 1989 年版。

张俊波：《中西军事哲学比较研究》，军事科学出版社 1993 年版。

张其昀：《中国军事史略》，中华文化出版社事业委员会 1956 年版。

张铁牛、高晓星：《中国古代海军史》，解放军出版社 1993 年版。

张炜、许华：《海权与兴衰》，海洋出版社 1991 年版。

张玉田等编著：《中国近代军事史》，辽宁人民出版社 1983 年版。

张振龙主编：《军事经济学》，辽宁人民出版社 1988 年版。

赵生瑞主编，总后勤部基建营房部、中国第一历史档案馆、辽宁省档案馆编：《中国清代营房史料选辑》，军事科学出版社 2006 年版。

郑锋：《西方军事思想发展史》，国防大学出版社 1993 年版。

中国兵书集成编委会编：《中国兵书集成》，解放军出版社、辽沈书社 1993 年版。

中国海军百科全书编审委员会编：《中国海军百科全书》，海潮出版社 1998 年版。

中国人民解放军军事科学院编译：《苏联军事百科全书》，解放军出版社 1986 年版。

中华学术院编辑：《战史论集》，台北中国文化大学出版部 1983 年版。

驻闽海军军事编纂室：《福建海防史》，厦门大学出版社 1990 年版。

庄吉发：《清高宗十全武功研究》，中华书局 1987 年版。

佐克、海厄姆：《简明战争史》，中国人民解放军军事科学院外国军事研究部译，商务印书馆 1982 年版。

佐佐木正哉编：《鸦片战争之研究》（资料篇），沈云龙主编：《近代中国史料丛刊续编》第九十五辑，941，台北文海出版社 1983 年版。

《中国军事史》编写组：《中国军事史》第1—6卷，解放军出版社1983—1991年版。

地 理 学

安德烈·梅尼埃：《法国地理学思想史》，蔡宗夏译，商务印书馆1999年版。

包亚明主编：《后现代性与地理学的政治》，上海教育出版社2001年版。

包亚明主编：《现代性与空间的生产》，上海教育出版社2003年版。

陈民本：《中国的海洋》，台北"中央文物供应社"1982年版。

陈正祥：《中国文化地理》，生活·读书·新知三联书店1983年版。

德伯里：《人文地理：文化社会与空间》，王民等译，北京师范大学出版社1988年版。

董正钧：《居延海（额济纳旗）》，中华书局1952年版。

菲利普·潘什梅尔：《法国》，叶闻法译，上海译文出版社1980年版。

傅崇矩：《成都通览》，巴蜀书社1987年版。

葛剑雄：《统一与分裂——中国历史的启示》，生活·读书·新知三联书店1994年版。

葛剑雄：《中国历代疆域的变迁》，商务印书馆1997年版。

哈特向：《地理学性质的透视》，黎樵译，商务印书馆1963年版。

韩昭庆：《荒漠、水系、三角洲：中国环境史的区域研究》，上海科学技术文献出版社2010年版。

侯向阳：《区域农业发展的历史生态研究》，中国农业出版社2000年版。

胡良珍：《中俄疆界问题之研究》，台北"中央文物供应社"1988年版。

华林甫编：《中国地理学五十年》，学苑出版社2001年版。

黄盛璋主编：《绿洲研究》，科学出版社2003年版。

黄文弼：《蒙新考察日记》，文物出版社 1990 年版。

杰弗里·帕克：《地缘政治学：过去、现在和未来》，刘从德译，新华出版社 2003 年版。

金其铭、杨山等编著：《人地关系论》，江苏教育出版社 1993 年版。

军事科学院战略研究部：《中国军事地理概况》，军事科学出版社 1988 年版。

卡尔·豪斯浩弗：《国防地理学》，周光达译，商务印书馆 1945 年版。

兰登·华尔纳：《在中国漫长的古道上》，姜洪源、魏宏举译，《西域探险考察大系》，新疆人民出版社 2001 年版。

蓝勇：《深谷回音——三峡经济开发的历史反思》，西南师范大学出版社 1994 年版。

李东华：《中国海洋发展关键时地个案研究》，台北大安出版社 1990 年版。

李之勤：《西北史地研究》，中州古籍出版社 1994 年版。

林鹏侠：《西北行》，王福成点校，甘肃人民出版社 2000 年版。

刘宏煊：《中国疆域史》，武汉出版社 1995 年版。

马大正、刘逖：《20 世纪的中国边疆研究——一门发展中的边缘学科的演进历程》，黑龙江教育出版社 1997 年版。

马芷庠：《北平旅行指南》，经济新闻社 1937 年版。

潘赛等：《世界政治地理》，彦屈远译，台北世界书局 1975 年版。

普雷斯顿·詹姆斯：《地理学思想史》，李旭旦译，商务印书馆 1982 年版。

全汉昇：《唐宋帝国与运河》，台北"中央研究院"历史语言研究所 1943 年版。

盛叙功：《西洋地理学史》，西南师范大学出版社 1993 年版。

史念海：《河山集》二集，生活·读书·新知三联书店 1981 年版。

史念海：《黄土高原历史地理研究》，黄河水利出版社 2001 年版。

斯文·赫定：《游移的湖》，江红译，新疆人民出版社 2000 年版。

宋正海：《东方蓝色文化——中国海洋文化传统》，广东教育出版社 1995 年版。

谭其骧主编：《清人文集地理类汇编》，浙江人民出版社 1988 年版。

王恩涌等编著：《政治地理学：时空中的政治格局》，高等教育出版社 1998 年版。

王庸：《中国地理学史》，上海商务印书馆 1938 年版。

沃尔特·克里斯塔勒：《德国南部中心地原理》，常正等译，商务印书馆 1998 年版。

吴丰培辑：《川藏游踪汇编》，四川民族出版社 1985 年版。

谢彬：《新疆游记》，上海中华书局 1936 年版。

谢觉民：《人文地理学》，中国友谊出版公司 1991 年版。

谢觉民主编：《人文地理笔谈》，科学出版社 1999 年版。

谢天沙：《康藏行》，上海工艺出版社 1951 年版。

薛绍铭：《黔滇川旅行记》，中华书局 1938 年版。

杨吾扬：《地理学思想简史》，高等教育出版社 1989 年版。

杨吾扬：《杨吾扬论文选集：地理学的理论与实践》，商务印书馆 2005 年版。

姚荷生：《水摆夷风土记》，云南人民出版社 2003 年版。

以赛亚·鲍曼：《世界新形势》，杨予元译，台北世界书局 1967 年版。

约翰·劳维、艾尔德·彼得逊：《社会行为地理：综合人文地理学》，赫维人译，四川科学技术出版社 1989 年版。

翟忠义：《中国地理学家》，山东教育出版社 1989 年版。

张江裁：《燕京访古录》，中华印书局 1934 年版。

张文奎、刘继生等编著：《政治地理学》，江苏教育出版社 1991 年版。

钟兴麒等校注：《西域图志校注》，新疆人民出版社 2002 年版。

宗 教 学

方豪：《中国天主教史人物传》，宗教文化出版社 2007 年版。

蓝吉富主编：《禅宗全书》，台北文殊出版社 1988—1990 年版。

李进新：《新疆宗教演变史》，新疆人民出版社 2003 年版。

梁恭辰：《劝戒录选》，王德毅等编：《丛书集成续编》218，台北新文丰出版公司 1989 年版。

石峻等编：《中国佛教思想资料选编》，中华书局 1981 年版。

释普济辑：《五灯会元》，张恩富等编译，重庆出版社 2008 年版。

王森：《西藏佛教发展史略》，中国社会科学出版社 1987 年版。

张羽新：《清政府与喇嘛教》，西藏人民出版社 1988 年版。

赵朴初：《佛教常识问答》，北京出版社 2003 年版。

社会学、人类学与民族学

阿·马·波兹德耶夫：《蒙古及蒙古人》，刘汉明等译，内蒙古人民出版社 1983 年版。

阿兰·科尔班：《大地的钟声——19 世纪法国乡村的音响状况和感官文化》，王斌译，广西师范大学出版社 2003 年版。

埃文思－普里查德：《努尔人》，褚建芳等译，华夏出版社 2002 年版。

白静源、马启成、李竹青编：《周恩来同志对民族问题与民族政策论述选编》，中央民族学院科研处 1981 年版。

鲍大可：《中国西部四十年》，东方出版社 1998 年版。

博厄斯：《人类学和现代生活》，杨成志译述，商务印书馆 1985 年版。

戴炎辉：《清代台湾之乡治》，台北联经出版事业公司 1979 年版。

迪尔凯姆：《社会学研究方法论》，胡伟译，华夏出版社 1988 年版。

费孝通：《乡土中国生育制度》，北京大学出版社 1998 年版。

冯至诚编：《市民记忆中的老成都》，四川文艺出版社 1999 年版。

格勒、海帆著，李玉祥摄影：《康巴——拉萨人眼中的荒凉边地》，生活·读书·新知三联书店 2005 年版。

韩梅圃：《绥远省河套调查记》，绥远华北印书局 1934 年版。

何炳棣：《明初以降人口及其相关问题（1368—1953）》，葛剑雄译，生活·读书·新知三联书店 2000 年版。

何传启：《第二次现代化：人类文明进程的启示》，高等教育出版社 1999 年版。

亨宁·哈士纶：《蒙古的人和神》，徐孝祥译，新疆人民出版社 1999 年版。

沪友会编：《上海东亚同文书院大旅行记录》，杨华等译，商务印书馆 2000 年版。

黄金麟：《历史、身体、国家：近代中国的身体形成，1895—1937》，新星出版社 2006 年版。

黄应贵主编：《时间、历史与记忆》，台北"中央研究院"民族学研究所 1999 年版。

黄钰辑：《瑶族石刻录》，云南民族出版社 1993 年版。

金耀基：《从传统到现代》，中国人民大学出版社 1999 年版。

克利福德·吉尔兹：《地方性知识：阐释人类学论文集》，王海龙、张家瑄译，中央编译出版社 2000 年版。

李宏图：《西欧近代民族主义思潮研究——从启蒙运动到拿破仑时代》，上海社会科学院出版社 1997 年版。

列维 - 布留尔：《原始思维》，丁由译，商务印书馆 1981 年版。

林恩显：《清朝在新疆的汉回隔离政策》，台北商务印书馆 1988 年版。

林耀华：《从书斋到田野》，中央民族大学出版社 2000 年版。

林耀华：《凉山夷家》，《社会学丛刊乙集》第五种，上海商务印书馆 1947 年版。

林耀华：《凉山彝家的巨变》，商务印书馆 1995 年版。

刘曼卿：《康藏轺征》，《亚洲民族考古丛刊》第 5 辑，台北南天书局有限公司 1987 年版。

刘小枫：《现代性社会理论绪论》，上海三联书店 1998 年版。

刘义棠：《维吾尔研究》（修订本），台北正中书局 1997 年版。

马瑞特：《人类学》，吕叔湘译，上海商务印书馆 1931 年版。

马维良：《云南回族历史与文化研究》，云南大学出版社 1999 年版。

孟德拉斯：《农民的终结》，李培林译，中国社会科学出版社 1991 年版。

尼·维·鲍戈亚夫连斯基：《长城外的中国西部地区》，新疆大学外语系俄语教研室译，商务印书馆 1980 年版。

彭树智：《东方民族主义思潮》，西北大学出版社 1992 年版。

雀丹：《嘉绒藏族史志》，民族出版社 1995 年版。

让·波德里亚：《消费社会》，刘成富、全志钢译，南京大学出版社 2001 年版。

任乃强：《任乃强民族研究文集》，民族出版社 1990 年版。

任乃强：《西康图经》，《新亚细亚学会边疆丛书》第 14 种，新亚细亚学会 1934 年版。

任一民：《变革与发展——中国内陆城市成都现代化研究》，四川大学出版社 2002 年版。

施正一：《西方民族学史》，时事出版社 1990 年版。

史宗主编：《20 世纪西方宗教人类学文选》，上海三联书店 1995 年版。

谭惕吾：《内蒙古之今昔》，《亚洲民族考古丛刊》第六辑，第 56 种，台北南天书局 1987 年版。

王贵、喜饶尼玛等：《西藏历史地位辨》，民族出版社 2003 年版。

王沪宁：《当代中国村落家族文化——对中国社会现代化的一项探索》，上海人民出版社 1991 年版。

王建民：《中国民族学史》上卷，1903—1949，云南教育出版社 1997 年版。

王铭铭、王斯福主编：《乡土社会的秩序、公正与权威》，中国政法大学出版社 1997 年版。

王锺翰主编：《满族历史与文化》，中央民族大学出版社 1996 年版。

威廉·B. 艾尔文：《欲望》，董美珍译，中国青年出版社 2008 年版。

维·彼·沃尔金：《十八世纪法国社会思想的发展》，杨穆、金颖译，商务印书馆 1983 年版。

吴均：《吴均藏学文集》，中国藏学出版社 2007 年版。

吴圳义：《清末上海租界社会》，台北文史哲出版社 1978 年版。

夏铸九、王惠宏编：《空间的文化形式社会理论读本》，台北明文书局 1994 年版。

行龙：《人口问题与近代社会》，人民出版社 1990 年版。

徐安琪、叶文振：《中国婚姻报告》，中国社会科学出版社 2002 年版。

徐迅：《民族主义》，中国社会科学出版社 1998 年版。

杨善华：《当代西方社会学理论》，北京大学出版社 1999 年版。

尹保云：《什么是现代化——概念与范式的探讨》，人民出版社 2001 年版。

于式玉：《于式玉藏区考察文集》，中国藏学出版社 1990 年版。

张光直：《考古人类学随笔》，台北联经出版事业公司 1995 年版。

张瑾：《权力、冲突与变革——1926—1937 年重庆城市现代化研究》，重庆出版社 2003 年版。

张坦：《"窄门"前的石门坎——基督教文化与川滇黔边苗族社会》，云南教育出版社 1992 年版。

赵心愚、秦和平、王川编：《康区藏族社会珍稀资料辑要》，巴蜀书社 2006 年版。

郑杭生、李迎生：《二十世纪中国的社会学》，党建读物出版社 1999 年版。

语 言 学

爱德华·萨丕尔：《语言论》，陆卓元译，商务印书馆 1985 年版。

洪汉鼎主编：《理解与解释：诠释学经典文献》，东方出版社 2001 年版。

胡奇光：《中国小学史》，上海人民出版社 1987 年版。

陆宗达主编：《训诂研究》，北京师范大学出版社 1981 年版。

马西尼：《现代汉语词汇的形成——十九世纪汉语外来词研究》，黄河清译，汉语大辞典出版社 1997 年版。

盛晓明：《话语规则与知识基础——语用学维度》，学林出版社 2000 年版。

王力：《中国语言学史》，山西人民出版社 1981 年版。

许宝强、袁伟选编：《语言与翻译的政治》，中央编译出版社 2001 年版。

殷寄明：《语源学概论》，上海教育出版社 2000 年版。

文　学

曹雪芹、高鹗：《红楼梦》，人民文学出版社 2004 年版。

杜文澜辑：《古谣谚》，中华书局 1958 年版。

杜重远：《狱中杂感》，上海生活书店 1937 年版。

范长江：《塞上行》，宁夏人民出版社 2000 年版。

范长江：《中国西北角》，新华出版社 1980 年版。

范存忠：《英国文学论文集》，外国文学出版社 1981 年版。

冯梦龙：《醒世恒言》，长城出版社 2002 年版。

高阳：《清末四公子》，台北皇冠出版社 1983 年版。

关汉卿：《汇校详注关汉卿集》，蓝立蓂校注，中华书局 2006 年版。

郭茂倩编：《乐府诗集》，《中国古典文学基本丛书》，中华书局 1979 年版。

郭绍虞：《中国历代文论选》，中华书局 1962 年版。

老舍：《茶馆》，吴祖光主编：《中国新文学大系：1949—1976》第 15 集，戏剧，卷 1，上海文艺出版社 1997 年版。

李伯元：《活地狱》，上海文化出版社 1956 年版。

李伯元：《文明小史》，江西人民出版社 1983 年版。

李国文主编：《中国当代小说珍本（1949—1992）》，陕西人民出版社 1993 年版。

李劼人：《天魔舞》，四川文艺出版社 1985 年版。

李绿园：《歧路灯》，时代文艺出版社 2003 年版。

刘勰：《文心雕龙》，杨国斌英译，周振甫今译，外语教学与研究出版社 2003 年版。

纳兰性德著，王友胜、童向飞注：《纳兰词注》，岳麓书社 2004 年版。

潘超、丘良任、孙忠铨等编：《中华竹枝词全编》，北京出版社 2007 年版。

钱锺书：《谈艺录》（补订本），中华书局 1984 年版。

钱仲联主编：《清诗纪事》，江苏古籍出版社 1989 年版。

施耐庵：《水浒传》，宇文校点，春风文艺出版社 1994 年版。

苏珊·桑塔格：《关于他人的痛苦》，黄灿然译，上海译文出版社 2006 年版。

苏仲翔选注：《元白诗选》，古典文学出版社 1957 年版。

汤显祖：《牡丹亭》，徐朔方、杨笑梅校注，中华书局 1959 年版。

唐鲁孙：《南北看》，广西师范大学出版社 2004 年版。

唐鲁孙：《什锦拼盘》，广西师范大学出版社 2005 年版。

王夫之：《姜斋诗话》，人民文学出版社 1961 年版。

王了一：《龙虫并雕斋琐语》，中国社会科学出版社 1982 年版。

吴趼人：《二十年目睹之怪现状》，天津古籍出版社 2004 年版。

余冠英选注：《三曹诗选》，作家出版社 1957 年版。

张承志：《牧人笔记》，湖南文艺出版社 1999 年版。

赵则诚、陈复兴、赵福海：《中国古代文论译讲》，吉林人民出版社 1984 年版。

国际关系与外交

阿兰·佩雷菲特：《停滞的帝国——两个世界的撞击》，王国卿等译，生活·读书·新知三联书店 1993 年版。

Ｂ·Π·波将金等编：《外交史》，吴纪先、郭吴新等译，生活·读书·新知三联书店 1979 年版。

保罗·肯尼迪：《大国的兴衰：1500—2000 年的经济变迁与军事冲突》，陈景彪、王保存等译，国际文化出版公司 2006 年版。

滨下武志：《近代中国的国际契机：朝贡贸易体系与近代亚洲经济圈》，朱荫贵译，中国社会科学出版社 1999 年版。

车吉心主编：《世界著名外交家传》，山东友谊出版社 2000 年版。

复旦大学历史系《沙俄侵华史》编写组编：《沙俄侵华史》，上海人民出版社 1975 年版。

古屋奎二：《蒋总统秘录：中日关系八十年之证言》，台北"中央日报社"译，台北"中央日报社"出版部 1976 年版。

黄枝连：《朝鲜的儒化情境构造——朝鲜王朝与满清王朝的关系形态论》，中国人民大学出版社 1995 年版。

黄枝连：《亚洲的华夏秩序——中国与亚洲国家关系形态论》，中国人民大学出版社 1992 年版。

基·弗·马拉霍夫斯基：《最后的托管地：密克罗尼西亚史》，史瑞祥译，商务印书馆 1980 年版。

加斯东·加恩：《彼得大帝时期的俄中关系史（1689—1730 年)》，江载华等译，商务印书馆 1980 年版。

蒋廷黻编：《近代中国外交史资料辑要》，上海书店出版社 1990 年版。

李嘉谷：《中苏国家关系史资料汇编：1933—1945》，社会科学文献出版社 1997 年版。

厉声：《哈萨克斯坦及其与中国新疆的关系（15 世纪—20 世纪中期)》，黑龙江教育出版社 2004 年版。

梁敬錞：《史迪威事件》，商务印书馆 1973 年版。

罗志刚：《中苏外交关系研究（1931—1945)》，武汉大学出版社 1999 年版。

马士：《中华帝国对外关系史》第 1 卷，张汇文等译，上海书店出版社 2000 年版。

南开大学历史系日本史研究室编：《日本北方领土问题论文及资料选编》，上海人民出版社 1980 年版。

潘致平：《中亚浩罕国与清代新疆》，中国社会科学出版社 1991 年版。

钱实甫：《清代的外交机关》，生活·读书·新知三联书店 1959 年版。

乔明顺：《中美关系第一页：1844 年〈望厦条约〉签订的前前后后》，社会科学文献出版社 1991 年版。

卿汝楫：《美国侵华史》，生活·读书·新知三联书店 1953—1956 年版。

邵循正：《中法越南关系始末》，沈云龙主编：《近代中国史料丛刊续编》第三十八辑，377，台北文海出版社 1976 年版。

世界知识出版社编辑：《中华人民共和国对外关系文件集》第 1 集，1949—1950，世界知识出版社 1957 年版。

斯当东：《英使谒见乾隆纪实》，叶笃义译，商务印书馆 1963 年版。

宋新宁：《国际政治经济与中国对外关系》，香港社会科学出版社 1997 年版。

苏联科学院远东研究所：《17 世纪俄中关系》第 2 卷，黑龙江大学俄语系翻译组、黑龙江省哲学社会科学研究所第三室译，商务印书馆 1975 年版。

台北“中央研究院”近代史所编：《清季中日韩关系史料》，台北“中央研究院”近代史研究所 1972 年版。

泰勒·丹涅特：《美国人在东亚：十九世纪美国对中国、日本和朝鲜政策的批判的研究》，姚曾廙译，商务印书馆 1959 年版。

汪敬虞：《赫德与近代中西关系》，人民出版社 1987 年版。

王绳祖主编：《国际关系史》第 1—9 卷，世界知识出版社 1995 年版。

王铁崖：《中外旧约章汇编》，生活·读书·新知三联书店 1957—1962 年版。

威罗俾：《外人在华特权和利益》，王绍坊译，生活·读书·新知三联书店 1957 年版。

徐公肃、丘瑾璋：《上海公共租界制度》，上海书店 1992 年版。

余定邦、喻常森等：《近代中国和东南亚关系史》，中山大学出版社 1991 年版。

张存武：《清代中韩关系论文集》，台北商务印书馆 1987 年版。

张星烺主编：《中西交通史料汇编》，中华书局 1977 年版。

中国近代经济史资料丛刊编辑委员会主编，中华人民共和国海关总署研究室编译：《辛丑和约订立以后的商约谈判》，中华书局 1994 年版。

周启朋、杨闯等：《国外外交学》，中国人民公安大学出版社 1990 年版。

周育民：《近代中国的条约制度》，湖南师范大学出版社 1995 年版。

历 史 学

阿尔贝·索布尔：《法国大革命史》，马胜利等译，中国社会科学出版社 1989 年版。

阿尔塔蒙诺夫：《伏尔泰评传》，马雍译，作家出版社 1958 年版。

阿里亚尔、T. P. 顿格亚尔：《新编尼泊尔史》，四川外语学院《新编尼泊尔史》翻译组译，四川人民出版社 1973 年版。

艾哈迈德·爱敏：《阿拉伯—伊斯兰文化史》，史希同等译，商务印书馆 2001 年版。

艾瑞克·霍布斯鲍姆：《革命的年代：1789—1848》，王章辉等译，江苏人民出版社 1999 年版。

安东诺娃主编：《印度近代史》，北京编译社译，生活·读书·新知三联书店 1978 年版。

巴岱主编：《卫拉特蒙古简史》上册，新疆人民出版社 1992 年版。

巴勒克拉夫：《当代史学主要趋势》，杨豫译，上海译文出版社 1987 年版。

白寿彝：《中国通史纲要》，上海人民出版社 1980 年版。

柏杨：《中国人史纲》，时代文艺出版社 1987 年版。

包尔汉：《新疆五十年：包尔汉回忆录》，中国文史出版社 1994 年版。

北京大学历史系中国近现代史教研室编：《义和团运动史料丛编》第1辑，中华书局1964年版。

贝尔：《西藏之过去与现在》，宫廷璋译述，上海商务印书馆1930年版。

本尼迪克特·安德森：《想象的共同体：民族主义的起源与散布》，吴叡人译，上海世纪集团出版社2003年版。

蔡尚思主编：《中国文化名著选读》，浙江人民出版社1989年版。

蔡申之主编：《清代州县四种》，台北文史哲出版社1975年版。

陈秉渊：《马步芳家族统治青海四十年》，青海人民出版社1981年版。

陈炳光：《清代边政通考》，台北南天书局有限公司1981年版。

陈恭禄：《中国近代史》，上海商务印书馆1935年版。

陈金陵：《洪亮吉评传》，中国人民大学出版社1995年版。

陈君静：《大洋彼岸的回声：美国中国史研究考察》，中国社会科学出版社2003年版。

陈寅恪：《金明馆丛稿二编》，上海古籍出版社1980年版。

陈重金：《越南通史》，戴可来译，商务印书馆1992年版。

戴逸：《乾隆帝及其时代》，中国人民大学出版社1992年版。

戴执礼编：《四川保路运动史料》，科学出版社1959年版。

丹津班珠尔：《多仁班智达传——噶锡世家纪实》，中国藏学出版社1995年版。

单士元：《故宫札记》，紫禁城出版社1990年版。

稻叶君山：《清朝全史》，上海社会科学院出版社2006年版。

杜家骥：《清朝简史》，福建人民出版社1997年版。

杜荣坤、白翠琴：《西蒙古史研究》，广西师范大学出版社2008年版。

杜维运、黄俊杰编：《史学方法论文选集》，台北华世出版社1987年版。

杜文凯编：《清代西人见闻录》，中国人民大学出版社1985年版。

杜正胜：《周代城邦》，台北联经出版事业公司1984年版。

多卡夏仲·策仁旺杰：《颇罗鼐传》，汤池安译，西藏人民出版社 1988 年版。

方彪：《镖行述史》，现代出版社 1995 年版。

方国瑜主编：《云南史料丛刊》第 1—13 卷，云南大学出版社 1990—2001 年版。

费正清、刘广京编：《剑桥中国晚清史》上卷，中国社会科学院历史研究所编译室译，中国社会科学出版社 1985 年版。

费正清：《费正清对华回忆录》，陆惠勤等译，知识出版社 1991 年版。

费正清：《美国与中国》，孙瑞芹、陈泽宪译，商务印书馆 1971 年版。

费正清：《伟大的中国革命》，刘尊棋译，国际文化出版公司 1989 年版。

冯尔康：《清史史料学初稿》，南开大学出版社 1986 年版。

冯尔康：《雍正传》，人民出版社 2008 年版。

冯友兰：《冯友兰自述》，中国人民大学出版社 2004 年版。

符拉基米尔佐夫：《蒙古社会制度史》，刘荣焌译，中国社会科学出版社 1980 年版。

傅斯年：《出入史门》，吕文浩选编，浙江人民出版社 1998 年版。

傅斯年：《民族与古代中国史》，河北教育出版社 2002 年版。

傅斯年：《史料论略及其他》，辽宁教育出版社 1997 年版。

傅宗懋：《清代军机处组织及职章之研究》，台北嘉新水泥公司文化基金会 1967 年版。

高吉人编著：《陈榕门之生平》，文化供应社 1947 年版。

公安部档案馆编注：《在蒋介石身边八年——侍从室高级幕僚唐纵日记》，群众出版社 1991 年版。

顾颉刚：《当代中国史学》，辽宁教育出版社 1998 年版。

顾准：《希腊城邦制度：读希腊史笔记》，中国社会科学出版社 1982 年版。

郭沫若：《中国古代社会研究》，人民出版社 1954 年版。

韩铁：《福特基金会与美国的中国学（1950—1979）》，中国社会科学出版社 2004 年版。

何伯英：《旧日影像：西方早期摄影与明信片上的中国》，张关林译，东方出版中心 2008 年版。

何伟亚：《怀柔远人：马嘎尔尼使华的中英礼仪冲突》，邓常春译，社会科学文献出版社 2002 年版。

赫德：《这些从秦国来——中国问题论集》，叶凤美译，天津古籍出版社 2005 年版。

亨特：《旧中国杂记》，沈正邦译，广东人民出版社 1992 年版。

恒慕义：《清代名人传略》，中国人民大学清史研究所《清代名人传略》翻译组译，青海人民出版社 1990 年版。

侯德础：《抗日战争时期中国高校内迁史略》，四川教育出版社 2001 年版。

胡福明主编：《中国现代化的历史进程》，安徽人民出版社 1994 年版。

胡适：《胡适留学日记》，安徽教育出版社 2006 年版。

胡韫玉：《清包慎伯先生世臣年谱》，王云五主编：《新编中国名人年谱集成》第 19 辑，台北商务印书馆 1986 年版。

黄奋生编著：《西藏史略》，吴均校订，民族出版社 1985 年版。

黄鸿钊：《澳门同知与近代澳门》，广东人民出版社 2006 年版。

黄丽镛编著：《魏源年谱》，湖南人民出版社 1985 年版。

黄仁宇：《放宽历史的视界》，生活·读书·新知三联书店 2001 年版。

黄炎培：《八十年来》，中国文史出版社 1982 年版。

黄彰健：《明清史研究丛稿》，台北商务印书馆 1977 年版。

黄宗智主编：《中国研究的范式问题讨论》，社会科学文献出版社 2003 年版。

霍利迪：《简明英国史》，洪永珊译，江西人民出版社 1985 年版。

矶野富士子整理：《蒋介石的美国顾问：欧文·拉铁摩尔回忆录》，吴心伯译，复旦大学出版社 1996 年版。

纪大椿：《新疆近世史论稿》，黑龙江教育出版社 2002 年版。

加尔金：《欧美近代现代史学史》，董进泉译，安徽教育出版社 1986 年版。

蒋大椿主编：《史学探渊：中国近代史学理论文编》，吉林教育出版社 1991 年版。

金启孮：《清代蒙古史札记》，内蒙古人民出版社 2000 年版。

康乐、彭明辉主编：《史学方法与历史解释》，中国大百科全书出版社 2005 年版。

柯文：《在传统与现代性之间——王韬与晚清革命》，雷颐、罗检秋译，江苏人民出版社 1998 年版。

蒯世勋等编著：《上海公共租界史稿》，上海人民出版社 1980 年版。

拉施特主编：《史集》第 1 卷第 1 分册，余大钧、周建奇译，商务印书馆 1983 年版。

拉铁摩尔：《中国简明史》，商务印书馆 1962 年版。

雷家骥：《中古史学观念史》，台北学生书局 1990 年版。

雷梦辰：《清代各省禁书汇考》，书目文献出版社 1989 年版。

黎国彬等选译：《十七、十八世纪的欧洲大陆诸国》，商务印书馆 1962 年版。

李长傅：《中国殖民史》，上海商务印书馆 1932 年版。

李贵连：《沈家本传》，法律出版社 2000 年版。

李国祁：《中国现代化的区域研究》（闽浙台地区，1860—1916），台北"中央研究院"近代史研究所 1985 年版。

李宏图选编：《表象的叙述——新社会文化史》，上海三联书店 2003 年版。

李瑚：《魏源研究》，朝华出版社 2002 年版。

李开义、殷晓俊：《彼岸的目光——晚清法国外交官方苏雅在云南》，云南教育出版社 2002 年版。

李欧梵：《我的哈佛岁月》，江苏教育出版社 2005 年版。

李学通：《书生从政——翁文灏》，兰州大学出版社 1996 年版。

李瑶：《中国古代科技思想史稿》，陕西师范大学出版社 1995 年版。

李治亭：《吴三桂大传》，吉林文史出版社 1990 年版。

李宗仁口述，唐德刚撰写：《李宗仁回忆录》下，广西师范大学出版社 2005 年版。

连横：《台湾通史》，商务印书馆 1983 年版。

梁启超：《中国近三百年学术史》，中国书店 1985 年版。

梁启超：《中国历史研究法》，人民出版社 2005 年版。

刘大年：《我亲历的抗日战争与研究》，中央文献出版社 2000 年版。

刘凤云：《明清城市空间的文化探析》，中央民族大学出版社 2001 年版。

刘凤云：《清代三藩研究》，中国人民大学出版社 1994 年版。

刘航深：《戎幕半生》，台北文海出版社 1973 年版。

刘恒：《王国维评传》，百花洲文艺出版社 1997 年版。

刘俊文主编：《日本学者研究中国历史论著选译》，中华书局 1993 年版。

刘起釪：《顾颉刚先生学述》，中华书局 1986 年版。

刘统：《唐代羁縻府州研究》，西北大学出版社 1998 年版。

柳治徵：《国史要义》，中华书局 1948 年版。

卢汉超：《赫德传》，上海人民出版社 1986 年版。

陆宝千：《清代思想史》，台北广文书局 1978 年版。

吕思勉：《吕著中国近代史》，华东师范大学出版社 1997 年版。

吕西安·费弗尔：《莱茵河：历史、神话和现实》，许明龙译，辽宁教育出版社 2003 年版。

吕昭义：《英属印度与中国西南边疆（1774—1911 年）》，中国社会科学出版社 1996 年版。

吕振羽：《史前期中国社会研究》（《中国原始社会史》补订本），生活·读书·新知三联书店 1961 年版。

罗凤礼主编：《现代西方史学思潮评析》，中央编译出版社 1996 年版。

罗荣渠、牛大勇编：《中国现代史历程的探索》，北京大学出版社 1992 年版。

罗荣渠：《现代化新论——世界与中国的现代化进程》，北京大学出版社 1993 年版。

罗荣渠主编：《从"西化"到现代化：五四以来有关中国的文化趋向和发展道路论争文选》，北京大学出版社 1997 年版。

罗运治：《清高宗统治新疆政策的探讨》，台北里仁书局 1983 年版。

罗志田：《国家与学术：清季民族关于"国学"的思想论争》，生活·读书·新知三联书店 2003 年版。

罗志田：《乱世潜流：民族主义与民国政治》，上海古籍出版社 2001 年版。

罗兹·墨菲：《上海——现代中国的钥匙》，上海社会科学院历史研究所编译，上海人民出版社 1986 年版。

马楚坚：《明清边政与治乱》，天津人民出版社 1994 年版。

马大正主编：《中国古代边疆政策研究》，中国社会科学出版社 1990 年版。

马迪厄：《法国革命史》，杨人楩译注，商务印书馆 1973 年版。

马克垚：《中西封建社会比较研究》，学林出版社 1997 年版。

马汝珩、马大正：《厄鲁特蒙古史论集》，青海人民出版社 1984 年版。

马汝珩、马大正主编：《清代的边疆政策》，中国社会科学出版社 1994 年版。

马宗达等：《高级印度史》，张澍霖、夏炎德、刘继兴等译，商务印书馆 1986 年版。

茅海建：《天朝的崩溃：鸦片战争再研究》，生活·读书·新知三联书店 1995 年版。

孟森：《孟森学术论著·清史讲义》，吴俊编校，浙江人民出版社 1998 年版。

米歇尔·卡尔莫纳：《黎塞留传》，曹松豪、唐伯新译，商务印书馆 1996 年版。

缪云台：《缪云台回忆录》，中国文史出版社 1991 年版。

莫东寅：《满族史论丛》，人民出版社 1958 年版。

莫济杰、陈福霖主编：《新桂系史》第1—2卷，广西人民出版社1991年版。

内蒙古文史研究馆编：《穹庐谭故》，上海书店1992年版。

纳忠：《阿拉伯通史》，商务印书馆1997年版。

奈戴托·克罗齐：《历史学的理论和实践》，傅任敢译，商务印书馆1982年版。

彭明辉：《疑古思想与现代中国史学的发展》，台北商务印书馆1991年版。

皮埃尔·米盖尔：《法国史》，蔡鸿滨等译，商务印书馆1985年版。

恰白·次旦平措等：《西藏通史——松石宝串》，陈庆英等译，西藏古籍出版社1996年版。

钱穆：《中国历代政治得失》，生活·读书·新知三联书店2001年版。

钱穆：《中国历史研究法》，生活·读书·新知三联书店2001年版。

钱穆：《中国史学发微》，台北东大图书公司1989年版。

钱穆：《中国史学名著》，生活·读书·新知三联书店2003年版。

钱实甫编：《清代职官年表》，中华书局1980年版。

秦翰才：《左文襄公在西北》，岳麓书社1984年版。

饶宗颐：《中国史学上之正统论》，上海远东出版社1996年版。

尚钺：《尚钺史学论文选集》，人民出版社1984年版。

沈汉：《西方国家形态史》，甘肃人民出版社1993年版。

石峻等编：《中国近代思想史参考资料简编》，生活·读书·新知三联书店1957年版。

史松主编：《清史编年》（雍正朝），中国人民大学出版社2000年版。

斯塔夫里阿诺斯：《全球通史：1500年以后的世界》，吴象婴、梁赤民译，上海社会科学院出版社1999年版。

宋晞主编：《史学论集》，《中华学术与现代化丛书》第3册，台北中国文化大学出版部1983年版。

孙歌：《主体弥散的空间——亚洲论述之两难》，江西教育出版社

2002 年版。

孙江主编：《事件·记忆·叙述》，浙江人民出版社 2004 年版。

孙隆基：《历史学家的经线》，广西师范大学出版社 2004 年版。

孙文光等编：《龚自珍研究资料集》，黄山书社 1984 年版。

汤因比：《历史研究》，曹未风等译，上海人民出版社 1986 年版。

田汝康：《17—19 世纪中叶中国帆船在东南亚洲》，上海人民出版社 1957 年版。

田山茂：《清代蒙古社会制度》，潘世宪译，商务印书馆 1981 年版。

瓦西里耶夫：《外贝加尔的哥萨克（史纲)》第 2 卷，徐滨等译，商务印书馆 1979 年版。

汪晖：《现代中国思想的兴起》，生活·读书·新知三联书店 2004 年版。

汪向荣：《日本教习》，生活·读书·新知三联书店 1988 年版。

王辅仁、索文清编著：《藏族史要》，四川民族出版社 1981 年版。

王辅仁：《蒙藏民族关系史略（13—19 世纪中叶)》，中国社会科学出版社 1985 年版。

王宏钧、刘如仲：《准噶尔的历史与文物》，青海人民出版社 1984 年版。

王慧章：《猪鬃大王——古耕虞》，中国文史出版社 1991 年版。

王青：《扬雄评传》，南京大学出版社 2000 年版。

王晴佳、古伟瀛：《后现代与历史学中西比较》，山东大学出版社 2003 年版。

王晴佳：《西方的历史观念：从古希腊到现代》，华东师范大学出版社 2000 年版。

王戎笙编：《台港清史研究文摘》，辽宁人民出版社 1988 年版。

王尧、陈践译注：《敦煌吐蕃文献选》，四川民族出版社 1983 年版。

威廉·冯·施拉姆：《克劳塞维茨传》，王庆余译，商务印书馆 1984 年版。

韦庆远：《明清史辨析》，中国社会科学出版社 1989 年版。

魏良弢：《叶尔羌汗国史》，黑龙江教育出版社 1994 年版。

温斯顿·丘吉尔：《英语民族史》第1—4卷，薛力敏、林林译，南方出版社2004年版。

吴丰培编：《清季筹藏奏牍》，上海商务印书馆1938年版。

吴晗辑：《朝鲜李朝实录中的中国史料》，中华书局1980年版。

吴忠礼：《西北五马》，河南人民出版社1993年版。

西藏社会科学院等编：《西藏地方是中国不可分割的一部分（史料选辑）》，西藏人民出版社1986年版。

希纳尔：《杰斐逊评传》，王丽华等译，中国社会科学出版社1987年版。

夏诚：《近代世界整体观》，成都出版社1990年版。

向达、王重民等编，中国史学会主编：《中国近代史资料丛刊：太平天国》，上海人民出版社1957年版。

谢弗：《唐代的外来文明》，中国社会科学出版社1995年版。

谢国桢：《明末清初的学风》，人民出版社1982年版。

忻剑飞：《世界的中国观：近二千年来世界对中国的认识史纲》，学林出版社1991年版。

欣斯利：《新编剑桥世界近代史》第11卷，中国社会科学院世界历史研究所译，中国社会科学出版社1987年版。

新疆社会科学院历史研究所编著：《新疆简史》第3册，新疆人民出版社1997年版。

许冠三：《新史学九十年》，岳麓书社2003年版。

许纪霖编：《20世纪中国思想史论》，东方出版中心2000年版。

许宪隆：《诸马军阀集团与西北穆斯林社会》，宁夏人民出版社2001年版。

许倬云：《西周史》，生活·读书·新知三联书店1994年版。

牙含章：《达赖喇嘛传》，西藏人民出版社1984年版。

雅诺什·哈尔马塔主编：《中亚文明史：定居文明与游牧文明发展（公元前700年至公元250年）》（第2卷），徐文堪、芮传明译，中国对外翻译出版公司2002年版。

杨家骆编：《义和团文献汇编》，台北鼎文书局1973年版。

杨联陞：《国史探微》，辽宁教育出版社 1998 年版。

杨联陞：《中国制度史研究》，彭刚等译，江苏人民出版社 1998 年版。

杨生茂：《探径集》，中华书局 2002 年版。

杨生茂编：《美国历史学家特纳及其学派》，商务印书馆 1983 年版。

杨庭硕、罗康隆：《西南与中原》，云南教育出版社 1992 年版。

杨效平编写：《马步芳家族的兴衰》，青海人民出版社 2002 年版。

杨豫：《西方史学史》，江西人民出版社 1993 年版。

杨植峰：《帝国的残影——西洋涉华珍籍收藏》，团结出版社 2009 年版。

杨志玖主编：《中国古代官制讲座》，中华书局 1992 年版。

姚念慈：《清初政治史探微》，辽宁民族出版社 2008 年版。

伊·费·巴布科夫：《我在西西伯利亚服务的回忆：1859—1875 年》，王之相译，商务印书馆 1973 年版。

伊·亚·兹拉特金：《准噶尔汗国史》，马曼丽译，商务印书馆 1980 年版。

伊格尔斯：《历史研究国际手册》，陈海宏等译，华夏出版社 1989 年版。

依田熹家：《近代日本与中国：日本的近代化——与中国的比较》，卞立强等译，上海远东出版社 2003 年版。

易惠莉：《郑观应评传》，南京大学出版社 1998 年版。

尹达编：《中国史学发展史》，中州古籍出版社 1985 年版。

余英时：《历史与思想》，台北联经出版事业公司 1987 年版。

余英时：《士与中国文化》，上海人民出版社 1987 年版。

袁森坡：《康雍乾经营与开发北疆》，中国社会科学出版社 1991 年版。

袁行云：《许瀚年谱》，齐鲁书社 1983 年版。

岳庆平：《中国的家与国》，吉林文史出版社 1990 年版。

曾问吾：《中国经营西域史》，上海商务印书馆 1936 年版。

詹姆斯·鲁滨逊：《新史学》，齐思和等译，商务印书馆 1989 年版。

张博泉：《中华一体的历史轨迹》，辽宁人民出版社 1994 年版。

张大军：《新疆风暴七十年》，台北兰溪出版社 1980 年版。

张德泽：《清代国家机关考略》，学苑出版社 2001 年版。

张广智、张广勇：《史学：文化中的文化》，上海社会科学院出版社 2003 年版。

张广智：《西方史学史》，复旦大学出版社 2010 年版。

张朋园：《知识分子与近代中国的现代化》，百花洲文艺出版社 2002 年版。

张舜徽：《清人笔记条辨》，辽宁教育出版社 2001 年版。

张玉法：《历史学的新领域》，台北联经出版事业公司 1979 年版。

章伯锋、顾亚主编：《近代稗海》第 1—14 辑，四川人民出版社 1985—1988 年版。

章开沅、罗福惠主编：《比较中的审视：中国早期现代化研究》，浙江人民出版社 1993 年版。

章巽主编：《中国航海科技史》，海洋出版社 1991 年版。

赵伯雄：《周代国家形态研究》，湖南教育出版社 1990 年版。

赵文林、谢叔君：《中国人口史》，人民出版社 1988 年版。

郑匡民：《梁启超启蒙思想的东学背景》，上海书店出版社 2003 年版。

郑良树编著：《顾颉刚学术年谱简编》，中国友谊出版公司 1987 年版。

郑天挺：《探微集》，中华书局 1980 年版。

支伟成：《清代朴学大师列传》，岳麓书社 1986 年版。

中国藏学研究中心、中国第一历史档案馆等合编：《元以来西藏地方与中央政府关系档案史料汇编》，中国藏学出版社 1994 年版。

中国社会科学院近代史研究所近代史资料编辑室编：《庚子记事》，中华书局 1978 年版。

中国社会科学院历史研究所明史研究室编：《清代台湾农民起义史料选编》，福建人民出版社 1982 年版。

中国史学会主编：《中国近代史资料丛刊：太平天国》全八册，上海人民出版社 1958 年版。

中国史学会主编：《中国近代史资料丛刊：洋务运动》全八册，上海人民出版社 1961 年版。

中国史学会主编：《中国近代史资料丛刊·辛亥革命》全八册，上海人民出版社 1957 年版。

中国史学会主编：《中国近代史资料丛刊·义和团》全四册，上海人民出版社 1957 年版。

钟文典主编：《二十世纪三十年代的广西》，广西师范大学出版社 1992 年版。

周谷城：《世界通史》（上、下），河北教育出版社 2000 年版。

周清澍：《元蒙史札》，内蒙古大学出版社 2001 年版。

朱东安：《曾国藩幕府研究》，四川人民出版社 1994 年版。

朱浤源：《从变乱到军省：广西的初期现代化，1860—1937》，台北"中央研究院"近代史研究所 1995 年版。

庄吉发：《故宫档案述要》，台北"故宫博物院"故宫丛刊编辑委员会编辑《故宫丛刊》甲种之廿九，台北"故宫博物院"1983 年版。

庄吉发：《清代史料论述》，台北文史哲出版社 1980 年版。

佐口透：《18—19 世纪新疆社会史研究》，凌纯声译，新疆人民出版社 1983 年版。

文　集

爱德华·W. 赛义德：《赛义德自选集》，谢少波、韩刚等译，中国社会科学出版社 1999 年版。

陈锋：《陈锋自选集》，华中理工大学出版社 1999 年版。

陈广珍、张国梁编：《蒋楷文集》，香港银河出版社 2002 年版。

陈旭麓主编：《宋教仁集》，中华书局 1981 年版。

陈铮主编：《黄遵宪全集》，中华书局 2005 年版。

戴逸：《戴逸自选集》，学习出版社 2007 年版。

丁凤麟、王欣之编：《薛福成选集》，上海人民出版社 1987 年版。

丁贤俊等编：《伍廷芳集》全二册，中华书局 1993 年版。

杜小真编选：《福柯集》，远东出版社 1998 年版。

段云章、倪俊明主编：《陈炯明集》，中山大学出版社 2007 年版。

费孝通：《费孝通学术论著自选集》，北京师范学院出版社 1992 年版。

冯集梧注：《樊川文集》，上海古籍出版社 1978 年版。

冯友兰：《三松堂全集》，河南人民出版社 2000 年版。

高平叔编：《蔡元培全集》第 1 卷，1983—1909，中华书局 1984 年版。

高中甫编选：《卡夫卡精选集》，北京燕山出版社 2005 年版。

格桑曲培译，周季文校：《更敦群培文集精要》，中国藏学出版社 1996 年版。

广东省社会科学院历史研究所、中国社会科学院近代史研究所中华民国史研究室、中山大学历史系孙中山研究室编：《孙中山全集》，中华书局 1981—1986 年版。

韩耀成等编：《冯至全集》，河北教育出版社 1999 年版。

何忠禄主编：《云烟奠基人徐天骝文选》，云南民族出版社 2001 年版。

胡明编选：《胡适选集》，天津人民出版社 1991 年版。

华中师范学院教育科学研究室主编：《陶行知全集》，四川教育出版社 2005 年版。

黄克剑、钟小霖编：《唐君毅集》，群言出版社 1993 年版。

姜义华、张荣华编校：《康有为全集》，中国人民大学出版社 2007 年版。

金景芳：《金景芳晚年自选集》，吉林大学出版社 2000 年版。

孔凡礼点校：《苏轼文集》，中华书局 1986 年版。

李逸安点校：《欧阳修全集》，中华书局 2001 年版。

《梁希文集》编辑组编：《梁希文集》，中国林业出版社 1983 年版。

梁小进整理：《曾国荃全集》，岳麓书社 2004 年版。

林志钧编：《饮冰室合集》，中华书局 1936 年版。

凌耀伦、熊甫编：《卢作孚文集》，北京大学出版社 1999 年版。

刘鄂培主编：《张岱年文集》，清华大学出版社 1990 年版。

刘炼编：《何干之文集》，北京出版社 1993 年版。

刘晴波、彭国兴编校：《陈天华集》，湖南人民出版社 1982 年版。

刘寅生、袁英光编：《王国维全集》，中华书局 1984 年版。

聂崇信、吕德本、熊希龄译：《华盛顿选集》，商务印书馆 1989 年版。

欧阳哲生主编：《傅斯年全集》，湖南教育出版社 2003 年版。

启功：《启功丛稿》，中华书局 1981 年版。

沈志佳编：《余英时文集》，广西师范大学出版社 2006 年版。

沈卓然、朱普材编：《胡林翼全集》，台北大东书局 1936 年版。

舒展选编：《钱锺书论学文选》，花城出版社 1990 年版。

汤志钧校点：《戴震集》，上海古籍出版社 1980 年版。

汪叔子编：《文廷式集》，中华书局 1993 年版。

王桧林：《当代著名学者自选集·王桧林卷》，兰州大学出版社 2003 年版。

王桐荪、胡邦彦、冯俊森等选注：《唐文治文选》，上海交通大学出版社 2005 年版。

王晓枫解评：《李煜集》，三晋出版社 2008 年版。

王祎：《王忠文集》，中华书局 1985 年版。

韦善美、潘启富选编：《雷沛鸿文选》，广西师范大学出版社 1998 年版。

吴汝纶编：《李文忠公（鸿章）全集》，沈云龙主编：《近代中国史料丛刊续编》第七十辑，691—698，台北文海出版社 1980 年版。

夏东元编：《郑观应集》，上海人民出版社 1982—1988 年版。

夏润生编注：《徐鼐霖集》，李澎田主编：《长白丛书》第 2 集，吉林文史出版社 1989 年版。

许纪霖：《许纪霖自选集》，广西师范大学出版社 1999 年版。

苑书义、孙华峰、李秉编：《张之洞全集》，河北人民出版社 1998 年版。

张斌峰、何卓恩编：《殷海光文集》，湖北人民出版社 2001 年版。

张发颖、刁云展整理：《唐英集》，辽沈书社 1991 年版。

张新颖编：《储安平文集》，上海东方出版中心 1998 年版。

郑州大学《嵇文甫文集》编辑组编：《嵇文甫文集》，河南人民出版社 1985 年版。

中国民主同盟中央委员会宣传部编：《华罗庚诗文选》，中国文史出版社 1986 年版。

中国文化书院学术委员会编：《梁漱溟全集》，山东人民出版社 1993 年版。

中山大学历史系中国近代现代史研究室编：《林则徐集》，中华书局 1962 年版。

钟哲点校：《陆九渊集》，中华书局 1980 年版。

周勋初、严杰选注：《白居易选集》，人民文学出版社 2002 年版。

朱维铮、姜义华等编注：《章太炎选集》（注释本），上海人民出版社 1981 年版。

朱文通等整理编辑：《李大钊全集》，河北教育出版社 1999 年版。

卓如编：《冰心全集》，海峡文艺出版社 1994 年版。

英文文献

Addington, Larry H. *The Patterns of War since the Eighteenth Century*, Bloomington: Indiana University Press, 1990.

Adhikari, Sudeepta. *Political Geography*. New Delhi: Rawat Publications, 1997.

Adler, Philip J. &Randall L. Pouwels. *World Civilizations: since 1500*. Belmont, CA: Wadsworth Publishing Company, 2007.

Akehurst, Michael. *A Modern Introduction to International Law*. London: George Allen & Unwin Ltd, 1984.

Alabaster, Ernest. *Notes and Commentaries on Chinese Criminal Law and Cognate Topics; With Special Relation to Ruling Cases, together with a*

Brief Excursus on the Law of Property, Chiefly Founded on the Writings of the Late Sir Chaloner Alabaster. London: Luzac & C. , 1899.

Alavi, Hamza & Teodor Shanin (eds.) *Introduction to the Sociology of Developing Societies.* London: Macmillan Publishers LTD. , 1985.

Albrow, Martin. *The Global Age: State and Society beyond Modernity.* Stanford: Stanford University Press, 1997.

Alpers, Edward A. *Ivory and Slaves: Changing Pattern of International Trade in East Central Africa to the Later Nineteenth Century.* Berkeley: University of California Press, 1975.

Altman, Rick. *A Theory of Narrative.* New York: Columbia University Press, 2008.

Anderson, Benedict. *Imagined Communities: Reflection on the Origin and Spread of Nationalism.* London: Verso, 1983.

Anene, Joseph C. *The International Boundaries of Nigeria, 1885 – 1960: the Framework of an Emergent African Nation.* London: Longmans, 1970.

Baddeley, John F. *Russia, Mongolia, China: Being Some Record of the Relations Between Them from the Beginning of the 17th Century to the Death of the Tsar Alexei Mikhailovich, A. d. 1602 – 1676,* Vol. 1. London: Macmillan, 1919.

Baer, George W. *One Hundred Years of Sea Power: The U. S. Navy, 1890 – 1990.* Stanford, California: Stanford University Press, 1996.

Barfield, Thomas J. *The Perilous Frontier: Nomadic Empires and China 221 BC to AD 1757.* Cambridge, Massachusetts: Wiley-Blackwell, 1992.

Barnett, A. Doak. *Communist China in Perspective.* New York: Praeger, 1962.

Barraclough, Geoffrey. *Main Trends in History. Expanded and updated by Michael Burns.* New York and London: Holmes & Meier, 1991.

Baty, Thomas. *The Canons of International Law.* London: John Murray, 1930.

Bauman, Zygmunt. *Liquid Modernity.* Cambridge, Massachusetts:

Wiley-Blackwell, 2000.

Beeching, Jack. *The Chinese Opium Wars*. London: Hutchinson, 1975.

Berger, Adolf. *Encyclopedic Dictionary of Roman Law*. Philadelphia: American Philosophical Society, 1953.

Berman, Marshall. *All That is Solid Melts into Air: The Experience of Modernity*. New York: Penguin Books, 1982.

Best, Geoffrey. *The Permanent Revolution: The French Revolution and its Legacy, 1789 – 1989*. London: Fontana Press, 1988.

Bitchard, Earl Hampton. *The Crucial Years of Early Anglo-Chinese Relations, 1750 – 1800*. Washington: Pullman, 1936.

Black, Cyril E. (ed.) . *Comparative Modernization*. New York: The Free Press, 1976.

Black, Donald J. *The Behavior of Law*. New York: Academic Press, Inc. , 1976.

Blaut, J. M. *The Colonizer's Model of the World: Geographical Diffusionism and Eurocentric History*. New York: The Guilford Press, 1993.

Bodde, Derk & Clarence Morris. *Law in Imperial China, Exemplified by 190 Ch'ing Dynasty Cases (translated from the Hsing-an hui-lan) with Historical, Social, and Juridical Commentaries*. Cambridge, Mass. : Harvard University Press, 1973.

Bogue, Allan G. *Frederick Jackson Turner: Strange Roads Going Down*. Norman: University of Oklahoma Press, 1998.

Bourdieu, Pierre & Loïc J. D. Wacquant. *An invitation to Reflexive Sociology*. Chicago: The University of Chicago Press, 1992.

Bradley, Denis J. M. *Aquinas on the Twofold Human Good: Reason and Human Happiness in Aquinas's Moral Science*. Washington, DC: Catholic University of America Press, 1997.

Braudel, Fernand. *Afterthought on Material Civilization and Capitalism*. Translated by Patricia M. Ranum. Baltimore and London: Johns Hopkins University Press, 1977.

Breisach, Ernst. *Historiography, Ancient, Medieval & Modern*. Chicago: The University of Chicago Press, 1983.

Brook, Timothy & Jérôme Bourgon, et al. *Death by a Thousand Cuts*. Cambridge, Massachusetts: Harvard University Press, 2008.

Brown, Dee & Hampton Sides, *Bury my Heart at Wounded Knee: The Illustrated Edition: An Indian History of the American West*. New York, London: Sterling Publishing Company, Inc. , 2009.

Brunhes, Jean. *Human Geography: An Attempt at a Positive Classification, Principles and Examples*. Translated by Isaiah Bowman, Richard Elwood Dodge, Irville C Le Compte. Chicago: Rand, McNally & Co. , 1920.

Buoye, Thomas M. *Manslaughter, Markets and Moral Economy: Violent Disputes over Property Rights in Eighteenth-Century China*. Cambridge: Cambridge University Press, 2000.

Burke, Peter. *History and Social Theory*. Cambridge, UK: Polity Press, 1992.

Burke, S. M. *Mainsprings of Indian and Pakistani Foreign Policies*. Minneapolis: University of Minnesota Press, 1974.

Burn, William Laurence Burn. *Age of Equipoise*. London: Taylor & Francis, 1994.

Burton, William C. *Burton's Legal Thesaurus*. 4th edition. New York: McGraw-Hill Professional, 2006.

Calvi, James V. *American Law and Legal System*. Harlow: Pearson Education Inc. , 2000.

Cardozo, Benjamin N. *The Growth of the Law*. New Haven: Yale University Press, 1924.

Cardozo, Benjamin N. and Robert F. Wagner. *Law is Justice: Notable Opinions of Mr. Justice Cardozo*. New Jersey: The Lawbook Exchange, Ltd. , 1999.

Carp, Wayne. *To Starve the Army at Pleasure: Conrental Army Administration and American Political Culture, 1775 – 1783*. Chapel Hill, NC: University of

North Carolina Press, 1984.

Carpenter, Mary & Sir Walter Crofton. *Reformatory Prison Discipline: As Developed by the Rt. Hon. Sir Walter Crofton, in the Irish Convict Prisons.* London: Longman, 1872.

Carr, Edward Hallett. *What is History?* London: Macmillan, 1962.

Chartrand, René. *Napoleon's guns 1792 – 1815 (1): Field Artillery.* Illustrated by Ray Hutchins. Oxford: Osprey Publishing, 2003.

Chen, Yung-fa. *Making Revolution: The Communist Movement in Eastern and Central China, 1937 – 1945.* Berkeley: University of California Press, 1986.

Cheyney, Edward P. *The Dawn of a New Era, 1250 – 1453.* New York: Harper & Brothers, 1936.

Clunas, Craig. *Chinese Export Watercolours.* London: Victoria and Albert Museum, 1984.

Cochran, Sherman. *Big Business in China: Sino-Foreign Rivalry in the Cigarette Industry, 1890 – 1930.* Harvard Studies in Business History 33. Cambridge, Massachusetts: Harvard University Press, 1980.

Cohen, Paul A. *Discovering History in China: American Historical Writings on the Recent Chinese Past.* New York: Columbia University Press, 1984.

Collingwood, R. G. *The Idea of History.* Oxford: The Clarendon Press, 1948.

Crampton, Jeremy W. & Stuart Elden. *Space, Knowledge and Power: Foucault and Geography.* Kent: Ashgate Publishing Ltd. , 2007.

Crouch, Archie R. *Christianity in China: A Scholars's Guide to Resources in the Libraries and Archives of the United States.* Armonk, New York: M. E. Sharpe, 1989.

Cukwurah, A. O. *The Settlement of Boundary Dispute in International Law.* Manchester, New York: Manchester University Press, 1967.

Culler, Jonathan. *On Deconstruction: Theory and Criticism after Structuralism* . Ithaca: Cornell University Press, 1982.

Curzon, George N. *Russia in Central Asia in* 1889 *and the Anglo-Russian Question*. London: Frank Cass & Co. Ltd. , 1889.

Davis, John Francis. *The Chinese: A General Description of the Empire of China and its Inhabitants*. London: Charles Knights, 1836.

De Blij, Harm J. *Systematic Political Geography*. New York: John Wiley & Sons Inc. , 1973.

Dehio, Ludwig. *The Precarious Balance: The Politics of Power in Europe 1495 – 1945*. London: Chatto and Windus, 1963.

De Quincey, Thomas. *De Quincey's Revolt of the Tartars*. Edited with introduction and notes by William Edward Simonds. Boston: Ginn & Company, 1898.

Dikötter, Frank. *The Discourse of Race in Modern China*. London: Hurst, and Stanford, CA: Stanford University Press, 1992.

Dikshit, Ramesh Dutta. *Geographical Thought: A Contextual History of Ideas*. Prentice Hall of India: Learning Pvt. Ltd. , 2004.

Dodd, Nigel. *Social Theory and Modernity*. Cambridge: Polity Press Limited, 1999.

Duara, Prasenjit. *Rescuing History from the Nation: Questioning Narratives of Modern China*. Chicago: Chicago University Press, 1995.

Duis, Perry R. *Challenging Chicago: Coping with Everyday Life, 1837 – 1920*. Urbana: University of Illinois Press, 1998.

Elias, Taslim Olawale. *New Horizons in International Law*. Alphen aan den Rijn: Sijthoff & Noordhoff International Publishers, 1979.

Ellickson, Robert C. *Order without Law: How Neighbors Settle Disputes*. Cambridge, Massachusetts: Harvard University Press, 1991.

Embree, Ainslie T. (ed.). *Pakistan's Western Border Lands*. New Delhi: Vikas, 1977.

Eribon, Didier. *Michel Foucault*. Trans. by Besty Wing. Cambridge, MA: Harvard University Press, 1991.

Fairbank, John King. *China Bound: A Fifty-year Memoir*. New York:

Harper & Row, 1982.

Fairbank, John King. *The Chinese World Order: Traditional China's Foreign Relations*, Harvard East Asian Series, 32. Cambridge, Massachusetts: Harvard University Press, 1974.

Fairbank, John K. & Ssu-yu Teng. *Chain's Response to the West: A Documentary Survey 1839 – 1923*. Cambridge, MA and London: Harvard University Press, 1954.

Fairbank, John K. (ed.). *The Cambridge History of China, vol.* 10, *Late Ch'ing, 1800 – 1911*. Cambridge: Cambridge University Press, 1978.

Fairbank, John King (ed.). *Chinese Thought and Institutions*. Chicago: University of Chicago Press, 1957.

Finch, John. *The Natural Boundaries of Empires: And a New View of Colonization*. London: Longman, 1844.

Fishel, Wesley R. *The End of Extraterritoriality in China*. Berkeley: University of California Press, 1952.

Flint, Colin Robert. *The Geography of War and Peace: From Death Camps to Diplomats*. New York: Oxford University Press US, 2005.

Fogel Joshua A. & Peter Gue Zarrow (eds). *Imagining the People: Chinese Intellectuals and the Concept of Citizenship, 1890 – 1920*. Armonk, NY and London: M. E. Sharpe, 1997.

Forbes, Andrew D. W. *Warlords and Muslims in Chinese Central Asia: A Political History of Republican Sinkiang 1911 – 1949*. Cambridge: Cambridge University Press, 1986.

Foucault, Michel. *The Archaeology of Knowledge*. Translated by A. M. Sheridan Smith. New York: Pantheon Books, 1972.

Foucault, Michel. *Discipline and Punish: The Birth of the Prison*. Trans. Alan Sheridan. Harmondsworth: Penguin, 1979.

Foucault, Michel. *Language, Counter-Memory, Practice: Selected Essays and Interviews*. Edited by Donald Bouchard, trans. Donald Bouchard and Sherry Simon. Oxford: Basil Blackwell, 1977.

Foucault, Michel. *The Order of Things: An Archaeology of the Human Sciences*. London: Routledge, 2003.

Frank, Andre Gunder. *Reorient: Global Economy in the Asian Age*. Berkeley: University of California Press, 1998.

Frere, Sheppard S. *Britannia: A History of Roman Britain*. London: Routledge and Kegan Paul, 1967.

Gadamer, Hans-Georg. *Truth and Method*. 2nd edition. London: Sheed and Ward, 1989.

Gay, Peter. *Style in History*. New York: Basic Books, 1974.

Giddens, Anthony. *The Consequence of Modernity*. Cambridge: Polity Press, 1991.

Giddens, Anthony. *The Constitution of Society: Outline of the Theory of Structuration*. Cambridge: Polity Press, 1984.

Giddens, Anthony. *Modernity and Self-Identity: Self and Society in the Late Modern Age*. Stanford, CA: Stanford University Press, 1991.

Giddens, Anthony. *The Nation-State and Violence: Volume Two of a Contemporary Critique of Historical Materialism*. Berkeley: University of California Press, 1987.

Giles, H. A. *The Hsi Yüan Lu or Instructions to Corners*. London: John Bale, Sons & Danielsson, Ltd. , 1924.

Goodhart, Arthur L. *Five Jewish Lawyers of the Common Law*. London: Oxford University Press, 1949.

Gooch, G. P. *History and Historians in the Nineteenth Century*. London: Longmans, Green and Company, 1955.

Goodman, Bryna. *Native Place, City, and Nation: Regional Networks and Identities in Shanghai, 1853 – 1937*. Berkeley: University of California Press, 1995.

Gores, Charles. *Regions in Question: Space, Development Theory and Regional Policy*. London: Methuen, 1984.

Goudie, Andrew. *The Human Impact on The Natural Environment:*

Past, Present, and Future. Oxford: Wiley-Blackwell, 2006.

Graham, G. *The Politics of Naval Supremacy: Studies in British Maritime Ascendancy*. Cambridge: Cambridge University Press, 1965.

Green, Andy. *Education and State Formation: The Rise of Education Systems in England, France and the USA*. London: Macmillan Press LDT. , 1990.

Grousset, René. *The Empire of the Steppes: A History of Central Asia*. New Jersey: Rutgers University Press, 1989.

Hagan, Kenneth J. *This People's Navy: The Making of American Sea Power*. New York: Touchstone Books, 1992.

Hall, Alfred Rupert. *Ballistics in the Seventeenth Century: A Study in the Relations of Science and War with Reference Principally to England*. Cambridge: Cambridge University Press, 1969.

Hall, D. G. E. *A History of South-East Asia*. London: MacMillan & Co Ltd, 1968.

Hall, Kermit Lance. *The Magic Mirror: Law in American History*. New York: Oxford University Press, 1989.

Hamidullah, Muhammad. *Muslim Conduct of State*. 2nd ed. Lahore, Pakistan: Sheik Muhammad Ashraf Publishers, 1953.

Hampson, Norman. *The First European Revolution*. New York: Harcourt Brace & World, 1969.

Hanna, Henry Bathurst. *India's Scientific Frontier: Where Is It? What Is It?* New York: Adegi Graphics LLC, 2006.

Hart, H. Liddell. *Strategy: The Indirect Approach*. London: Faber & Faber Limited, 1967.

Hastie, W. (ed.) . *Outlines of the Science of Jurisprudence: An Introduction to the Systematic Study of Law*. Edinburgh: T. &T. Clark, 1887.

Hayek, F. A. (ed.) . *Capitalism and the Historians*. Chicago: The University of Chicago Press, 1954.

Hayot, Eric. *The Hypothetical Mandarin: Sympathy, Modernity, and*

Chinese Pain. Oxford, New York: Oxford University Press, 2009.

Hedin, Sven. *Jehol: City of Emperors*. Translated from the Swedish by E. G. Nash. London: Kegan Paul, Trench, Trübner and Co., Ltd., 1932.

Hevia, James Louis. *Cherishing Men from Afar: Qing Guest Ritual and the Macartney Embassy of 1793*. Durham, NC: Duke University Press, 1995.

Higgins, Rosalyn. *The Development of International Law Through the Political Organs of the United Nations*. Oxford: Oxford University Press, 1963.

Higham, John. (ed.). *The Reconstruction of American History*. New York: Harper and Row, 1962.

Hinsley, F. H. *Sovereignty*. London: C. A. Watts & Co. Ltd, 1966.

Hobsbawm, Eric J. *The Age of Revolution, 1789 – 1848*. New York: Mentor Books, 1964.

Hobsbawm, Eric J. *Nations and Nationalism since 1780: Programme, Myth, Reality*. Cambridge: Cambridge University Press, 1990.

Ho-dong Kim. *Holy War in China: The Muslim Rebellion and State in Chinese Central Asia, 1864 – 1877*. Stanford, California: Stanford University Press, 2004.

Hogg, Ian V. *The Encyclopedia of Weaponry*. London: Greenwich Editions, 1992.

Holmes, Oliver Wendell. *The Common Law*. Chicago: American Bar Association Publishing, 2010.

Hoover, Edgar Malone. *An Introduction to Regional Economics*. New York, NY: Alfred A. Knopf, 1975.

Hoover, Edgar M. *Location Theory and the Shoe and Leather Industries*. Cambridge: Harvard University Press, 1937.

Hsia, Adrian (ed.). *The Vision of China the English Literature of the Seventeenth and Eighteenth Centuries*. Hong Kong: The Chinese University Press, 1998.

Huddart, David. *Homi K. Bhabha*. London and New York: Routledge, 2006.

Huntington, Samuel P. *The Clash of Civilization and the Remaking of World Order.* New York: Simon and Schuster, 1996.

Huntington, Samuel P. *Political Order in Changing Societies.* New Haven: Yale University Press, 1968.

Hussain, Arif. *Pakistan: Its Ideology and Foreign Policy.* London: Routledge and Kegon Paul, 1966.

Iggers, Georg G. *Historiography in the Twentieth Century: From Scientific Objectivity to the Postmodern Challenge.* Hanover, NH: Wesleyan University Press, 1997.

Inkeles, Alex & David H. Smith. *Becoming Modern: Individual Change in Six Developing Countries.* Cambridge, Massachusetts: Harvard University Press, 1974.

Isard, Walter. *Location and Space Economy: A General Theory Relating to Industrial Location, Market Areas, Land Use, Trade, and Urban Structure.* Boston, MA: The MIT Press, 1956.

Jenkins, Keith (ed.). *The Postmodern History Reader.* London: Routledge, 1997.

Jernigan, T. R. *China in Law and Commerce.* London: Macmillan Co. LTD., 1905.

Joanna, Waley-Cohen. *Exile in Mid-Qing China: Banishment to Xinjiang, 1758 – 1820.* New Haven: Yale University Press, 1991.

Johnston, Ronald John & Paul Claval. *Geography since the Second World War: An International Survey.* Lanham, MD: Rowman & Littlefield, 1984.

Jones, Archer. *The Art of War in the Western World.* Urbana: University of Illinois Press, 2000.

Jones, Eric Lionel. *The European Miracle: Environments, Economies, and Geopolitics in the History of Europe and Asia.* Cambridge: Cambridge University Press, 2003.

Jordan, W. M. *Great Britain, France and the German Problems 1919 – 1939: A Study of Anglo-French Relations in the Making and Maintenance of the Versailles Settlement*. London: Oxford University Press, 1939.

Kirkpatrick, William. *An Account of the Kingdom of Nepaul: Being the Substance of Observations Made during a Mission to That Country, in the Year 1793*. London: William Miller, 1811.

Keegan, John. *A History of Warfare*. New York: Vintage, 1994.

Keeton, G. W. *The Development of Extraterritoriality in China*, Vol. 1. Stuttgart: Kohlhammer, 1928.

Kennedy, Paul. *Rise and Fall of Great Powers*. New York: Random House, 1987.

Khadduri, Majid. *The Islamic Law of Nations-Shaybani's Siyar*. Baltimore, MD: Johns Hopkins University Press, 1966.

Koo, V. K. Wellington. *The Status of Aliens in China*. New York: Columbia University, 1912.

Kotenev, Anatol M. *Shanghai, its Mixed Court and Council: being the History of the Shanghai Municipal Council and its Relations with the Chinese, the Practice of the International Mixed Court, and the Inauguration and Constitution of the Shanghai Provisional Court*. Shanghai: North China Daily News and Herald Ltd, 1927.

Kraus, Michael & Davis D. Joyce. *The Writing of American History*. Norman: University of Oklahoma Press, 1990.

Kronman, Anthony T. *Max Weber*. Stanford, California: Stanford University Press, 1983.

Kuhn, Thomas S. *The Structure of Scientific Revolutions*. Chicago and London: The University of Chicago Press, 1996.

Kutler, Stanley I. *The American Inquisition: Justice and Injustice in the Cold War*. New York: Hill and Wang, 1982.

Lamb, Alastair. *Britain and Chinese Central Asia: The Road to Lhasa, 1767 to 1905*. London: Routledge & Kegan Paul, 1960.

Landau, Paul & Deborah Kaspin (ed.). *Images and Empires: Visuality in Colonial and Postcolonial Africa*. Berkeley: University of California

Press, 2002.

Lankshear, Colin. *Literacy, Schooling and Revolution*. With Maria Lawler. New York: The Falmer Press, 1987.

Latour, Bruno. *Science in Action: How to Follow Scientists and Engineers Through Society*. Cambridge, Massachusetts: Harvard University Press, 1988.

Lattimore, Owen. *The Frontiers in History, Studies in Frontier History, Collected Papers, 1928 – 1958*. London: Oxford UP, and The Hague: Mouton & Co. , 1959.

Lattimore, Owen. *The Inner Asian Frontiers of China*. New York: American Geographical Society, 1940.

Lattimore, Owen. *Manchuria: Cradle of Conflict*. New York: The Macmillan Company, 1932.

Lewis, Charlton T. & Charles Short. *A Latin Dictionary: Founded on Andrews' Edition of Freund's Latin Dictionary*. Oxford: Clarendon Press, 1900.

Lewis, Martin W. & Kären E. Wigen. *The Myth of Continents: A Critique of Metageography*. Berkeley: University of California Press, 1997.

Lindley, M. F. *The Acquisition and Government of Backward Territories in International Law*. New York: Negro Universities Press, 1969.

Lord Acton. *Lectures on the French Revolution*. London: Macmillan and Co. Ltd. , 1925.

Lowe, John. *Britain and Foreign Affairs 1815 – 1885: Europe and Overseas*. London: Routledge, 1998.

Lowie, Robert H. *The History of Ethnographical Theory*. New York: Farrar and Rinehart, 1937.

Lynn, John A. (ed.) . *Feeding Mars: Logistics in Western Warfare from the Middle Ages to the Present*. Boulder, Colo. : Westview Press, 1994.

Lyotard, Jean-François. *The Postmodern Condition: A Report on Knowledge*. Minneapolis: University of Minnesota Press, 1984.

Macauley, Melissa. *Social Power and Legal Culture: Litigation Masters in*

Late Imperial China. Stanford：Stanford University Press，1999.

Macdonald，Sir George. *The Roman Wall in Scotland*. 2nd ed. Oxford：Clarendon Press，1934.

Maciver，Robert M. *The Web of Government*. New York：The Macmillan Company，1947.

Malanczuk，Peter & Michael Barton Akehurst. *Akehurst's Modern Introduction to International Law*. London and New York：Routledge，1997.

Manguel，Alberto. *The History of Reading*. London：Flamingo，1997.

Manners，Robert A. & David Kaplan. *Anthropological Theory*. Brunswick，N. J. ：Transaction Publishers，2007.

Marsh，George Perkins. *Man and Nature：Or, Physical Geography as Modified by Human Action*. Edited by D. Lowenthal. Cambridge：Belknap Press，1965.

Marshall，Julie G. *Britain and Tibet 1765 – 1947：A Select Annotated Bibliography of British Relations with Tibet and the Himalayan States including Nepal, Sikkim and Bhutan*. London：Routledge，2005.

Mason. *The Punishments of China, Illustrated by Twenty-Two Engravings：With Explanations in English and French*. London：William Miller，1801.

Mattern，Johannes. *The Employment of the Plebiscite in the Determination of Sovereignty*. Baltimore：The Johns Hopkins Press，1920.

Merryman，John Henry. *The Civil Law Tradition：An Introduction to the Legal Systems of Europe and Latin America*. Stanford，California：Stanford University Press，1985.

Merton，Robert K. *Social Theory and Social Structure*. New York：Free Press，1968.

Mitchell，William J. Thomas. *Iconology：Image, Text, Ideology*. Chicago：The University of Chicago Press，1986.

Mithell，Donald W. *A History of Russian and Soviet Sea Power*. New York：Macmillan，1974.

Mommsen，Wolfgang J. & Jürgen Osterhammel. *Max Weber and his Con-

temporaries. London: Allen & Unwin, 1987.

Morgan, Marjorie. *National Identities and Travel in Victorian Britain*. New York: Palgrave, 2001.

Morley, John. *The Life of William Ewart Gladstone*, Vol. I. , London: Macmillan & Co. , Ltd. , 1903.

Morse, Hosea B. *Chronicles of the East India Company Trading to China, 1635 – 1834*, Vol . 2. Oxford: Clarendon Press, 1926.

Morse, Hosea Ballou. *The Trade and Administration of the Chinese Empire*. London, New York & Calcutta: Longmans, Green & Co. , 1908.

Morse, Hosea Ballou. *The International Relations of the Chinese Empire, Vol. 1, The Period of Conflict 1834 – 1860*. London: Longmans, Green & Co. , 1910.

Muir, R. *Modern Political Geography*. London: The Macmillan Press Ltd, 1979.

Murray, Williamson. *The Making of Strategy: Rulers, States and War*. Cambridge: Cambridge University Press, 1996.

Murty, T. S. *Frontiers: A Changing Concept*. New Delhi: Palit & Palit Publishers, 1978.

Needham, Joseph. *Science and Civilisation in China, Volume 4: Physics and Physical Technology, Part 1: Physics*. Cambridge: Cambridge University Press, 1962.

Nehru, Jawaharlal. *The Discovery of India*. Delhi: Oxford University Press, 1999.

Newman, Oscar. *Defensible Space: Crime Prevention Through Urban Design*. New York: The Macmillan Company, 1972.

Nussbaum, Arthur. *A Concise History of the Law of Nations*. New York: The Macmillan Company, 1947.

Oakes, Tim & Patricia Lynn Price. *The Cultural Geography Reader*. London: Routledge, 2008.

O' Connell, D. *International Law*. Dobbs Ferry, NY: Oceana Publications，1965.

Oppenheim，L. ，and Sir Arthur Watts，Robert Jennings（ed.）. *Oppenheim's international Law*，Volume 1：Peace. Harlow，Essex：Longman，1992.

Oppenheim，Lassa. *International Law: A Treatise*. Clark，New Jersey：The Lawbook Exchange，Ltd. ，2005.

Parker，Geoffrey. *Geopolitics Past，Present and Future*. New York：The Continuum Publishing Company，1998.

Parker，Geoffrey. *Western Geopolitical Thought in the Twentieth Century*. London and Philadelphia：Taylor & Francis，1985.

Pearcy，G. Etzel & Russell H. Fifield（ed.）. *World Political Geography*. New York：Thomas Y. Crowell，1948.

Petech，Luciano. *China and Tibet in the Early XVIIIth Century: History of the Establishment of Chinese Protectorate in Tibet*. Leiden：Brill Academic Publishers，1972.

Phillipson，Coleman. *The International Law and Custom of Ancient Greece and Rome*，Vol，II. London：MacMillan，1911.

Polelle，Mark. *Raising Cartographic Consciousness: The Social and Foreign Policy Vision of Geopolitics in the Twentieth Century*. New York：Lexington Books，1999.

Popper，Karl. R. *The Poverty of Historicism*. London：Routledge & Kegan Paul，1967.

Porter，Bruce D. *War and the Rise of the State: The Military Foundations of Modern Politics*. New York：Simon and Schuster，1994.

Posner，Richard A. *Overcoming Law*. Cambridge，Massachusetts：Harvard University Press，1995.

Potter，Elmer Belmont，et al. *Sea Power: A Naval History*. Annapolis，Md. ：Naval Institute Press，1981.

Prescott，J. R. V. *Boundaries and Frontiers*. London：Croom Helm，1978.

Preston，Peter Wallace. *Development Theory: An Introduction*. Cambridge, Massachusetts: Wiley-Blackwell, 1996.

Price, Randall. *Searching for the Original Bible*. Eugene, OR: Harvest House Publishers, 2007.

Putnam, Hilary. *Reason, Truth and History*. Cambridge: Cambridge University Press, 1981.

Quddus, Syed Abdul. *Afghanistan and Pakistan: A Geopolitical Study*. Lahore, Pakistan: Ferozsons Ltd., 1982.

Ratzel, Friedrich. *History of Mankind*. Translated by A. J. Butler. London: MacMillan, 1896.

Rawski, Evelyn Sakakida. *Education and Popular Literacy in Ch'ing China*. Ann Arbor, Michigan: The University of Michigan Press, 1979.

Rener, Frederick M. *Interpretatio: Language and Translation from Cicero to Tytler*. Amsterdam: Rodopi, 1989.

Reves, Emery. *A Democratic Manifesto*. New York: Random House, 1942.

Reynolds, Douglas Robertson. *China, 1898 – 1912: The Xinzheng Revolution and Japan*. Cambridge, MA: Harvard University Press, 1993.

Riazanovskii, Valentin Aleksandrovich. *Customary Law of the Mongol Tribes(Mongols, Buriats, Kalmucks)* . Harbin: Artistic Printinghouse, 1929.

Richardson, Hugh E. *Tibet and its History*. 2nd Edition. Boulder and London: Shambala, 1984.

Rickey, Christopher. *Revolutionary Saints: Heidegger, National Socialism, and Antinomian Politics*. University Park: Pennsylvania State Press, 2004.

Ricour, Paul. *Memory, History, Forgetting*. Translated by Kathleen Blamey and David Pellauer. Chicago: University of Chicago Press, 2004.

Ricoeur, Paul. *Time and Narrative*, Vol. 1. Chicago: The University of Chicago Press, 1984.

Robertson, Anne S. *The Antonine Wall: A Handbook to the Surviving Remains*. Glasgow: Glasgow Archaeological Society, 1960.

Robinson. *The New History: Essays Illustrating the Modern Historical*

Outlook. New York: The Macmillan Company, 1912.

Rose, Leo E. & John T. Scholz. *Nepal: Profile of a Himalayan Kingdom*. Boulder CA: Westview Press, 1980.

Rosenthal, E. I. J. *Political Thought in Medieval Islam: An Introductory Out-line*. Cambridge: Cambridge University Press, 1958.

Rowen, Herbert Harvey. *The King's State: Proprietary Dynasticism in Early Modern France*. New Brunswick, N. J. : Rutgers University Press, 1980.

Rozman, Gilbert (ed.). *The Modernization of China*. New York: The Free Press, 1962.

Said, Edward W. *Orientalism: Western Conceptions of the Orient*. New York: Vintage Books, 1994.

Santos, Boaventura De Sousa. *Toward a New Common Sense Law, Science and Politics in the Paradigmatic Transition*. New York: Routledge, 1995.

Sautman, Barry & June Teufel Dreyer. *Contemporary Tibet: Politics, Development, and Society in a Disputed Region*. Armonk, New York: M. E. Sharpe, 2006.

Savage, Mike & Alan Warde. *Urban Sociology, Capitalism and Modernity*. London: Macmillan, 1993.

Schaer, Roland & Gregory Claeys (eds.). *Utopia: The Search for the Ideal Society in the Western World*. New York and London: New York Public Library/Oxford University Press, 2000.

Schivelbusch, Wolfgang. *The Railway Journey: The Industrialization of Time and Space in the 19th Century*. Berkeley, CA: University of California Press, 1986.

Schmitt, Frederick F. *Socializing Metaphysics: The Nature of Social Reality*. Lanham: Rowman & Littlefield, 2003.

Schultz, Theodore W. (ed.). *Food for the World*. Chicago: University of Chicago Press, 1945.

Schwarzenberger, Georg. *A Manual of International Law*, 5ed. London: Steven, 1967.

Selden, Mark. *China in Revolution: The Yenan Way Revisited*. New York: M. E. Sharpe, Inc., 1995.

Semple, Ellen Churchill. *Influence of Geographic Environment-on the Basis of Ratzel's System of Anthropo-geography*. London: Constable, 1911.

Sharma, Surya P. *International Boundary Disputes and International Law: A Policy Oriented Study* . Bombay: N. M. Tripathi, 1976.

Sharma, Surya Prakash. *Territorial Acquisition, Disputes and International Law*. London: Martinus Nijhoff Publishers, 1979.

Shaw, Malcolm N. *International Law*. 4th edition. Cambridge: Cambridge University Press, 1997.

Shavab Pa, Tsepon W. D. *Tibet: A Political History*. New Haven: Yale University Press, 1967.

Silverman, Sydel (ed.). *Totems and Teachers, Perspectives on the History of Anthropology*. New York: Columbia University Press, 1981.

Skrine, Francis Henry & Edward Denison Ross. *The Heart of Asia: A History of Russian Turkestan and the Central Asian Khanates from the Earliest Times*. London: Methuen, 1899.

Snow, Edgar. *Red Star Over China*. Revised and enlarged edition. New York: Bantam Books, 1968.

Soja, Edward W. *Thirdspace: Journeys to Los Angeles and Other Real-and-Imagined Places*. Oxford: Blackwell Publishers Inc., 1988.

Sorell, Tom. *Scientism-Philosophy and the Infatuation with Science*. London and New York: Routledge, 1991.

Stapleton, Kristin. *Civilizing Chengdu: Chinese Urban Reform, 1895 – 1937*. Cambridge Massachusetts and London: Harvard University Press, 2000.

Starke. *An Introduction to International Law*. 8th edition. London: Butterworths, 1977.

Staunton, George Thomas. *Notes on the General Spirit and Character of the Chinese Laws, Miscellaneous Notices Relating to China, and Our Com-*

mercial Intercourse with that Country; including a few Translations from the Chinese Language 1822, Vol. 1. London: J. Murray, 1822.

Stern, Fritz (ed.). The Varieties of History: From Voltaire to the Present. New York: Vintage Books, 1973.

Stoianovitch, Traian. French Historical Method: The Annales Paradigm. Ithaca: Cornell University Press, 1976.

Stone, Julius. Legal System and Lawyers' Reasonings. Stanford, California: Stanford University Press, 1964.

Summers, Robert S. Lon L. Fuller. Stanford, California: Stanford University Press, 1984.

Targetti, Ferdinando. Nicholas Kaldor: The Economics and Politics of Capitalism as a Dynamic System. New York: Oxford University Press, 1992.

Thompson, James Westfall, and Bernard J. Holm. A History of Historical Writing. Volume II, The Eighteenth and Nineteenth Centuries. New York: The MacMillan Company, 1942.

Topolski, Jerzy. Methodology of History. Translated by Olgierd Wojtasiewicz. Dordrecht: D. Reidel Pub. Co., 1976.

Toynbee, Arnold. A Study of History. vol. 1, London: Oxford University Press, 1934

Toynbee, Arnold J. A Study of History: Abridgment of Volumes Ⅶ-X, New York: Oxford University Press US, 1957.

Tucci, G. Tibetan Painted Scrolls I. Roma: Istituto Poligrafico e Zecca dello Stato, 1949.

Tucker, Irwin St. John. A History of Imperialism. New York: Rand School of Social Science, 1920.

Turner, Frederick Jackson. The Early Writings of Frederick Jackson Turner: With a List of All His Works. London: Ayer Publishing, 1969.

Turner, Frederick Jackson. The Frontier in American History. New York: Henry Holt and Company, 1920.

Turner, Frederick Jackson. Frontier and Section: Selected Essays of

Frederick Jackson Turner. With an Lintroduction and notes by Ray Allen Billington. New Jersey: Prentice-Hall, 1961.

Turner, Victor. *Dramas, Fields and Metaphors Symbolic Action in Human Society*. Ithaca, N. Y. : Cornell University Press, 1974.

Turner, Victor & Edith Turner. *Image and Pilgrimage in Christian Culture : Anthropological Perspectives.* New York: Columbia University Press, 1978.

Waddams, S. M. *Dimensions of Private Law: Categories and Concepts in Anglo-American Legal Reasoning.* Cambridge: Cambridge University Press, 2003.

Wagner, Rudolf G. (ed.). *Joining the Global Public: Word, Image, and City in Early Chinese Newspapers, 1870 – 1910.* Albany: State University of New York Press, 2007.

Waldron, Arthur. *The Great Wall of China: From History to Myth.* Cambridge: Cambridge University Press, 1990.

Wallerstein. *Unthinking Social Seience: The Limits of Nineteenth-Century Paradigms.* Cambridge, UK: Polity Press, 1991.

Watson, Alan. *The Making of the Civil Law.* Cambridge, Massachusetts: Harvard University Press, 1981.

Weber, Max. *General Economic History.* Translated by Frank Hyneman Knight. Mineola, NY: Courier Dover Publications, 2003.

White, Hayden. *The Content of the Form, Narrative Discourse and Historical Representation.* Baltimore: The Johns Hopkins University Press, 1987.

White, Hayden. *Metahistory: The Historical Imagination in Nineteenth-Century Europe.* Baltimore: The Johns Hopkins University Press, 1975.

Whiting, Allen S. & Sheng Shih-ts'ai. *Sinkiang: Pawn or Pivot?* East Lasing: Michigan State University Press, 1958.

Williams, S. W. *The Middle Kingdom.* New York: John Wiley, 1861.

Wittfogel, Karl. *Oriental Despotism: A Comparative Study of Total Power.* New Haven: Yale University Press, 1957.

Wittfogel, Karl. *History of Chinese Society, Liao, 907 – 1125.* With

Feng Chia-sheng et al. New York: American Philosophical Society, 1949.

Wittgenstein, Ludwig und Gertrude Elizabeth Margaret Anscombe. *Philosophical Investigations: The German Text, with a Revised English Translation*. Oxford: Wiley-Blackwell, 2001.

Wolff, Christian. *Real Happiness of a People Under a Philosophical King*. New York: Kessinger Publishing, 2003.

Wong, R. Bin. *China Transformed: Historical Change and the Limits of European Experience*. Ithaca: Cornell University Press, 1997.

Worster, Donald. *Nature's Economy: A History of Ecological Ideas*. Cambridge: Cambridge University Press, 1977.

Wright, Mills, C. *The Sociological Imagination*. New York: Oxford University Press, 1959.

Valikhanov, C. et al. *The Russians in Central Asia, Their Occupation of the Kirghiz Steppe and the Line of the Syrdaria; Their Political Relations with Khiva, Bokhara, and Kokan; Also Descriptions of Chinese Turkestan and Dzungaria*. Translated by J. and R. Michell. London: E. Stanford, 1865.

Van Caenegem, R. C. *The Birth of the English Common Law*. Cambridge: Cambridge University Press, 1988.

Van Creveld, Martin L. *Supplying War: Logistics from Wallenstein to Patton*. Cambridge: Cambridge University Press, 2004.

von Glahn, Gerhard. *Law Among Nations: An Introduction to Public International Law*. New York: MacMillan Publishing Company, 1986.

von Savigny, Friedrich Carl. *On the Vocation of our Age for Legislation and Jurisprudence*. Translated by Abraham Hayward. London: Littlewood & Co. Old Bailey, 1831.

Yu-hao Tseng. *The Termination of Unequal Treaties in International Law: Studies in Comparative Law of Nations*. Shanghai: The Commercial Press, 1931.

Zweigert, K. & H. Kötz. *An Introduction to Comparative Law*. Translated into English by Tony Weir, Vol. 1. Oxford: Clarendon Press, 1987.

德文文献

Adorno, Theodor W. u. a. *Der Positivismusstreit in der deutschen Soziologie*. 6. Aufl. , Darmstadt/Neuwied: Luchterhand, 1978.

Albert, Hans. *Traktat über kritische Vernunft*, Tübingen: Mohr, 1968.

Coing, Helmut und Dieter Simon. *Gesammelte Aufsätze zu Rechtsgeschichte, Rechtsphilosophie und Zivilrecht 1947 – 1975*, 2 Bände. Frankfurt am Main: Klostermann, 1982.

Berding, Helmut. *Aufklären durch Geschichte: ausgewählte Aufsätze.* Göttingen: Verlag Vandenhoeck & Ruprecht, 1990.

Duhamelle, Christopheund Andreas Kossert, Bernhard Struck. *Grenzregionen: ein europäischer Vergleich vom 18. bis zum 20.* Jahrhundert. Frankfurt/Main: Campus Verlag, 2007.

Febvre, Lucien. *Der Rhein und seine Geschichte.* Frankfurt/Main: Campus Verlag, 1994.

Fikentscher, Wolfgang. *Die Freiheit und ihr Paradox, über Irrtümer unserer Zeit.* Frankfurt/M: Frankfurter Allgemeine Zeitung GmbH, 1997.

Fricke, Christel. *Kants Theorie des reinen Geschmacksurteils.* Berlin: Der Wissenschaftsverlag Walter de Gruyter, 1990.

Gadamer, Hans Georg. *Wahrheit und Methode: Grundzüge einer philosophischen Hermeneutik*, 2. Aufl. , Tübingen: Mohr, 1965.

Gottschalk, Herbert. *Weltbewegende Macht Islam.* Bern: Scherz Verlag, 1980.

Habermas, *Erläuterungen zur Diskursethik*, Frankfurt am Main: Suhrkamp, 1991.

Habermas, *Moralbewußtsein und kommunikatives Handeln*, Frankfurt a. M. : Suhrkamp, 1983.

Habermas, *Theorie des kommunikativen Handelns*, Bd. I, Frankfurt a. M. : Suhrkamp, 1981.

Haeckel, Ernst. *Generelle Morphologie der Organismen: Allgemeine Grundzüge der organischen Formen-Wissenschaft, mechanisch begründet durch die von Charles Darwin reformirte Descendenz-Theorie*, Bd. 2. Berlin: G. Reimer, 1866.

Hart, H. L. A. *Recht und Moral, Drei Aufsätze,* aus d. Engl. übersetzt und mit einer Einleitung versehen von Norbert Hoester. Göttingen: Vandenhoeck & Ruprecht, 1971.

Hegel, Georg Wilhelm Friedrich. *Vorlesungen über die Philosophie des Rechts: Berlin 1819/1820*, Nachgeschrieben von Johann Rudolf Ringier. Hamburg: Meiner Verlag, 2000.

Heidegger, Martin. *Sein und Zeit.* Tübingen: Max Niemeyer Verlag, 1979.

Jefimow, A. W. (Hrsg.). *Methodische Anleitung zur Geschichte der Neuzeit 1640 – 1870.* Berlin: Verlag Volk und Wissen, 1954.

Kjellén, Rudolf. *Der Staat als Lebensform.* Leipzig: S. Hirzel, 1917.

Klippel, Diethelm (Hrsg.). *Naturrecht und Staat-Politische Funktionen des europäischen Naturrechts (17. -19. Jahrhundert)*, unter Mitarbeit von Elisabeth Müller-Luckner. München: Oldenbourg Wissenschaftsverlag, 2006.

Kuck, Sebastian. *Die Anfange der deutschen Rechtsanthropologie*, Regensburg: S. Roderer Verlag, 2001.

Lautenbach, Ernst. *Lexikon Goethe-Zitate: Auslese für das 21. Jahrhundert aus Werk und Leben.* München: IUDICIUM Verlag, 2004.

Lee, Eun-Jeung. *Anti-Europa: die Geschichte der Rezeption des Konfuzianismus und der konfuzianischen Gesellschaft seit der frühen Aufklärung; eine ideengeschichtliche Untersuchung unter besonderer Berücksichtigung der deutschen Entwicklung.* Münster: Verlag für wissenschaftliche Literatur, 2003.

Mittelstraß, Jürgen. *Transdisziplinarität: wissenschaftliche Zukunft und institutionelle Wirklichkeit.* Konstanz: Universitätsverlag, 2003.

Pallas, P. S. *Sammlungen historischer Nachrichten über die mongolischen Völkerschaften in einem ausführlichen Auszugen.* Frankfurt/Main: Johann Georg Fleischer, 1779.

Popper, Karl R. *Objektive Erkenntnis. Ein evolutionärer Entwurf Abgrenzungsproblem*, Hamburg: Hoffmann und Campe Verlag, 1974.

Radbruch, Gustav. *Einführung in die Rechtswissenschaft.* Zweigert, Konrad. 12. Aufl. Stuttgart: Koehler, 1969.

Radbruch, Gustav. *Rechtsphilosophie, Band 2 der Gesamtausgabe der Werke Radbruch*, bearb. von Arthur Kaufmann. Heidelberg: C. F. Müller Juristischer Verlag, 1993.

Ratzel, Friedrich. *Politische Geographie oder die Geographie der Staaten, des Verkehrs, und des Krieges.* München und Berlin: Oldenbourg, 1897.

Semjonow, W. F. *Geschichte des Mittelalters.* Berlin: Verlag Volk und Wissen, 1952.

Somló, Félix. *Juristische Grundlehre*, Leipzig: Felix Meiner, 1917.

Teubner, Gunther. *Recht als autopoietisches System.* Frankfurt am Main: Suhrkamp, 1989.

Teubner, Gunther. *Gegenseitige Vertragsuntreue: Rechtsprechung u. Dogmatik z. Ausschluss von Rechten nach eigenem Vertragsbruch.* Tübingen: Mohr Siebeck, 1975.

Weber, Max und Dirk Käsler. *Die protestantische Ethik und der Geist des Kapitalismus.* München: C. H. Beck, 2006.

Weber, Max. *Wirtschaft und Gesellschaft: Grundriß der verstehenden Soziologie*, hrsg. von Johannes Winckelmann, 5. rev. Aufl. Tübingen: Mohr, 1980.

White, Theodore. H. *Donner aus China.* Stuttgart: Rowohlt Verlag, 1949.

Wittfogel, K. A. *Wirtschaft und Gesellschaft Chinas.* Leipzig: Verlag C. L. Hirschfeld, 1931.

Verdross, Alfred. *Völkerrecht*, neubearb. u. erw. Aufl. , unter Mitarb. von Stephan Verosta u. Karl Zemanek. Wien: Springer, 1964.

von Feuerbach, Anselms. *Kleine Schriften Vermischten Inhalts.* Nürnberg: Theodor Otto, 1833.

von Savigny, Friedrich Carl. *System des Heutigen Römischen Recht,*

Berlin：Veit und Comp. ，1840.

Yousefi，Hamid Reza. u. a. （Hrsg. ） *Wege zur Wissenschaft. Eine interkulturelle Perspektive：Grundlagen，Differenzen，Interdisziplinäre Dimensionen*. Nordhausen：Verlag Traugott Bautz，2008.

Zweigert，Konrad und Hein Kötz. *Einführung in die Rechtsvergleichung auf dem Gebiet des Privatrechts，Band I：Grundlagen*. Tübingen：Mohr Siebeck Verlag，1984.

法文文献

André-Fribourg. *Discours de Danton*. Paris：Librairie Hachette & Cie，1920.

Arnaud，André-Jean. *Les Origines doctrinales du code civil français*. Paris：LGDJ，1969.

Aulard，François-Alphonse. *Histoire politique de la Révolution française*. Paris：A. Colin，1903.

Baradez，Jean et Fossatum Africae. *Recherches aériennes sur l'organisation des confins sahariens à l'époque romaine*. Paris：Arts et Métiers Graphiques，1949.

Bouinais et Paulus，*L'Indochine Fransaise Contemporaine*，tomes 2. Paris：Challamel，1885.

Braudel，Fernand. *L'Identité de la France，tome 1：Espace et Histoire*. Paris：Flammarion，1986.

Courant，Maurice. *L'Asie Centrale aux 17e et 18e siècles：Empire Kalmouk ou Empire Mantchou?* Paris：A. Picard et fils，1912.

David，René. *Les grands systèmes de droit contemporains*. Neuvième édition. Paris：Dalloz，1988.

de Lapradelle，Paul Geouffre. *La Frontière：Étude de droit international*. Paris：les Éditions Internationales，1928.

de Vattel，Emerich. *Le droit des gens ou Principes de la loi naturelle appliqués à la conduite et aux affaires des nations et des souverains.* Paris: Janet et Cotelle, 1820.

Duguit, Léon. *Traite de droit constitutionnel, tome 1: La règle de droit-Le problème de l'État.* 2e éd. Paris: Boccard, 1923.

Febvre, Lucien. *Le Rhin, Histoire, mythes et réalités.* Paris: Librairie Académique Perrin, 1997.

Foucault, Michel. *Les mots et les Choses: une archéologie des sciences humaines.* Pairs: Gallimard, 1966.

Godechot, Jacques. *La Grande Nation: L' Expansion révolutionnaire de la France dans le monde de 1789 à 1799, tome 1.* Pairs: Aubier Montaigne, 1956.

Husson, Philippe. *La Question des frontières terrestre du Maroc.* Pairs: La documentation française, 1960.

Klüber, Johann Ludwig. *Droit des gens moderne de l'Europe,* 2nd ed. Paris: Librairie de Guillaumin et Cie, 1874.

Jacobson, Dawn. *Chinoiserie.* London: Phaidon Press, 1993.

Lefebvre, Georges. *La Naissance de l' historiographie moderne.* Paris: Flammarion, 1971.

Lefebvre, Georges. *La Révolution française.* Paris: Presses Universitaires de France (PUF), 1968.

Mathiez, Albert. *La Révolution francaise.* Paris: Librairie Armand Colin, 1922—1927.

Pelliot, Paul. *Notes Critiques d'Histoire Kalmouke.* Paris: Librairie d'Amerique et d'Orient, 1960.

Pinchemel, Philippe. *La France, tome 1, Milieux Naturels, Populations, Politiques.* Paris: Librairie Armand Colin, 1969.

Ripert, Georges. *Les forces créatrices du droit.* 2e édition. Paris: Librairie générale de droit et de jurisprudence, 1955.

Sorel, Albert. *L'Europe et la Révolution française, tome 1: Les Moeurs politiques et les tradition.* Paris: Plon, 1885.

Sorel，Albert. *L'Europe et la Révolution française, tome 4: Les limites naturelles, 1794 - 1795*. Paris：Plon-Nourrit et Cie，1913.

Stein，Rolf Alfred. *La civilisation tibétaine*，rééd. revue et augmentée. Paris：L'Asiathèque，1981.

Vallaux，Camille. *Géographie sociale: Le Sol et l' Etat*. Paris：Doin，1911.

Zeller，Gaston. *L'Organisation défensive des frontières du Nord et de l'Est au xviie siècle*. Paris：Berger-Levrault，1928.

Zourabichvili，François，etc.. *La Philsophhie de Deleuze*，Paris：Quadrige/PUF，2004.

日文文献

阿部市五郎『地政治学入門』古今書院、1933 年。

岸本美绪『明清交替と江南社会——17 世纪中国の秩序问题』東京大学出版会、1999 年。

波多野里望、小川芳彦编『国際法講義：現状分析と新時代への展望』有斐阁、昭和 57 年。

大谷良雄编著『共通利益概念と国際法』国際書院、1993 年。

島田正郎『北方ユーラシア法系の研究』創文社、1981 年。

島田正郎『清末における近代的法典の編纂』創文社、1980 年。

島田正郎博士頌寿記念論集刊行委員会『東洋法史の探究——島田正郎博士頌寿記念論集』汲古書院、昭和 62 年。

渡辺信一郎『中国古代の王権と天下秩序——日中比較史の視点から』校倉書房、2003 年。

根岸佶『商事に関する慣行調査報告書：合股の研究』东亚研究所昭和 18 年（1943 年）編、龙溪書舍、2002 年。

宮崎市定『宮崎市定全集』第 2 卷、岩波書店、1992 年。

溝口雄三『中国の公と私』研文出版、1995 年。

溝口雄三『中国前近代思想の屈折と展開』東京大学出版会、

1980 年。

広部和也、荒木教夫『導入対話による国際法講義』不磨書房、
2000 年。

和田博士還暦記念東洋史論叢編纂委員会『和田博士古稀記念東洋
史論叢』大日本雄弁会講談社、1951 年。

堀敏一『中国と古代東アジア世界—中華的世界と諸民族』岩波
書店、1993 年。

栗林忠男『現代国際法』慶應義塾大学出版会、2000 年。

森田成満『清代土地所有権研究』勁草出版サービスセンター、
1984 年。

神島二郎『近代日本の精神構造』岩波書店、1974 年。

神田信夫『満学五十年』刀水書房、1992 年。

矢野仁一『現代支那概論——動かざる支那』目黒書店、1938 年。

斯波義信『宋代江南経済史の研究』汲古書店、1988 年。

松隈清『国際法史の群像：その人と思想を訪ねて』酒井書店、
1992 年。

田畑茂二郎『國際法 I』有斐閣、1973 年。

田中成明『法的空間——強制と合意の狭間で』東京大学出版会、
1993 年。

田中成明『法的思考とはどのようなものか—実践知を見直す』
有斐閣、1989 年。

田中成明『法理学講義』有斐閣、1994 年。

田中成明『現代日本法の構図』悠悠社、1992 年。

五井直弘『中国古代の城郭都市と地域支配』名著刊行会、
2002 年。

岩井茂樹『中国近世財政史の研究』京都大学学術出版会、
2004 年。

岩田孝三『国境の地政学——国際紛争の原点』日本工業新聞社、
1982 年。

羽田明『中央アジア史研究』臨川書店、1982 年。

月川倉夫、戸田五郎、末吉洋文、家正治、岩本誠吾『国際法入門』嵯峨野書院、2001 年。

増淵竜夫『中國古代の社會と國家——秦漢帝国成立過程の社会史的研究』弘文堂、1960 年。

中村茂夫『清代刑法研究』東京大学出版会、1973 年。

滋賀秀三『清代中国の法と裁判』創文社、1984 年。

佐口透『ロシアとアジア草原』吉川弘文館〈ユーラシア文化史叢書〉、1966 年。

佐藤長『中世チベット史研究』同朋舎〈東洋史研究叢刊 38〉、1986 年。

藏文文献

达仓宗巴·班觉桑布（dpal vbyor bzang pos brtsams）：《汉藏史集》（rgya bod yig tshang chen mo），四川民族出版社 1985 年版。

丹津班珠尔（bstan vdzin dpal vbyor）：《多仁班智达传》（rdo rings pandita rnam thar），四川民族出版社 1986 年版。

第五世达赖喇嘛（ngag dban blo bzang rgya mtsho）：《西藏王臣记》（bod kyi deb ther dpyid kyi rgyal movi glu dbyangs），民族出版社 1988 年版。

朵喀夏仲才仁旺结（mdo mkhar zhads drung tshe ring dbang rgyal）：《噶伦传》（dir gah yu rin du ja navi byung ba brjod pa zol med ngag gi rol mo），四川民族出版社 1981 年版。

朵喀夏仲才仁旺结（mdo mkhar zhads drung tshe ring dbang rgyal）：《颇罗鼐传》（dpal mivi dbang povi rtogs brjod pa vjig rten kun tu dgar bavi gtam），四川民族出版社 1981 年版。

根敦群培（dge vdun chol vprel）：《白史》（deb ther dkar po），民族出版社 2004 年版。

萨迦·索南坚赞（sa skya bsod nams rgyal mtshan）：《西藏王统记》（bod kyi rgyal rabs chos vbyung gsal bavi me long），民族出版社 1982

年版。

　　智贡巴·贡吉乎丹巴饶布杰（brag dgon pa dkon mchog bstan pa rab rgyas）：《安多政教史·书志大海》（mdo smad kyi chos vbyung ngo mtshar rgya mtsho），甘肃民族出版社 1982 年版。

插图来源

巴·布和朝鲁：《蒙古包文化》，内蒙古人民出版社 2003 年版。

包尔汉：《新疆五十年》，文史资料出版社 1984 年版。

伯希和：《伯希和西域探险记》，耿昇译，云南人民出版社 2001 年版。

陈红民主编：《1933：躁动的大地》，山东画报出版社 2003 年版。

陈雪春编：《山城晓雾》，百花文艺出版社 2003 年版。

程存洁：《十九世纪中国外销通草水彩画研究》，上海古籍出版社 2008 年版。

董增刚编著：《百年中国社会图谱——从老式车马舟桥到新式交通工具》，四川人民出版社 2003 年版。

故宫博物院编：《清史图典：清朝通史图录》第 2 册，顺治朝，紫禁城出版社 2002 年版。

故宫博物院编：《清史图典：清朝通史图录》第 3 册，康熙朝（上），紫禁城出版社 2002 年版。

故宫博物院编：《清史图典：清朝通史图录》第 4 册，康熙朝（下），紫禁城出版社 2002 年版。

故宫博物院编：《清史图典：清朝通史图录》第 5 册，雍正朝，紫禁城出版社 2002 年版。

故宫博物院编：《清史图典：清朝通史图录》第 6 册，乾隆朝，紫禁城出版社 2002 年版。

故宫博物院编：《清史图典：清朝通史图录》第 9 册，道光朝，紫禁城出版社 2002 年版。

故宫博物院编：《清史图典：清朝通史图录》第 10 册，咸丰、同治朝，紫禁城出版社 2002 年版。

故宫博物院编：《清史图典：清朝通史图录》第 11 册，光绪、宣统朝（上），紫禁城出版社 2002 年版。

哈里森·福尔曼：《北行漫记》，陶岱译，解放军文艺出版社 2002 年版。

胡志川编著：《中国百年摄影图录（1844—1979 年）》，福建美术出版社 1991 年版。

黄登明、王立显主编：《四川公路交通史》（上册），四川人民出版社 1989 年版。

黄恩德主编：《内迁院校在云南》，云南人民出版社 1998 年版。

孙明经主编：《1937：战云边上的猎影》，山东画报出版社 2003 年版。

孔庆臻主编：《穹庐谭故》，上海书店出版社 1992 年版。

黎利：《艾黎在中国》，新华出版社 1986 年版。

李国荣、林伟森主编：《清代广州十三行纪略》，广东人民出版社 2006 年版。

李继锋主编：《1934：沉寂之年》，山东画报出版社 2003 年版。

李继锋主编：《1935：危机再现》，山东画报出版社 2003 年版。

李开义、殷晓俊：《彼岸的目光——晚清法国外交官方苏雅在云南》，云南教育出版社 2002 年版。

李平生：《烽火映方舟——抗战时期大后方经济》，广西师范大学出版社 1995 年版。

李占才、张劲：《超载——抗战与交通》，广西师范大学出版社 1996 年版。

廖东凡主编：《图说百年西藏》，云南人民出版社 1999 年版。

凌耀伦主编：《民生公司史》，人民交通出版社 1990 年版。

龙东林等主编：《热血昆明》，云南人民出版社 2001 年版。

卢国纪：《我的父亲卢作孚》，重庆出版社 1984 年版。

路得·那爱德：《华西印象——一个美国人 1910—1913 在西部中国》，王虎、毛卫东译，四川人民出版社 2003 年版。

缪云台：《缪云台回忆录》，中国文史出版社 1991 年版。

全国政协文史资料研究委员会工商经济组编写：《回忆国民党政府

资源委员会》，中国文史出版社 1988 年版。

秦风：《历史照片的历史问题》，文汇出版社 2003 年版。

斯当东：《英使谒见乾隆纪实》，叶笃义译，上海书店出版社 2005 年版。

斯文·赫定：《亚洲腹地探险八年（1927—1935）》，徐十周等译，新疆人民出版社 1992 年版。

陕西实业考察团编：《陕西实业考察》，沈云龙主编：《近代中国史料丛刊三编》第二十八辑，278—279，台北文海出版社 1972 年版。

施康强编：《浪迹滇黔桂》，中央编译出版社 2001 年版。

西莉亚·布朗奇菲尔德：《刑罚的故事》，郭建安译，法律出版社 2006 年版。

徐天骝：《徐天骝文选》，云南民族出版社 2001 年版。

杨勇刚编著：《中国近代铁路史》，上海书店出版社 1997 年版。

于坚等：《老昆明：金马碧鸡》，江苏美术出版社 2000 年版。

王晓华、李占才：《艰难延伸的民国铁路》，河南人民出版社 1993 年版。

乌丙安、李家巍主编：《窥伺中国：20 世纪初日本间谍的镜头》（上），辽海出版社 2000 年版。

巫新华：《驼铃悠悠：中国古代丝绸之路》，四川人民出版社 2004 年版。

吴忠礼等主编：《西北五马》，河南人民出版社 1993 年版。

张寄谦编：《中国教育史上的一次创举：西南联合大学湘黔滇旅行团纪实》，北京大学出版社 1999 年版。

赵晓铃：《卢作孚的梦想与实践》，四川人民出版社 2002 年版。

郑振铎、冰心：《西行书简——平绥沿线旅行记》，山西古籍出版社 2002 年版。

中国第一历史档案馆、广州市黄埔区人民政府编：《明清皇宫黄埔秘档图鉴》（下），暨南大学出版社 2006 年版。

中国抗日战争史学会、中国人民抗日战争纪念馆编：《抗战时期的陕甘宁边区》，北京出版社 1995 年版。

宗鸣安:《西安旧事》,陕西人民美术出版社 2002 年版。

Cochrane, J. A. *The Story of Newfoundland*. Montreal: Ginn and Company, 1938.

Lhalungpay, Lobsang P. *Tibet: The Sacred Realm, Photographs 1880 – 1950*. Millerton, N. Y. : Aperture, 1983.

Stapleton, Kristin. *Civilizing Chengdu: Chinese Urban Reform, 1895 – 1937*. Cambridge: Harvard University Asia Center, 2000.